한국인력개발학회 HRD총서 6

HRD 연구방법론

김태성 · 강현주 · 박지원 편저

김태성 · 이재은 · 박지원 · 유상옥
강현주 · 유기웅 · 이재영 · 이윤수
박용호 · 현영섭 · 백평구 · 정보영

HUMAN
RESOURCE
DEVELOPMENT

박영story

발간사

　1998년 창립된 한국인력개발학회는 학술지 발행, 학술대회 개최 등 다양한 학술 사업을 추진해왔다. 학회 운영 초기에 학술지 발행과 학술대회 개최만으로도 힘겨웠던 시간을 뒤로하고 학술포럼 운영, 학술총서 발간, 학술상 시상, 장학금 수여, 학생포럼 운영 등 다양한 사업과 행사를 추진하고 있다. 한국인력개발학회의 성장은 단지 한국인력개발학회만의 성장이 아니었다. 한국 인적자원개발 분야의 성장의 한 면을 보여주는 것이었으며, 학문과 실천의 결합을 통한 새로운 영역의 창조이다. 이런 성장과 창조가 가능했던 것은 학회원의 희생과 봉사, 참여와 연구에 기초한 것이다.

　한국인력개발학회의 성장을 보여주는 결과물 중 하나가 학술총서이다. 2016년 인적자원개발의 중요 이슈를 종합적으로 다루고 전파하고자 시작된 학술총서는 2024년 여름 여섯 번째 결실을 보게 되었다. 학술총서(叢書)는 말 그대로 특정 주제에 대하여 다양한 입장과 주장을 가진 저자의 글 또는 서적을 모은 것이다. 따라서 한국인력개발학회 학술총서는 인적자원개발 분야의 특정 이슈에 대하여 다양한 입장이나 주제에 대한 전문가의 글을 모은 개별 서적 또는 일련의 서적들을 의미한다.

　이번 학술총서가 갖는 특별한 의미는 앞서 다섯 번의 학술총서와 다른 측면을 다루었다는 점이다. 앞서 발행된 학술총서는 「HRD 학술총서: 일터학습」, 「HRD 학술총서: 경력개발」, 「전환기의 HRD, 연구의 흐름을 읽다」, 「전환기의 HRD, 연구의 미래를 묻다」, 「전환의 시대의 일과 삶, 그리고 학습」

으로 인적자원개발의 내용학을 다루는 것이었다. 그런데 이번 학술총서는 인적자원개발의 연구방법을 다루면서 인적자원개발을 인적자원개발학으로서 발전시키는 역할을 한다고 자평한다. 즉, 이번 학술총서는 인적자원개발의 실천적 측면뿐만 아니라 연구를 생명으로 하는 학문분야로서 필수적 요소인 연구방법에 대한 심층적 논의를 제공한다.

또한 이번 학술총서는 과학적 HRD를 위한 초석을 다지는 것과 함께 다양한 연구방법을 포괄하여 중견 연구자뿐만 아니라 학문후속세대에게 연구의 길을 안내하는 역할을 할 것이다. 구체적으로 과학적 HRD 연구에 대한 개관에 이어 측정도구 개발, 구조방정식, 다층모형, 질적연구, 근거이론, 문헌고찰, 메타분석, 역량모델링, 사회연결망, Q방법론, 피플 애널리틱스의 11개 연구방법을 다룸으로써 HRD 현상에 대한 과학적 접근, 질적 방법과 양적 방법, 새로운 응용 방법론을 포함하였다는 점에서 의미가 크다. 더불어 일반 연구방법론이 아니라 인적자원개발학에 각각의 연구방법을 어떻게 적용해야하는지에 대한 혜안을 제공하고 있다는 점도 이번 학술총서의 의의라고 생각한다.

이번 학술총서가 발간되기까지 많은 분들의 노력과 봉사가 있었다. 학술총서의 기획과 저자 섭외, 마무리 작업까지 성심을 다해 애써주신 학술총서위원회 김태성 위원장님, 박지원 부위원장님, 강현주 부위원장님에게 심심한 감사를 표한다. 더불어 이번 학술총서의 기획단계부터 지원을 아끼지 않으신 제14대 전정호 회장님, 그리고 학회 사무국의 정홍인 국장님, 한수정 차장님, 이지영 간사님, 서덕운 간사님에게도 감사드린다. 특히 원고 작성의 지고지난한 과정을 열정과 희생으로 함께 해주신 12명의 집필진에게 특별한 경의를 표한다. 마지막으로 학술총서 출판을 위해 각고의 노력을 해주신 박영스토리 관계자 여러분께도 감사드린다.

2024. 7.

(사)한국인력개발학회장 현영섭

머리말

　한국인력개발학회에서는 2016년부터 HRD 분야의 중요한 의제를 다루는 학술총서를 지속적으로 발행해 왔다. 「HRD 학술총서: 일터학습」, 「HRD 학술총서: 경력개발」, 「전환기의 HRD, 연구의 흐름을 읽다」, 「전환기의 HRD, 연구의 미래를 묻다」, 「전환의 시대의 일과 삶, 그리고 학습」 등이 그간의 발자취이다. 이러한 일련의 노력을 조금이라도 거들자는 마음으로 참여한 일이 여섯 번째 학술총서라는 결실로 이어지게 되었다.

　이번 학술총서에는 HRD 분야에서 자주 사용되는 연구 방법들을 담았다. 지금 순간에도 심오한 주제와 복잡한 문제에 천착하여 분투하고 있을 수많은 연구자와 새롭게 연구의 세계로 들어서는 학생들에게 도움을 주기 위함이다. 특히 총서라는 포맷의 장점을 살려 다양한 연구 방법을 한데 모았을 뿐만 아니라, 각각에 대해 예열도 우회도 사족도 없이 바로 본론과 핵심으로만 내용을 구성하였다. 한 가지 방법을 온전히 파헤치고자 하는 독자에게는 다소 불친절한 전개일 수 있겠으나, 실질적이고 효율적인 참고서를 원하는 많은 이들을 염두에 둔 기획이었다.

　총서는 총 5부로 구성되었다. 1부 '과학적 연구'는 무엇을 어떻게 연구할 것인가에 대해 개관하는 방식으로 이후 이어질 연구 방법들을 종합적으로 정리하였다. 2부 '명제에 대한 실증'에서는 추상적 명제나 가설을 경험적 데이터로 검증하기 위한 연구의 방법으로 측정도구 개발, 구조방정식, 다층모형을 소개하였다. 3부 '현상의 의미 탐구'에서는 특정 이론으로 설명하기 어려운 현상, 행동, 상호작용 등을 깊이 있게 이해하려는 연구를 돕기 위해 질적 연구 설계와 근거이론 연구를 다루었다. 4부 '지식의 통합과 확장'에서는 특정 주제를 둘러싼 다양한 기존 연구들을 기반으로 해당 주제에 대한 통합과 이론화에 도전하는 연구를 위해 문헌연구와 메타분석을 제시하였다. 5부 '실행 및 응용 연구'에서는 HRD 분야에 특화된 주제를 연구하기 위해 전통적 방법과 테크놀로지 등을 유연하게 응용하는 연구 방법으로 역량모델링, 사회연결망, Q방법론 및 피플 애널리틱스를 소개하였다. 다양한 연구 방법에 대한 개괄적인 이해나 특정 방법에 대한 직접적인 도움 등 독자의 의도에 따라 적절히 활용될 수 있기를 기대한다.

앞서 언급한 바와 같이 연구 방법별 집필진의 십시일반이 총서라는 이롭고 풍성한 결과로 이어졌기에 여기 약간의 지면을 자화자찬에 할애한다. 경제성 측면에서 합리적이지 않을 수 있음에도 일말의 고민 없이 출판을 결정해 주신 박영스토리에도 감사드린다. 이러한 노력과 정성이 HRD 공동체를 더욱 살찌우는 조그마한 기여가 될 수 있기를 희망한다.

2024년 7월
저자 일동

차 례

PART 01 과학적 연구

PART 02 명제에 대한 실증

PART
03 현상의 의미 탐구

PART
04 지식의 통합과 확장

PART
05 실행 및 응용 연구

과학적 연구

01

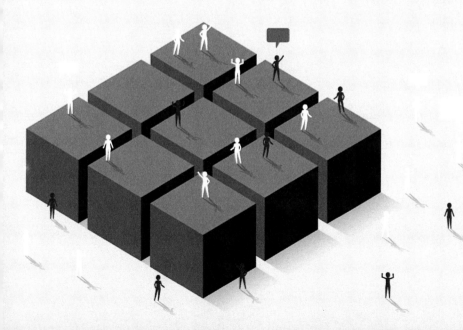

과학적 HRD 연구

김태성(tskim@inu.ac.kr)

김태성은 현재 인천대학교 사회과학대학 창의인재개발학과 교수로 재직 중이다. 연세대학교에서 학사와 석사 학위를 취득하고, 미국 펜실베니아 주립대학교에서 HRD/OD 전공으로 박사 학위를 취득하였으며, 크레듀, 삼정KPMG 등에서 근무하였다. 조직행동 및 조직개발, 전략적 HRD, 지속가능성과 HRD 등에 관심을 두고 연구하고 있다.

과학적 HRD 연구

김태성

들어가며

학문 분야로서 인적자원개발(human resource development, HRD)은 실천 학문(field of practice)이자 응용 학문(applied science)으로서의 성격을 가진다. 때로는 직관과 경험칙에 따라, 때로는 유행이나 우연한 기회로 인해 실행되는 현장에서의 실천들이 그 타당성과 실효성에 대한 검토를 요구받고, 검토의 결과는 폭넓고 다양한 현장 실천에 환류되며 근거와 이론을 정립해가는 과정을 밟아왔다. 또한, 교육학, 경영학, 심리학, 사회학 등 다양한 인접 학문 분야들과 영향을 주고받음과 동시에 HRD만의 차별적이고 독립적인 연구 영역과 방법을 구축하며 학문적 정체성을 형성해 왔다(장원섭, 2021).

비교적 젊은 학문 분야인 HRD는 서구뿐만 아니라 우리나라에서도 빠르게 성장해 왔고, 이는 여러 방면에서 확인된다. 예를 들어, 한국인력개발학회를 포함한 여러 HRD 관련 학회가 다채로운 학문적 교류의 장을 만들며 활발하게 활동하고 있다. 학회는 지식 공유와 연구를 중심으로 결성된 모임으로 학문 분야 발전의 원동력이자 결과물이다. 이뿐만 아니라 전국적으로 10여 개에 이르는 대학원에서 HRD가 독립 또는 인접 학문 분야와 연계한 전공으로 운영되고 있고, 학부 과정에서도 HRD가 독립 학과로 운영되거나 유관 학과에서 주요 커리큘럼으로 제공되고 있다(김태성 외, 2021). HRD가 고등교육 과정에 뿌리내리고 있다는 점은 지속적인 인재의 유입과 학문 후 속세대의 형성이 이루어지고 있다는 것으로 학문 발전 측면에서 의의가 지대하다.

발간되는 논문의 양과 질은 학문 분야의 정체성과 역동성을 보여주는 또 하나의 바로미터이다. 국제적으로 수많은 학술지가 발행되고 있고, 우리나라에도 HRD 연구, 기업교육과 인재연구, 평생교육·HRD연구, 역량개발학습연구 등 HRD에 특화된 여러 학술지에 연구 논문들이 주기적으로 수록 및 공유되고 있으며, 인적자원관리, 성인교육, 교육공학 등 인접 분야의 학술지들까지 포함하면 더욱 탄탄한 연구 기반을 확인할 수 있다. 이제 HRD는 현장에서의 실천이 연구를 견인할 뿐 아니라 연구가 실천을 위한 개념과 논리를 제공하는 선순환 구조가 형성되었고, 앞으로 그 추세는 더욱 강화될 수 있음을 시사한다. 많은 연구하는 실천가, 실천하는 연구자, 관련 기관들의 노력이 축적된 결과이다.

이처럼 HRD 분야의 정립과 발전에 있어 학술 연구는 결정적 역할을 담당해 왔고, 그 과정에서 과학적 연구 방법의 기여는 불가결한 것이었다. 지향점이 있더라도 거기에 이르는 방법을 모르면 도달은커녕 출발도 못 하고 제자리를 맴돌거나 여기저기 배회할 수 있듯이, 연구 방법의 도움 없이는 연구의 계획과 수행이 어려울 것이기 때문이다. 다행히 HRD는 비교적 오랜 학문적 배경을 가진 인접 분야와 교류하며 이론적 배경뿐 아니라 다양한 연구 방법을 참고할 수 있었다. 동시에 HRD 분야의 연구 주제에 적합한 독창적 접근들이 고안되는 등 점진적인 연구 방법의 다양화와 고도화가 이루어져 왔다. 학술지들에 수록된 연구 논문들을 시간적 흐름에 따라 살펴보면 이러한 발전적 변화를 가늠할 수 있을 것이다.

　한편, 연구가 활발해지고 연구 방법이 발전하는 것과는 별개로, 구상하는 연구를 수행하기 위해 어떤 방법을 택해야 할 것인지는 여전히 연구자가 마주하는 어려운 문제이자 결정 사항 중 하나이다. 연구의 목적을 달성하고 연구 문제를 효과적으로 해결하기 위한 최적의 방법을 결정하는 일은 연구 설계(research design)의 핵심이자 연구의 성패를 결정하는 요인이기 때문이다. 지도 없이 먼 목적지에 도착하기 어렵고 설계도 없이 큰 건물을 짓기 힘들듯이, 연구 방법에 대한 이해 없이 연구를 수행한다는 것은 난망한 일이다. 나아가 주제와 상황에 따라 다양한 연구를 하고자 한다면 그만큼 여러 연구 방법에 대한 이해와 숙련이 필요하다. 툴박스에 담겨 있는 도구와 그것을 활용하여 해결할 수 있는 일은 비례할 것이기 때문이다.

　다시 말해, 연구 방법에 대한 종합적인 이해는 연구자로서의 소양이자 다양한 연구를 가능하게 하는 유용한 자산이다. 나아가 구상하는 연구의 주제, 목적, 문제에 부합하는 연구 방법이 무엇일지에 대한 평가와 판단 능력은 연구자에게 요구되는 자질이다. 이러한 토대를 마련하게 되면 막막함은 줄어들고, 선택지는 늘어나며, 채택한 방법에 대해 학습과 시행착오의 과정을 거치며 경험과 역량을 키워나가면 된다. 그리고 그 결과 더 많은 주제에 대한 접근과 연구 설계가 가능해지고, 연구 과정에 수반되는 활동의 체계성과 타당성을 제고하며, 연구 결과의 과학성과 논의의 합리성을 담보할 수 있게 된다.

　어떤 계기로 특정 연구 방법에 대한 이해가 있다면 그 방법을 중심으로 연구를 설계하고 관련 자료와 전문가의 도움을 받으며 일부 연구를 수행할 수는 있을 것이다. 하지만 앞서 언급하였듯이 연구 방법에 대한 포괄적인 이해가 있다면 특정 주제를 접하였을 때 대입할 수 있는 메뉴가 다양해지고, 이는 자연스럽게 가능한 연구의 범위 확대와 연구자로서의 효능감 강화로 이어진다. 이런 점에서 HRD 분야에서 널리 사용되는 연구 방법들을 폭넓게 정리한다면 연구자들에게 유용한 지침이 될 것이고 이는 자연스럽게 학문적 발전으로 이어질 것이다.

무엇을 연구할 것인가?

　연구 방법, 즉 '어떻게 연구할 것인가?'에 대해 살펴보기에 앞서 '무엇을 연구할 것인가?'에 대해 잠시 짚어볼 필요가 있다. 연구 방법은 '무엇'에 해당하는 연구 목적 및 연구 과제와 밀접하게 연결되기 때문이다. 무엇을 연구할 것인가라는 질문을 풀어보면 '연구자가 관심을 둔 주제가 무엇인가?', '주제를 둘러싼 문제가 무엇인가?', '문제는 중요하고 연구가 필요한가?', '연구의 궁극적인 목적과 기대되는 효과는 무엇인가?' 등의 의미를 포함한다.

　여기서 연구의 주제는 물론 HRD의 역할을 중심으로 형성될 것이다. HRD는 국가, 지역, 기업이나 기관 등 실천의 장이 되는 단위 또는 조직에서 학습, 성과, 변화를 촉진하고 가치를 창출하는 사명을 수행한다(Tseng & McLean, 2008). 이를 위해 국가 차원에서 중장기적 인력 양성 정책이나 직업훈련 사업의 발전을 고민하거나, 조직 차원에서 구성원 역량 향상이나 조직개발을 위한 프로그램을 시행하는 등 맥락과 대상에 따라 다양한 활동을 전개한다. 따라서 HRD 연구는 이러한 사명 이행과 활동의 과정에서 마주하는 일, 사람, 관계, 조직 및 거시적 차원의 중요한 문제들을 탐지하고 그에 천착하게 된다.

　구체적으로, 교육훈련, 일터학습, 역량개발 등 학습과 성장 관련, 인지, 정서, 동기 등 심리적 특성 관련, 상호작용, 리더십, 팔로워십 등 조직행동 관련 문제들이 HRD 영역에서 꾸준히 연구되고 있다. 일·생활 균형, 일·경력 크래프팅 등 일하는 방식 관련, 혁신, 커뮤니케이션과 신뢰 등 일터 문화 관련, 공정성, 다양성과 포용 등 공유 가치 관련 문제에 대한 탐구도 활발하다. 노동시장 변화, 직업교육 정책, 디지털 전환, ESG 경영 등 거시적이고 전략적인 문제를 둘러싼 연구 및 기존 담론에 대한 비판이나 타 영역과의 연계를 시도하는 연구들도 소개되고 있다.

　이처럼 다양하고 의미 있는 문제들이 연구자들의 관심을 기다리고 있다.

따라서 HRD 연구는 이러한 문제와 관련한 체계적 이해, 통합적 조망, 의미의 탐구, 차이의 규명, 관계의 확인, 모형의 개발, 개념화 및 이론화, 논쟁과 비판 등의 과제를 수행함으로써 HRD의 실천적·학문적 발전에 기여해야 한다. 그리고 이를 위한 선행 과제로 다양한 연구 방법에 대한 이해와 활용이 필요하다.

어떻게 연구할 것인가?

무엇을 연구할 것인지 명확해졌다면 어떻게 연구할 것인지 결정해야 한다. 연구의 과학성을 위해서는 연구 과제에 부합하는 최적의 방법을 적용한 체계적인 연구 설계가 필수적이다. 기사, 사설, 에세이 등도 심오한 정보와 탁월한 식견을 보여주는 경우가 많지만 과학적 방법을 활용한 설계와 탐구의 과정이 수반되지 않기에 학술 연구와 엄연히 구분된다. 합리적 타당성, 신뢰성, 엄격성 등이 확보된 연구 설계는 과학적 연구의 성립을 위한 필수 조건이다.

연구 설계는 누구로부터 무슨 자료를 어떻게 수집할 것인지, 어떤 도구를 사용하여 측정하고 분석할 것인지, 결과와 해석의 정당성은 어떻게 확보할 것인지, 이러한 일련의 과정을 어떻게 체계적으로 관리할 것인지 등을 포괄하는 개념이다. 또한, 이러한 연구의 설계는 연구의 목적이 어디에 있는지에 연동된다. 명제에 대한 실증을 목적으로 한 연구와 현상의 의미를 탐구하는 데 목적을 둔 연구의 설계는 같을 수 없다. 마찬가지로, 지식의 통합과 확장을 위한 연구와 다양한 실행 및 응용 연구를 위한 설계도 각각의 차별성과 특징을 가진다.

◆ **명제에 대한 실증**

우리는 특정 현상과 관련하여 다양한 경험과 전문가적 직관, 사회적 과정 등을 통해 형성해 온 상식이나 원칙 등을 가지고 있다. 이러한 지식은 수많은 유사한 상황들에 유연하게 적용되는 범용성과 보편성을 가진다. 따라서 이를 토대로 우리는 다채롭고 변화무쌍한 환경이나 대상을 이해하고 판단하며 때로는 행동을 위한 결정을 내린다. 가용 자원과 뇌를 효율적으로 사용하기 위해 오랜 세월에 걸쳐 인류가 발전시켜 온 휴리스틱(heuristics) 전략이다.

하지만 이러한 합리성과 효율성은 때로 오류를 일으킨다. 오류는 제한된 경험, 상황의 특수성, 대상의 차이, 맥락의 변화 등 다양한 요인에 기인한다. 여기서는 맞지만 저기서는 틀리고, 어제는 맞았으나 오늘은 틀린 상식과 논리는 허다하고, 심지어 천동설, 인종주의 등 오래 신봉되어 오던 권위적 지식마저 뒤바뀌는 경우도 적지 않다. 이처럼 지식은 시대와 상황에 발맞추어 적절히 검증되어야 하고, 그렇지 않으면 많은 이들에게 판단의 오류나 인지부조화를 초래하게 된다. 피타고라스의 정리가 소개된 이후 지금까지 367가지의 방법으로 증명되어 온 것처럼(백석윤, 2007), 선험적 명제나 가설적 추론은 구체적 근거를 통해 검증되어야 객관적이고 일반화가 가능한 지식이된다. 그리고 이러한 지식 또한 시간의 경과와 맥락적 변화에 따라 정(thesis), 반(antithesis), 합(synthesis)의 과정을 거치며 재정의, 재구조화를 거듭해 가야 한다.

이러한 논리실증주의(logical positivism)에 기반한 연구가 HRD 연구의 큰 줄기를 이루는 연역적 명제에 대한 실증 연구이다. 통상 이러한 연구는 합리에 기반한 상식과 선행연구들에서의 결과 등을 근거로 관심 현상에 대해 잠정적 결론, 즉 가설을 설정하고 경험적 자료(empirical data)를 활용하여 이를 검증하는 방식으로 수행된다. 때로는 이러한 과정을 통해 개념적 모형화나 이론화를 시도하고 다양한 상황에 적용할 수 있는 시사점을 제시하기도 한다.

HRD의 맥락에서는 사람들의 인식과 정서, 행동 등에 대한 추상적인 명제를 경험적 근거를 통해 검증 및 일반화하려는 연구가 다양하게 이루어진다. 연구 절차는 크게 1) 연구 가설 수립, 2) 연구 대상 설정, 3) 조사 및 측정 시행, 4) 자료 분석 및 가설 검증으로 이루어진다. 여기서 연구 가설은 기존 지식이나 선행연구에 기반하여 연역적(deduction)으로 설정되고, 연구 대상은 연구 주제에 부합하는 모집단과 자료 수집의 대상이 되는 표본집단으로 선정된다. 조사 및 측정은 가설을 구성하는 추상적 개념들을 조작적으로 정의(operational definition)한 변수들을 중심으로 이루어지며, 수집된 자료의 특성에 따라 다양한 분석 방법이 적용되어 가설을 검증하게 된다. 예를 들어, 비교 분석을 위해서는 t검정, 분산분석, 교차분석 등이 활용되고, 관계와 영향 분석을 위해서는 상관분석, 회귀분석, 로지스틱회귀분석 등이 활용된다. 이처럼 상대적으로 단순한 분석 방법에서 나아가 더욱 복잡한 관계 분석을 위해 매개·조절모형 분석, 경로분석, 구조방정식, 다층분석, 종단분석 등이 적용되기도 한다.

◆ 현상의 의미 탐구

우리가 일과 삶 속에서 경험하는 인지, 정서, 행동 등은 사회적 보편성을 가짐과 동시에 개별적 특수성과 맥락성을 가진다. 자연인으로서의 행동 양식과 조직에 속한 구성원으로서의 행동 양식이 다르고, 한 문화 집단에는 다른 집단과 구별되는 특성이 있으며, 특정 현상에는 눈에 보이는 것과 그 이면에 숨은 의미가 있을 수 있다. 인간과 사회라는 존재가 구성하는 세계는 환원주의(reductionism)적 논리만으로 이해하기 어려운 다면성과 역동성이 존재하며, 이는 HRD의 중요한 탐구 영역이다.

그리고 이러한 다면성과 역동성을 전제로 한 연구의 필요성은 보편적 이론과 지식이 확대되어갈수록 줄어드는 것이 아니라 더욱 확대되는 역설을 가진다. 다수의 특성을 평균화하고 복잡한 문제를 단순화하여 전체를 관통하는 핵심을 파악하는 것도 중요하나 개인적 주관성(subjectivity)과 다층적

이고 맥락적인 상호작용 속에서의 간주관성(intersubjectivity)을 깊이 있게
이해하는 것도 마찬가지로 중요하다. 워킹맘의 업무몰입 기제는 직장인 전
반의 업무몰입 기제와 다를 수 있고, 북한 이탈이나 다문화 배경을 가진 구
성원의 상호작용 방식은 일반적으로 밝혀진 지식으로 설명하기 힘든 특성이
있을 수 있으며, 이러한 주제의 탐구도 학술적, 실천적으로 지대한 의미가
있다. 기존 이론을 반박하거나 허점을 보완하며 정, 반, 합의 지식 발전 과
정에 한 축을 담당하게 되는 것이다.

　이처럼 보편적 지식이나 특정 이론으로 설명이 어려운 현상이나 인간 내
면을 총체적이고 심도 있게 이해하려는 시도가 현상의 의미 탐구 연구이다.
이러한 연구는 특정 주제나 현상, 사람이나 사례에 주목하여 이에 얽힌 인
식과 정서, 행동과 경험, 상호작용 등을 주의 깊게 들여다보고, 그 저변에
깔린 의미를 발견하고 해석하는 데 초점을 둔다. 다시 말해, 구체적인 현상
이나 행동에 배태된(embedded) 의미를 발견하려는 것으로, 때로는 개인에
초점을 두기도 하고 때로는 특정 집단이나 사례에 초점을 두고 언어나 상징,
행동이나 상호작용 등을 분석하여 그 의미를 귀납적(induction)으로 도출하
는 방식으로 수행된다.

　HRD의 맥락에서는 이미 존재하는 텍스트나 인터뷰 조사와 같은 질적 자
료의 수집 및 이에 대한 코딩, 범주화, 의미 도출, 타당성 검증 등의 절차를
토대로 하는 일반적 질적 연구 방법이 널리 활용된다. 또한, 사람들의 인지
·정서·행동·관계가 입체적, 압축적으로 내재된 사례에 대해 맥락과 세부
사항을 기술하고 의미를 발견하는 사례연구, 특정 문화를 공유한 공동체의
행동·신념·가치 등을 실재적 또는 비판적으로 탐구하는 문화기술 연구, 특
정 현상을 경험한 사람들이 그것에 대해 형성한 공통적 관념을 이해하기 위
한 현상학적 연구, 자료에 내포된 개념의 식별과 범주화, 개념적 구조화, 자
료 재구성과 이론 도출 등을 시도하는 근거이론 연구 등도 소개되고 있다.

• 지식의 통합과 확장

우리는 분석(analysis)과 종합(synthesis)의 상보적 작용을 통해 지식의 지경을 확장하고 수준을 심화시킨다. 어떤 주제가 다각도의 분석을 통해 파악되고, 여러 분석 결과들의 종합을 통해 구조적, 개념적으로 정리되는 경우가 그 예이다. 비슷한 맥락에서, 연구는 분석에 초점을 둔 경우와 통합에 초점을 둔 경우가 있는데, 앞서 소개한 두 접근은 대체로 분석에 주안점이 있다고 볼 수 있다. 하지만 때로는 특정 주제를 중심으로 이루어진 일군의 연구를 기반으로 해당 주제를 통합적으로 이해할 필요가 있으며, 이 또한 HRD 영역에서 자주 시도되는 접근이다.

이러한 통합적 연구는 연구의 대상 또는 자료가 될 수 있는 다양한 분석적 연구의 존재를 조건으로 성립된다. 개별 퍼즐 조각들이 없이 이들이 완성할 전체적인 그림을 볼 수는 없기 때문이다. HRD 분야의 발전과 함께 활발한 연구 결과들이 축적되고 있다는 점은 통합적 연구를 가능하게 함과 동시에 필요를 촉발한다. 이러한 통합이 여러 중요한 주제들에 대한 조망과 상호 검증, 종국에는 이론화를 돕기 때문이다. 명제를 검증하는 실증 연구들이 이론의 토대를 이루는 것은 분명하나, 개별 연구 하나하나보다 이들 연구의 결과를 종합적, 비판적으로 살펴보는 연구가 이론화를 위한 효과적 방법이 될 수 있다.

이처럼 기존의 여러 연구를 기반으로 더욱 진전된 이해를 도모하는 연구가 지식의 통합과 확장 연구이다. 대체로 이러한 연구는 특정 주제와 관련한 선행연구를 포괄적으로 분석 및 재구성하여 모형화, 개념화, 이론화를 시도하는 양상을 띤다. 구체적 방법으로는 특정 주제를 둘러싼 연구의 현황과 종단적 발전 과정을 살펴보는 실태 및 동향 연구, 유사한 변수들을 살펴본 여러 실증 연구의 결과치들을 비교하고 종합하는 양적 메타분석 연구, 특정 주제를 중심으로 한 다양한 연구의 핵심 사항을 정리하고 이를 구조화하는 통합적 문헌 연구 등이 대표적이며, 철학적 가정과 패러다임에 도전하는 비판적 연구와 학제적(interdisciplinary) 접근을 통한 융합 연구가 수행되기도 한다.

◆ 실행 및 응용 연구

명제에 대한 실증, 현상의 의미 탐구, 지식의 통합과 확장 등을 위한 연구에 더해 HRD 분야에서는 다양한 실행 및 응용 연구가 실행된다. 충분하게 검증된 연구 결과만이 실제 적용으로 이어지는 자연과학, 의학 등의 분야와 달리 HRD는 다양한 현장 실천과 시행착오가 연구를 견인하는 경우가 많고, 연구의 주제뿐만 아니라 연구 방법에서도 학제성을 가진 분야이기 때문이다. 또한, 테크놀로지의 발전은 연구 방법의 고도화와 다양화에도 기여하고 있으며, 이로 인해 새로운 접근 방식과 분석 기술을 적용한 연구들이 활발하게 소개되고 있다.

실행 및 응용 연구는 타 분야와의 접목, 양적 분석과 질적 분석의 혼합, 전통적 방법과 테크놀로지의 결합 등의 특성을 띤다. 또한, 앞서 소개된 연구들이 정립된 절차와 기준 등에 따라 진행되는 것과 달리 실행 및 응용 연구에서는 유연성과 창의성이 발휘될 여지가 상대적으로 크다고도 볼 수 있다. 물론 그렇다고 치밀한 설계와 체계적 분석, 엄밀한 절차 이행 등 과학적 연구를 위한 근본 요건이 면제되는 것은 아니지만, 이러한 특성은 새롭고 독창적인 연구 시도를 가능하게 하는 촉매제가 된다.

관련 예시로는, 특정 업무나 역할의 수행을 위해 요구되는 역량을 규명하는 역량 모델 연구와 이를 기반으로 한 역량 요구도 분석 연구, 바람직한 개입이나 프로그램을 설계하기 위한 이론 기반의 모형 개발 연구, 특정한 개입이 의도한 목표를 달성했는지에 대한 효과 분석을 통해 개입의 타당성을 확인하고 환류하기 위한 실행 연구 등이 있다. 통상의 조사연구가 정량화된 답변을 수집하여 분석하는 것과 달리 사람들의 생각이나 의견 그 자체를 확률적으로 분포시켜 주관성을 범주적으로 이해하고자 하는 Q방법론 연구, 어려운 주제나 미래 전망 등에 대해 전문가들의 개인적 견해와 집단적 지성을 순환 참조하는 델파이 연구 등도 종종 활용된다. 최근에는 빅데이터를 활용한 사회관계망 및 의미연결망 분석 연구, 자연어 처리 기술을 통해 텍스트에서 패턴이나 주제를 발견하는 토픽모델링 연구, 빅데이터 기반의 인적자원 예측 및 최적화 모형을 도출하는 피플 애널리틱스 연구 등도 소개되고 있다.

어떻게 연구를 정당화할 것인가?

앞서 언급했듯이 과학적 연구는 사설이나 에세이 등과 여러 면에서 차이가 있는데, 여기서 구별의 핵심은 과학적 방법의 적용 여부 및 절차와 결과의 객관적 정당성과 관련된다. 물론 사설이나 에세이도 상응하는 체계와 기준이 있겠으나 연구에서의 정당성은 더욱 엄격하고 전문적인 잣대로 판단된다. 연구 논문 작성 규정, 기관윤리위원회(institutional review board, IRB), 전문가 동료의 검토(peer review), 표절 검사 시스템 등도 정당성 확보를 위한 중요한 장치들이고, 무엇보다 연구자 스스로가 정당성 확보를 위해 윤리적이고 전문적인 측면에서의 다양한 노력을 기울인다.

예를 들어, 양적 연구의 정당화를 위한 대표적인 잣대로는 타당성(validity), 신뢰성(reliability), 재연 가능성(replicability) 등이 있다. 타당성은 연구 목표를 달성했는가에 대한 것으로, 적절한 표본 선정을 통해 연구 결과의 일반화가 가능한지에 대한 외적타당성, 정확한 측정과 가외 변수 통제를 통해 결과 해석에 오류가 없는지에 대한 내적타당성의 개념을 포괄한다. 신뢰성은 환경과 무관하게 측정에 일관성이 있는지에 대한 것이고, 재연 가능성은 연구 자료의 신빙성과 연구 과정의 투명성 등에 대한 개념이다. 연구 대상과 무관한 엉뚱한 사람들을 조사하거나, 잘못된 도구로 측정을 하거나, 결정적인 변수를 분석에 고려하지 않거나, 데이터가 훼손되거나, 연구의 중요한 단계들이 적절히 보고되지 않는다면 연구의 정당성에 의문이 제기된다. 언뜻 사소해 보일 수 있는 의문이 연구 전체에 대한 의문, 나아가 연구의 최종적 실패로 귀결될 수도 있으므로 정당성 확보를 위한 예민한 주의가 요구된다.

질적 연구에는 전이 가능성(transferability), 사실성(truth), 일관성(consistency) 등의 잣대가 적용된다. 전이 가능성은 양적 연구에서 상정하는 모집단에 대한 일반화의 개념이라기보다 연구의 내용이 독자들에게 성찰의 기회와 시사점을 제공하는지를 의미한다. 또한, 사실성은 연구의 초점이 되는 현상과 그 배경에 대한 최대한의 상세하고 정확한 기술을, 일관성은 연구 결과의 해석에 있어 연구자의 편향성과 가변성을 제어하고 균형과 안정성이 확보되어야 함을 의미한다. 주관적이고 해석적인 특성을 가지는 질적 연구에서는 타당성과 신뢰성을 기술적으로 확보하기는 어려울 수 있다. 하지만 질적 연구가 합당한 지위를 인정받고 더욱 활성화되기 위해서는 객관성과 과학성이 미흡하다는 비판을 불식하고 정당성을 강화하기 위한 다각도의 노력이 필요하다.

또한, 모든 연구를 망라하여 연구윤리, 연구 가치 등도 연구의 정당성 측면에서 중요한 요소이다. 연구윤리는 윤리강령 준수, 연구윤리 교육, 이해충돌 회피, IRB 승인 등의 절차 이행과 함께 연구 참여자 기만 및 정보 유출, 자료 및 결과 위·변조, 표절, 이중 출판 등 여하의 부정행위 금지를 포함하는 개념이다(성태제, 시기자, 2020). 연구의 가치도 연구의 정당성 측면에서 중요한 고려 요소인데, 가령 기술은 화려하나 의미와 기여는 박약한 연구, 상업적 목적이나 정치적 주장을 관철하기 위해 무늬만 연구의 형식을 취한 결과물 등은 정당성을 인정받기 어렵다. 논리성의 결여나 글쓰기 오류, 논문 작성 형식 위배 등도 연구의 가치를 훼손하는 요인이다. 당연한 말이지만 유의미한 지식의 창출과 실천적 기여 등 본질을 견지하고 기본에 충실했을 때 연구의 정당성이 확보될 것이다.

한편, 최근 ChatGPT와 같은 인공지능(artificial intelligence, AI) 기술은 연구윤리의 경계를 허물고 연구의 정당성과 관련한 기존의 규범에 혼란을 초래하고 있다. AI 기술을 활용한 연구가 인간 창작의 산물로 인정받을 수 있는지, 어떤 방식과 수준으로 활용하는 것이 적정한지, 출처 없는 정보의 활용이 저작권이나 지적재산권을 침해하는 것은 아닌지, AI 기업이 저작권

침해로부터 보호해 주겠다는 약속에 기대어 연구를 진행하는 것이 정당한지 등에 대해 명확한 기준이나 지침이 없는 상태이다. 연구의 정당성 측면에서 AI 기술의 발전에 수반되는 여러 문제에 대한 개인적 주의와 공동체적 논의가 요구되는 시점이다.

나가며

HRD 분야는 과학적 연구의 양적, 질적 성장과 함께 꾸준히 성숙해가고 있다. 하지만 연구하는 학생과 현장 전문가, 심지어 경험 많은 학자들에게도 연구 방법은 도전의 영역이다. 종류는 다양하고, 내용은 복잡하며, 어떤 방법을 선택하고 어떻게 실제 연구에 적용해야 할지 여간 어려운 일이 아니다. 이런 어려움을 일거에 해소할 방법은 없겠으나 본 장의 내용을 참고한다면 연구의 방향을 설정하는 데 다소간의 도움이 될 것이다.

또한, 이어지는 장들에서는 HRD 분야에서 널리 사용되는 연구 방법 열한 가지가 제시될 것이다. 본 장이 툴박스에 대한 종합적인 소개라면 다음 장들의 내용은 툴박스에 들어있는 도구들에 대한 세부 설명인 셈이다. 특히, 한두 명의 저자가 여러 방법을 개관하는 형식이 아닌, 각 연구 방법의 전문가가 해당 방법을 집중적으로 다루어줄 것이므로 수준과 활용도가 높을 것으로 기대된다. 주요 연구 방법들의 핵심을 익히거나 염두에 둔 특정 주제를 실제 연구로 이어가고자 하는 독자들에게 유용한 길잡이가 될 것이다.

장인(匠人)은 도구함에 필요한 연장을 넣어 두어야 하고, 일을 잘하려면 평소 연장을 날카롭게 갈아두어야 한다. 연구자에게 연구 방법은 장인의 연장과 같은 것으로, 여러 방법을 배우고 익힐수록 더 좋은 연구를 더 즐겁게 할 수 있게 될 것이다. HRD 분야의 연구자들을 위해 일이관지(一以貫之)의 절대반지는 아니더라도 서 말의 구슬을 꿸 보배를 보여주는 일, 그리하여

보석보다 더 빛날 연구들이 뿜어져 나오도록 마중물이 되어주는 일, 본서의
취지이자 기대하는 효과이다.

참고문헌

김태성, 한동훈, 최민규(2021). 국내 학부 및 대학원 HRD 학과 커리큘럼 분석, *기업교육과 인재 연구, 23*(1), 209-233.

백석윤(2007). 피타고라스가 들려주는 피타고라스의 정리 이야기. 자음과모음.

성태제, 시기자(2020). 연구방법론(3판). 학지사.

장원섭(2021). 인적자원개발: 이론과 실천(3판). 학지사.

Tseng, C. C., & McLean, G. N. (2008). Strategic HRD practices as key factors in organizational learning. Journal of *European Industrial Training, 32*(6), 418-432.

명제에
대한 실증

02

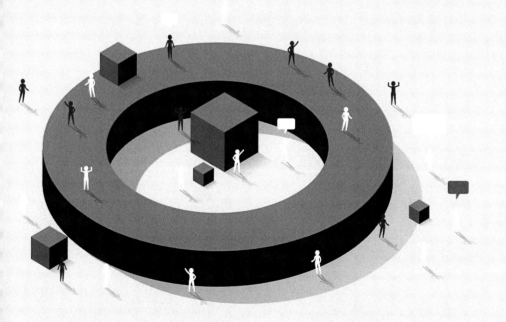

측정도구 개발

이재은(jelee@sangji.ac.kr)

이재은은 아주대학교에서 심리학사와 산업 및 조직심리학 석사 학위를 취득하고 서울대학교 산업인력개발학과에서 교육학 박사 학위를 취득했다. 현재 상지대학교 평생교육상담학과 교수로 재직 중이며, 주요 연구 관심 분야는 경력개발, 일 경험과 전문성 개발, 성인 진로교육 등이다.

측정도구 개발

이재은

들어가며

사회과학에서 연구방법은 크게 양적 연구와 질적 연구로 구분되며, 이는 각각 논리 실증주의와 행동주의, 현상학과 해석학, 비판주의의 철학적 관점을 토대로 한다. 두 가지 관점 중 연구자가 양적 연구(정확히 말하자면 설문조사(survey)를 활용한 연구)를 수행하겠다고 선택하게 되면, 그 다음으로 하게 되는 고민 중 하나가 "어떤 측정도구를 활용할 것인가?"이다. 학위논문을 작성하거나 관심 있는 분야 연구를 수행하는 사람이라면 "그래서 이 구성개념(construct)을 어떤 도구로 측정해야 하지?" 하는 고민을 한 번쯤 해봤을 것이다. 자신이 연구하고 싶은 주제 혹은 구성개념에 대해 과학적으로 측정할 수 있는 타당도와 신뢰도가 확보된 도구가 이미 개발되어 있다면 큰 문제가 없다. 해당 측정도구를 인용하고 연구에서 활용하면 될 일이다. 그러나 문제는 관심 있는 구성개념에 대한 측정도구가 없거나, 아직 국내에 번안이 되지 않았거나, 혹은 이미 개발된 측정도구가 마음에 들지 않을 때(또는 내가 측정하고자 하는 구성개념을 제대로 측정하지 못한다고 판단할 때)

발생한다. 그럴 때 우리는 새로운 측정도구를 개발하거나 타당화하는 작업을 검토하게 된다. 즉, HRD연구에서 측정도구 개발과 타당화는 1) 기존에 존재하지 않는 구성개념을 측정하기 위해서, 2) 국외에서 개발한 연구를 국내 맥락에 맞게 타당화하기 위한 목적으로 활용할 수 있는 연구방법이다.

이번 총서 시리즈는 HRD 분야의 연구방법에 대해 개괄하고 있는데, '측정도구 개발과 타당화'를 연구방법이라고 볼 수 있을까?라는 근본적인 질문이 생긴다. 어떠한 구성개념을 측정하는 척도의 신뢰도와 타당도를 검증하는 과정은 양적 접근 연구의 일부분으로 이해되기도 하기 때문이다. 그러나 실제로 다수의 학위논문이 측정도구를 개발하고 타당화하는 연구를 중요한 연구목적으로 설정하고 있으며, 다양한 저널에 이러한 주제의 논문이 게재되고 있는 것도 사실이다. 따라서 측정도구 개발 및 타당화를 '독립적 연구를 출판할 수 있게 하는 하나의 연구방법'으로 가정하고 시작하고자 한다.

이 장은 HRD 연구자들이 측정도구를 개발하거나 타당화할 때 꼭 알고 있어야 하는 개념과 절차를 제시하고, 최근 출판된 HRD 분야 측정도구 개발과 타당화 연구를 검토하여 구체적인 방법을 안내하기 위한 목적으로 작성되었다. 이 장에서 다루고 있는 구성개념과 측정, 타당도와 신뢰도 등의 개념은 어떤 독자에게는 너무나 익숙하고 쉬울 수도 있다. 이러한 내용들은 학부와 대학원의 통계학 수업 시간에 학습했거나, 심리학 전공자라면 심리검사 교과목에서, 교육학 전공자라면 교육평가 교과목에서 다루고 있기 때문이다. 여기서는 HRD의 토대가 되는 여러 학문 분야에서 공통적으로 사용하고 있는 개념들을 확인하고, 측정도구의 개발과 타당화 과정에서 필요한 절차를 쉽게 설명하고자 한다. 이를 통해 실제 측정도구 개발 및 타당화 연구를 수행하려는 연구자뿐 아니라 양적 연구의 연구방법에서 측정도구의 타당도와 신뢰도 분석을 기술하려는 연구자에게도 도움이 되었으면 하는 바람이다.

측정도구 개발과 타당화 연구를 위한 필독서들

본격적으로 내용을 소개하기에 앞서 측정도구 개발과 타당화 연구를 수행하려는 연구자들에게 도움이 되는 문헌을 소개한다. 첫 번째는 미국교육학회(AERA: American Educational Research Association)와 미국심리학회(APA: American Psychology Association), 그리고 전미교육측정위원회(NCME: National Council on Measurement in Education)에서 발간하고 있는 「교육평가와 심리검사를 위한 기준[1](Standards for Educational and Psychological Testing)」이다. 이 기준은 APA와 AERA에서 각각 출판한 매뉴얼과 가이드라인을 통합하여 1966년 APA에서 처음 출판되었다. 이후 1974년, 1985년, 1999년에 개정되었으며, 2014년 7월에 최신 개정판이 발표되었다. 개정판은 총 3개의 파트로 구성되며 "검사구성, 평가, 문서화"를 다루고 있는 첫 번째 파트에서 검사도구의 개발 절차와 주요 개념들을 안내한다[2]. 이는 교육평가와 심리검사를 위한 도구를 개발하는 연구자의 바이블이라 할 수 있으며, 측정도구 개발과 타당화 연구를 수행할 계획이거나 관심이 있다면 필독이 요구된다.

두 번째는 APA Handbook 시리즈 중 하나로 2013년 2월에 출판된 「미국심리학회 측정과 평가 핸드북[3](APA Handbook of Testing and Assessment in Psychology)」이다. 3권으로 구성되어 있는 이 핸드북은 심리학과 교육학 분야 검사 이론과 적용을 포괄적으로 소개하고 있다. 특히 심리측정학의 주요 개념과 이론을 제시하며 산업/조직심리학, 임상심리학,

---

1) 원어에서는 교육학과 심리학 모두 검사(testing)이라는 용어를 쓰고 있으나, 일반적으로 교육학에서는 평가를 더 빈번하게 사용하고 있으므로 Educational testing을 교육평가로 번역하였다.
2) 유사하게 국내에서는 2002년에 한국심리학회에서 2002년에 「심리검사 제작 및 사용지침서」를 발행하였으나 현재는 절판된 것으로 확인된다.
3) Assessment는 '사정'으로 번역하고 있으나, 역량평가나 평가센터 등의 맥락에서 '평가'로 번역하여 활용되는 것이 일반적이므로 여기서는 평가라고 번역하였다.

상담심리학, 학교심리학 등에서의 측정과 평가에 대해 다룬다. 핸드북이 고가(2024년 2월 기준 $695)라는 치명적인 단점이 있지만 1권에서 신뢰도, 타당도, 요인분석, 문항분석 등의 심리측정학의 기본 개념 등을 다루고 있어 좋은 학습자료가 된다.

척도개발의 절차와 관련해서는 노스캐롤라이나 대학교 건강행동학부의 DeVellis 교수님이 공저한 「척도개발(Scale Development)」이라는 책을 추천한다. 이 책은 측정도구 개발과 평가 과정의 구체적인 절차를 제시하고 있다. 앞서 소개한 책들이 주로 측정과 평가와 관련된 이론적 개념을 다루고 있다면, 이 책은 실제 척도개발의 절차와 과정에서 활용할 수 있는 내용을 실무적 관점에서 다루고 있다는 장점이 있다.

위에서 소개한 단행본 외에 HRD분야 척도개발과 관련하여 참고할 수 있는 논문들도 추천하고자 한다. 첫 번째는 1995년에 Journal of Management에 실린 "조직 연구에서의 척도개발의 실제 검토"라는 논문이다(Hinkin, 1995). 이 논문은 75편의 척도개발 관련 연구를 종합하고, 척도개발의 절차를 총 3단계로 구체적으로 제시하고 있다. 발표된 지 30년이 지났지만, 조직 연구에서 설문지법을 활용한 척도개발 연구의 시사점과 핵심 절차들을 잘 설명하고 있다.

두 번째는 2023년 Organizational Research Methods에 발표된 "구성개념 개발과 타당화의 세 가지 실무적 단계"인데(Lambert & Newman, 2023), 특히 이 논문은 논문심사자, 편집자, 저자들을 위한 가이드로 발행되었다. 여기서는 척도개발과 타당화를 세 단계로 구분하고 각 단계에서 저자 또는 심사자가 확인해야 하는 내용을 체크리스트 형태로 제시하고 있어서 유용하다.

마지막으로 2021년 Frontiers in Psychology에 발표된 "주요 리커트 척도 개발의 발전 검토: 1995 – 2019"이다(Jebb, Ng, & Tay, 2021). 이 논문은 심리학과 교육학 분야의 40편의 척도개발 연구를 분석하고 척도개발과 타당화와 관련된 최신의 발전들을 요약하고 있다. 이 논문에서는 특히 가독성

(readability) 검토, 문항 축약을 위한 개미 집단 최적화 알고리즘(Ant Colony Optimization, ACO) 활용, 구성개념 확장(construct proliferation)에 따른 판별타당도 분석의 중요성 등을 강조하고 있다.

그 외에도 국내에서 출판된 심리검사 및 교육평가 관련 교재들도 도움이 될 것이다. 다양한 출판사에서 여러 종류의 심리검사 및 교육평가 관련 책들이 발간되었다. 국내 도서들을 통해 기본적인 개념을 익힌 후 위에서 제시한 문헌들을 바탕으로 심화학습을 하는 것을 추천한다.

이 장에서 다루는 내용들은 저자가 위에서 제시한 여러 저서와 논문들을 토대로 오랜 시간에 걸쳐 학습한 내용을 바탕으로 작성한 것임을 밝힌다. 이를 정리하는 과정에서 가능하면 원문을 인용하고자 했으나, 일부는 출처를 밝히기 어려운 점도 있었음을 고백하니 미리 양해를 구하는 바이다.

평가, 사정, 측정, 검사, 척도의 개념 이해

앞서 측정도구 개발 및 타당화와 연구를 위한 필독서들을 소개하면서 평가(evaluation), 사정(assessment), 측정(measurement), 검사(test), 척도(scale) 등의 용어를 사용하였다. 측정도구 개발과 관련된 문헌들을 살펴보다 보면 이러한 개념들이 혼용되는 것처럼 보여 헷갈릴 수 있다. 따라서 각 개념이 어떤 맥락과 상황에서, 특히 측정하고자 하는 구성개념의 범위와 도구의 특성에 따라 어떻게 다르게 지칭되고 있는지 확인할 필요가 있다.

먼저 평가, 사정, 측정의 개념의 차이를 이해할 필요가 있다. 이러한 개념 구분은 특히 교육학에서 학습자들을 평가하는 맥락에서 자주 활용된다. 측정은 우리가 관찰하고자 하는 어떤 특성을 수치화하는 과정이다. 따라서 측정은 타당하고 신뢰도운 결과를 얻는 데 목적이 있으며, 정량적인 활동이다. 사정은 다양한 원천을 통해 평가에 필요한 자료를 얻는 과정이다. 이 과정에는 다양한 측정 활동이 포함될 수 있고 사정 자체가 학습의 과정이 될 수도 있으며, 형성적(formative)이고 종합적(summative)인 평가를 포함한다. 사정은 평가와 함께 종료되는데, 평가는 교육의 목표가 달성되었는지 확인하고 이해관계자들의 의사결정에 필요한 정보를 제공하고 평가대상의 가치를 판단하는 과정으로 종합적이고 정성적이다. 평가는 평정(appraisal), 분석(analysis), 사정(assessment), 비평(critique), 검증(examination), 채점(grading), 판단(judgement), 순위매기기(rating), 검토(review) 등의 활동이 포함된다. 측정(measurement), 즉 어떤 특성에 대한 수치화된 자료를 확보하기 위해 우리는 도구를 활용하는데, 이것이 검사 혹은 시험(test)이다. 심리학에서는 주로 검사라는 용어를 활용하고 교육학에서는 시험이라고 번역되기도 한다. 검사는 다양한 맥락에서 활용될 수 있는데, 성격검사, 흥미검사, 인성검사 등 개인의 속성을 측정하기 위한 장면에서도 활용되고, 외국어활용능력을 평가하기 위한 TOEIC, TEPS, 그리고 대학수학능력시험 등 다양한 검사들이 있다. 검사는 피험자가 획득한 점수를 해석하기 위한 규준(norm)을 제공하며, 표본 점수를 해석할 수 있는 규준을 개발하는 것까지 검사 개발 단계에 포함한다. 검사(test)에는 다양한 응답의 방식이 존재하는데 이를 척도(scale)라 한다. 우리가 흔히 알고 있는 명목(nominal), 서열(ordinal), 등간(interval), 비율(ratio) 척도가 수치화한 자료의 측정 수준, 즉 정보의 범위를 나타내는 것이다. 한편 "Scale"은 자료의 측정수준을 의미하는 것 뿐 아니라 어떤 현상이나 개념을 측정하기 위한 도구로서의 검사(test)나 설문지(questionnaire)를 지칭하기도 하는데, 주로 리커트 척도를 활용하여 단일한 구성개념을 측정하는 의미로 사용된다. 실제 다수의 연구에서 척도개발(scale development)이라는 용어를 활용하고 있다. 어떤 대상의 특성을 측정하기 위한 여러 개의 척도를 종합하여 인벤토리(inventory), 인덱스(index), 배터리(battery) 등을 개발하기도 하는데, 이는 측정하고자 하는 구성개념이 여러 차원으로 구성되어 있거나, 해당 영역에 대한 종합적인 검사를 시도하고자 할 때 활용하게 된다. 인벤토리와 배터리 모두 여러 개의 척도를 활용하여 특정영역에 대한 폭넓은 정보를 얻고자 할 때 활용되며, 특정 개념이나 특성의 다양한 요소를 나열한 목록이다. 예를 들어, 다면적 인성검사(MMPI: Minnesota Multiphasic Personality Inventory)는 다양한 신경정신질환, 성격 특성, 정신 건강 문제를 평가하는 대표적인 심리평가 도구 중 하나이며, 정서, 인지, 사고, 행동습관, 생활방식 등을 측정할 수 있도록 지능검사(WAIS), 다면적인성검사(MMPI), 문장완성검사(SCT) 등 여러 종류의 심리검사를 모아놓은 것을 종합심리검사(full battery)라고 지칭하기도 한다.

HRD분야 연구와 실무에서는 개인의 태도와 행동을 측정하기 위해 리커트 척도를 활용한 척도개발(scale development)이 가장 빈번하게 활용되고 있으므로 이 장에서 설명하고 있는 측정도구는 주로 "scale"을 설명하고 있다고 이해하면 좋을 것이다.

측정도구 개발과 타당화 연구를 위한 기본개념들

측정도구 개발과 타당화를 수행하기 위해서는 몇 가지 기본 개념을 확인할 필요가 있다. 특히 HRD는 심리학, 교육학, 경영학 등 다학제적 특성을 갖고 있어 연구자의 학문적 배경에 따라 용어의 사용(특히 영어를 번역하는 과정에서 어떤 용어를 쓸 것인가를 선택하는 것)이나, 연구결과의 기술 방식에서 차이를 보인다. 따라서 측정도구 개발과 타당화 연구에서 빈번히 사용되는 기본개념들을 익히고, 이러한 내용이 왜 필요한지에 대해 확인하는 것은 중요하다. 기본 개념에서는 1) 측정과 심리적 구성개념, 2) 고전검사이론과 문항반응이론, 3) 신뢰도와 타당도에 대해 확인하고자 한다.

◆ 측정과 심리적 구성개념

측정(measurement)은 "일정한 법칙에 의거하여 어떤 사물이나 그 속성에 대해 수치(numerical value)를 부여하는 것"을 의미한다(Stevens, 1946, p.667). 측정의 개념을 이해하기 위해 쉬운 예로 제시되는 것이 키나 몸무게이다. 예를 들어 '초등학생의 키'라는 특성을 측정하기 위해, "빛이 진공에서 1/299,792,458초 동안 진행한 경로의 길이를 1미터라고 하자"고 정한 '규칙에 근거'하여, 미터를 재기 위한 측정도구인 '자'로 측정하여, 135cm라는 수치를 부여하는 과정이 측정이다. 자연과학에서는 비교적 측정의 대상이 되는 속성과 이를 측정하기 위한 규칙에 대한 합의가 비교적 명확하고 직접적인 반면 사회과학에서는 어떤 대상에 대한 측정 방식을 한 가지 규칙으로 정하는 것이 어렵고 간접적일 수밖에 없다. 사회과학에서는 이러한 물리적 속성과 구분되는 개인의 심리적 속성을 심리적 구성개념(psychological construct)이라고 한다. 구성개념은 물리적 속성과 구분되는 심리적 속성을 의미하며 설명개념 혹은 이론적 개념이라고도 한다(김영환, 문수백, 홍상황, 2005). 구성개념은 인간의 행동을 설명하기 위한 이론을 만들기 위해 사회과학자들이 상상 속에서 만들어 낸 추상적이고 가설적인 개념이다(탁진국, 2007, p.14). 여기서 추상적이라는 것은 실물에 대응하는 개념이 없다는 것이며, 가설적이라는 말은 아직 존재를 확인하지는 못했으나 분명히 존재할 것이라고 믿는다는 의미이다. 따라서 구인을 측정하는 것은 실제로 존재하지 않는 가설적 개념을 검증하여 그 속성에 일정한 규칙에 따라 수치를 부여하는 과정이라고 할 수 있다(이종승, 2005).

탁진국(2007)은 「심리검사 개발과 평가방법의 이해」라는 저서에서 Croker 와 Algina(1986)이 제시한 심리적 구성개념 측정 시 문제점을 다음과 같이 다섯 가지로 설명하고 있다. 심리적 구성개념 측정 시 제기되는 한계점은 역설적으로 구성개념 개발과 타당화 과정에서 우리가 확인해야 할 중요한 요소들을 드러낸다. 첫 번째는 구성개념을 측정하는 데 단일한 방법만 존재하지 않는다는 것이다. 심리적 구성개념은 조작적 정의에 따라 그 측정방법이 달라지기 때문에 서로 다른 방식으로 구성개념을 측정하게 되면 결론을 종합하기 어렵다. 실제로 주관적 경력성공의 경우 경력만족, 고용가능성을 하위요인으로 측정하거나 일과 삶의 균형도 함께 측정하는 등 연구자에 따라 서로 다른 방식으로 측정하고 있다는 점이 문제점으로 지적되고 있다(Zhou, Sun, Guan, Li, & Pan, 2012). 이러한 사례를 통해서도 알 수 있듯이 도구개발 과정에서 우리가 측정하고자 하는 개념을 조작적으로 정의하는 것은 중요한 단계이다.

두 번째는 측정은 해당 구성개념을 설명하는 전체 행동 가운데 제한된 행동 일부를 선택해서 이루어지며 모든 가능한 행동을 포함시킬 수 없다는 점이다. 어떤 조직에서 효과적인 리더의 행동을 모두 측정한다면 설문문항은 100개를 넘을 것이고, 그 설문의 응답률은 0%에 가까워질 것이다. 모든 연구자들은 가장 적은 문항으로 해당 구성개념을 타당하게 측정하기를 원한다. 따라서 우리가 측정하고자 하는 구성개념을 가장 잘 측정하는 문항의 수와 내용을 결정하는 문제는 검사 개발 과정에서 매우 중요하다.

세 번째는 측정은 항상 오차를 포함한다는 것이다. 측정 결과에 본질적으로 오차를 포함할 수밖에 없다는 것은 자연과학도 동일하나, 사회과학에서는 도구의 정밀함 외에도 피험자의 능력, 측정 시점, 학습 등에 따른 오차들이 포함된다. 따라서 측정도구의 개발 과정에서 오차의 추정은 중요한 고려사항이다. 최근에는 측정도구 개발과 타당화 연구 수행 시 도구의 신뢰도, 타당도 외에 문항반응이론에 따라 문항의 난이도와 변별도 등 문항 적합성을 평가하는 절차를 추가하는 논문들이 발표되고 있는데, 이는 척도 전체뿐 아니라 문항 단위에서의 오차를 추정하고 검증할 수 있게 한다.

네 번째로 연구자가 정의한 구성개념을 어떤 단위로 수량화하는 것이 바람직한지 정의하기 어렵다. 이는 척도화(scaling)의 문제와 관련된다. 일반적으로 HRD분야 측정도구 대부분은 사람중심(subject-centered) 접근법인 자기보고식 Likert 척도를 주로 활용한다. Likert 척도의 경우 서열 척도(ordinal scales)로 측정한 자료를 등간 척도(interval scale)처럼 활용하고 있어 모수적 통계에 활용할 수 없다는 비판이 제기되었고, Likert 척도를 등간 척도로 활용할 수 있는지 확인하는 시뮬레이션 연구들이 수행되어 왔다(예: Norman, 2010). 특히 응답의 범위가 클수록 정규분포와 등간 척도에 가까워진다는 결과들이 제시되었는데, Wu와 Leung(2017)은 11점 리커트를 활용하는 것을 추천하였고, Simms 등(2019)은 응답범위가 6점 이상일 경우 추가로 얻을 수 있는 효익이 별로 없다고 설명하였다. 이렇듯 Likert 척도로 측정해도 문제가 없다는 논문들이 제시되어 비판에 대응할 논리가 생기긴 했으나, 연구자라면 측정하고자 하는 구성개념을 어떤 단위로 측정하는 것이 측정의 목적과 연구목적을 달성하기 위한 연구설계에 적합한지 고민해야 할 것이다.

마지막으로 심리적 구성개념은 조작적 정의만으로는 완벽하게 정의될 수 없으며, 다른 구성개념 또는 관찰 가능한 현상과의 관계가 입증되어야 한다. 사회과학에서 현상(phenomenon) 또는 사건(event)은 상호 연관되어 있으며 상대적인 것이므로 새롭게 정의한 구성개념은 다른 구성개념과 논리적 또는 수학적 관계가 있다는 것을 경험적으로 보여주어야 가치가 있다. 따라서 우리는 측정도구의 개발과 타당화 과정에서 우리가 개발한 구성개념이 '이미 잘 알려진 개념' 또는 '측정하고자 하는 구성개념과 관련된 중요한 다른 개념'과 어떠한 관계를 갖고 있는지 검증하게 된다.

위에서 제시한 구성개념 측정에서의 문제점은 측정도구의 개발절차와 직접적으로 연관된다. 우리는 구성개념 측정에서의 한계를 극복하기 위해 측정도구의 개발과 타당화 과정에서 1) 조작적 개념을 정의하고, 2) 요인의 구조를 확인하며, 3) 측정에서의 일관성을 확인하고, 4) 문항의 특성을 분석하고, 5) 주요 변인과의 관계를 검증한다.

◆ 고전검사이론과 문항반응이론

우리 눈으로 직접 관찰할 수 있는 인간의 지식, 기능, 심리적 특성을 타당하고 신뢰성 있는 검사를 통해 객관적인 정보로 만드는 과정은 단순하지 않다. 특히 이러한 과정에서 검사의 목적에 부합하면서도 피험자의 특성을 정확하고 효율적으로 측정할 수 있는 양질의 문항을 개발하는 것은 매우 중요하다. 문항의 심리측정학적 특성을 확인하기 위해 이루어지는 제반 활동을 문항분석이라고 하는데, 문항분석은 하나의 교육 및 심리검사 속에 포함된 질이 낮은 문항을 가려내고 이를 수정하거나 삭제하여 검사를 개선하려는 목적을 갖는다. 즉 문항분석은 검사의 각 문항이 적절한 수준의 통계적 속성을 갖추고 있는지 검토하고, 이를 바탕으로 신뢰도와 타당도가 높은 검사 구성을 위해 해당 문항들이 사용되기에 적합한지 판단하기 위한 절차이다 (황정규 외, 2016). 문항분석은 검사의 목적에 맞는 내용으로 구성되었는지 판단하는 정성적인 분석과 통계적 분석에 기초하여 문항의 적합성을 판단하

는 정량적 분석으로 구분되는데, 정량적 분석의 방법론으로 크게 고전검사
이론(classical test theory)과 문항반응이론(item response theory)이 있다.

고전검사이론은 1900년대 초 다수의 피험자들을 대상으로 한 지능검사를
연구한 Spearman(1904)과 Thurstone(1925)에 의해 정립되었다. 고전검사
이론은 피험자의 관찰점수는 진점수와 오차점수의 합이라는 것을 기본가정
으로 한다. 따라서 각 문항의 난이도나 특성을 고려하지 않고, 문항의 점수
를 총합하여 실제 특성과 관찰점수 간 상관관계를 바탕으로 신뢰도를 도출
한다. 고전검사이론은 실제 자료에 대한 이론의 적용과 해석이 비교적 수월
하여 지금까지도 널리 활용되고 있다. 그러나 피험자의 진점수가 검사의 문
항 수, 내용, 난이도에 따라 달라질 수 있다는 점과 문항의 난이도가 피험자
집단에 따라 다르게 정의될 수 있다는 한계점이 비판을 받아왔다.

문항반응이론은 이러한 고전검사이론의 한계점을 지적하며 Rarch(1960)
와 Lord와 Novick(1968) 등에 의해 제안되었다. 문항반응이론은 전체 검사
점수가 아닌 문항 수준에서 피험자의 반응확률(즉 정답률)을 모형화하여 기
존의 고전검사이론의 한계를 극복하였다. 예를 들어, 문항별 난이도, 변별
도, 추측도가 추정되어 개인의 능력을 고려한 검사 설계, 동등한 여러 개의
검사 개발 등이 가능해졌다. 특히 개별 문항에 대한 정보를 분석하여 정확
한 측정을 가능하게 해주는 문항이 무엇인지 찾을 수 있고, 문항특성을 문
항 간 비교할 수 있다는 장점이 있다.

◆ 신뢰도와 타당도

신뢰도(reliability)란 검사를 반복했을 때 검사점수의 일관성을 나타내는
개념이다(AERA, APA, & NCME, 2014). 신뢰도는 원래 고전검사이론에서
동일한 구성개념을 측정하는 두 개의 검사 간 상관계수를 지칭하는 용어였
으나, 심리측정의 발달에 따라 신뢰도 분석방법에 상관없이 검사 점수의 일
관성을 나타내는 용어로 활용되어 왔다. 검사의 심뢰도는 검사가 제대로 만
들어졌는지를 판단하는데 가장 기본이 되는 분석이다. 신뢰도를 이해하기

위해 알아야 하는 개념은 진점수와 측정오차이다. 고전검사이론에서 신뢰도 계수는 관찰점수에 대한 진점수의 비율로 계산된다. 즉 신뢰도가 .8이라는 것은 우리가 얻은 점수의 80%가 진점수의 분산이고 20%는 오차점수의 분산이라는 이야기가 된다. 신뢰도에 영향을 미치는 몇 가지 요소들이 있는데, 대표적으로 개인차와 문항 수가 있다. 검사의 개인차가 크면 검사점수의 변량도 커지게 되고 따라서 (검사도구가 타당하다는 가정하에) 신뢰도 계수도 커질 수 있다. 유사하게 검사의 문항 수가 많아지면 검사 점수의 총점은 커지고 점수 간 신뢰도 계수는 높아진다. 그러나 신뢰도 계수를 높이자고 문항의 수를 무한정 늘릴 수는 없다. 앞서 밝혔듯이 모든 심리검사 개발자의 목표는 신뢰도와 타당도가 확보된 가장 적은 수의 문항을 개발하는 것이기 때문이다.

최근에는 고전검사이론에 기반하여 내적 일관성을 나타내는 대표적 개념인 Cronbach α만 사용하는 것에 대한 비판적 관점이 있다. 알파계수를 계산하고 보고하는 것 자체는 문제가 없으나, 알파 계수는 그 값이 크다고 해서 총점(또는 하위척도의 점수)이 단일한 잠재 변인을 반영한다고 볼 수 없다(신재은, 이태헌, 2017)는 것이다. 몇몇 연구자들은 척도의 심리측정적 속성을 탐색하는 데 있어 척도의 차원성을 명확히 파악하기 위해 오메가 위계 계수, 일차원지수(ECV)를 활용할 것을 제안한다(Raykov & Shrout, 2002, Raykov & Du Toit, 2005). 오메가 계수는 신뢰도를 나타내는 계수 중 하나로 모형-기반 신뢰도 추정방법이다. 오메가 계수는 알파 계수와 마찬가지로 신뢰도를 나타내지만, 일반요인(general factor)과 집단요인(group factor)[4]의 분산을 모두 나타내고 있으므로 오메가 계수가 높다고 하여 단일 차원이 확보되었다고 해석하기는 어렵다. 차원성을 정확히 확인하기 위해서는 오메가 위계 계수를 활용하는데, 오메가 위계 계수는 척도 점수의 분산

---

4) 일반요인은 척도의 모든 문항의 공통 분산을 공유하는 하나의 요인을 의미하며, 집단요인은 일반요인이 설명하지 못하는 문항의 분산을 공유하는 요인을 의미한다. 일반요인과 집단요인은 서로 상관이 없음(orthogonal)을 가정한다.

중 일반요인의 분산이 차지하는 비율을 나타낸다. 만약 오메가 계수가 .90이고 오메가 위계계수가 .81이라면 진점수의 분산 중 90%(.81/.90)가 일반 요인에 대한 개인차를 반영한다는 의미로 척도점수가 일반요인을 반영하는 점수로 해석할 수 있다.

타당도는 이론적, 실증적 증거를 통해 검사점수를 특정 목적으로 사용가능하다고 해석할 수 있는 정도(Sireci & Rodriguez, 2022)를 의미하며, 측정하고자 하는 것을 제대로 측정했는지를 판단하는 기준이 된다. 우리는 타당도를 검증하는 다양한 방법이 있다고 알고 있다. 대표적으로 내용타당도(content validity), 구인타당도(construct validity), 준거관련 타당도(criterion-related validity)이다. 내용타당도는 문항들이 측정하고자 하는 영역을 얼마나 잘 대표하는지 정도를 평가하는 방법이고, 구인타당도는 측정하고자 하는 구성개념의 구조적 타당성을 평가하는 방법이며, 준거관련 타당도는 우리가 측정하고자 하는 구성개념과 관련된 변인, 즉 준거들과의 관련성을 평가하는 방법이다. 세 가지 타당도 분석방법은 측정도구 개발의 단계에서 가장 빈번하게 활용되는 방법들이다.

Jebb, Ng와 Tay(2021)는 타당도를 평가하는 방법의 다양성이 타당도 개념의 다양성으로 오해되고 있음을 지적하며, 구성타당도의 중요성을 강조하였다. 즉, "측정하고자 하는 개념을 제대로 측정하는 정도"라는 타당도의 개념은 단일하며, 이에 접근하는 방식이 다양하다는 것이다. 이는 구인타당도 평가가 타당도를 평가하는 핵심이며 다른 접근방법도 모두 구인타당도를 평가하는 방법으로 이해할 수 있다는 선행연구의 주장을 지지한다(Guion, 1977; Messick, 1981). 상관관계를 바탕으로 평가하는 수렴타당도나 변별타당도를 포함한 구인타당도는 측정도구 개발뿐 아니라 설문조사를 활용한 양적 연구에서도 필수적으로 수행하는 분석방법이다. "측정하려는 개념을 제대로 측정하고 있는지"는 도구를 개발하는 맥락뿐 아니라 변인 간 관계 검증에서도 중요한 전제조건이기 때문이다.

만약 검사의 신뢰도가 매우 낮게 나타난다면 검사의 타당도를 분석할 필요 없이 그 검사를 사용하지 않는 것이 바람직하다. 또한 신뢰도를 높이는 작업들(예를 들어, 전체 검사와의 상관관계가 낮은 문항을 제거하고, 새로운 문항을 추가하는 등)은 타당도를 증가시키는 데 기여할 수 있다. 그러나 신뢰도가 높다고 해서 반드시 타당도가 높은 것은 아니다. 즉 신뢰도는 타당도를 확보하기 위한 필요조건이지만 충분조건은 아니다. 그러므로 신뢰도 분석 이후에는 반드시 해당 척도가 우리가 측정하고자 하는 것을 제대로 측정하고 있는지 다양한 방법을 통해 검증할 필요가 있다.

측정도구 개발과 타당화 절차

　측정도구 개발과 타당화 절차는 문헌에 따라 다양하게 제시하고 있는데, 이 장에서는 선행연구에서 제시하고 있는 절차들의 공통요소들을 확인하고 측정도구 개발을 위한 절차를 종합하고자 한다.

　DeVellis와 Thorpe(2021)는 「척도개발: 이론과 적용」이라는 저서에서 척도개발의 절차를 다음의 9단계로 제시하였다. (1) 측정하고자 하는 개념을 정의하는 단계로 이론과 현실에 기반하여 구성개념을 명확히 정의하는 단계이다. 특히 측정이 이론에 근거하는지, 새로운 지식을 창출하는 것인지, 현상의 어떠한 측면에 초점을 두어야 하는지 명확히 할 필요가 있다고 설명하였다. (2) 문항 풀(Pool)을 생성하는 단계이다. 이 단계에서는 척도의 목적을 반영하고, 불필요한 중복을 피하고, 복합문을 지양하는 등의 원칙을 고려해야 한다. (3) 측정방식을 결정하는 단계는 척도화와 관련된다. 여기서는 리커트 척도뿐 아니라 써스톤 척도, 거트만 척도 등의 척도화 방식을 고려하고 리커트 척도를 활용할 경우 응답범위를 결정해야 한다고 설명하였다. (4) 전문가를 통해 최초 문항풀을 점검하는 단계에서는 문항이 측정목적에 부합한 지 내용타당도를 검토하고, 문항의 명확성과 간결성을 검토하고, 측정에 누락된 현상이 없는지 검토하고, 연구대상에 적합한지 검토하는 등의 절차를 거친다. (5) 이후 잠재적 응답자를 대상으로 문항의 이해도를 검토하는데, 이를 인지적 인터뷰(cognitive interview)라고 표현하였다. 이는 잠재적 응답자를 대상으로 문항을 보여주고 떠오르는 생각과 이미지를 그들의 언어로 표현하게 함으로써 문항에 대한 이해도를 확인하는 과정이다. (6) 이후 타당도 검증을 위한 추가 문항을 포함하는 것을 검토하는데, 예를 들어 사회적 바람직성 문항이나 준거관련 타당도를 검증할 다른 척도 문항을 검토하여 조사지에 포함한다. (7) 그 다음으로 조사대상 표본에 맞추어 문항을 최종적으로 수정하고, (8) 광범위하게 조사된 자료를 바탕으로 문항분석을 실시하여 척도의 신뢰도, 타당도, 문항계수 등을 평가하고, (9) 마지막으로 문항 수를 축약하여 척도의 길이를 최적화한다.

　　Lambert와 Newman(2023)은 조직 연구에서 구성개념의 개발과 타당화를 위한 실무적 절차를 세 단계로 제시하였다. 첫 번째 단계는 구성개념을 정의하는 것이다. 이 단계에서는 구성개념 정의의 명확성과 구체성, 측정 대상의 명확성(개인, 조직, 팀 등), 구성개념의 필수적 속성 확인, 구성개념의 요인구조의 명확화, 구성개념과 관련된 기존 이론이나 프레임워크를 고려하는 것 등이 포함된다. 두 번째 단계는 구성개념 정의에 부합하는 조작(operationalizations)을 선택하는 것이다. 이 단계에서는 측정모형을 구체화하고, 문항이나 지표를 생성하고, 내용분석을 실시한다. 특히 첫 번째 단계에서 정의한 구성개념에 부합하는 핵심 속성들을 반영한 문항과 지표를 개발하고, 전문가와 응답자들을 대상으로 내용타당도를 검증하는 과정이 핵심이다. 마지막 단계는 구인타당도의 경험적 증거를 확보하는 단계이다. 이 단계는 측정모형을 검증할 자료를 수집하고, 신뢰도를 분석하고, 수렴타당도, 판별타당도, 확인적 요인분석을 실시하고, 법칙론적 타당도(nomological validity)를 분석하고, 새로운 데이터를 바탕으로 측정모형을 수정하는 과정을 포함한다. 특히 법칙론적 타당도는 우리가 알고 있는 예측타당도, 준거관련 타당도를 확인하는 것과 관련되는데, 최근에는 네트워크 분석을 통해 해당 변인과 다른 변인 간 관계를 검증하는 방법을 취하고 있다(예: 주영경, 김명소, 2023). 또한 측정모형을 수정할 경우(예를 들어, 문항 삭제 또는 요인구조의 변경 등)에는 새로운 표본을 대상으로 측정모형의 타당도를 재확인 해야 함을 강조하였다. Lambert와 Newman(2023)은 모든 단계에서 개발 및 검증 절차와 경험적 증거들을 보고하고 해석해야 함을 강조하였다.

선행연구들을 종합하여 다음과 같이 측정도구 개발의 단계와 구체적인 절차 및 내용을 정리하였다 (<표 1> 참조). 첫 번째 단계는 도구개발의 목적을 확립하고 구성개념의 개념을 정의하는 단계이며, 두 번째 단계는 구성개념 측정을 위한 문항 풀을 작성하고, 문항반응양식을 결정하고 내용타당도, 안면타당도 등의 검토를 수행하는 단계이다. 세 번째 단계는 모집단을 대표하는 표본을 대상으로 조사를 실시하여 개발한 문항의 특성을 분석하고 타당도를 확인하는 과정이다. 특히 타당도 검증의 단계에서는 동일하지 않은 여러 개의 표본을 대상으로 반복검증하는 과정이 중요하다.

〈표 1〉 측정도구 개발의 단계와 세부절차

단계	세부 절차	내용
계획수립 단계	도구개발 목적 확립	선행연구 분석, 도구개발의 필요성 확인
	구성개념의 정의 및 구인화	구성개념의 정의, 대상, 구인의 명료화 및 구체화
문항개발 단계	예비문항 작성	문항풀 작성, 문항반응양식 결정
	문항검토 및 선정	전문가 내용타당도 검토, 대상자 이해도 검토
타당화 단계	표집 및 조사 실시	표본의 적합성 검토, 타당도 검증을 위한 도구 추가
	문항분석 및 수정·보완	신뢰도, 문항 적합도 분석(Rasch 등)
	구인타당도 검증	측정모형(수렴타당도, 판별타당도, 모형적합도) 검증
	법칙론적 타당도 검증	예측타당도, 준거관련 타당도 분석

HRD 분야 측정도구 개발과 타당화 연구 동향

HRD 분야 측정도구 개발과 타당화에 대한 연구동향을 살펴보기 위해 HRD 분야 국내 학술저널의 게재논문을 분석하였다. 문헌수집과 선정은 체계적 문헌고찰 보고지침에 따라 문헌확인, 문헌선별, 선정기준 검토 및 최종선정의 4단계로 진행하였다. 먼저 문헌확인을 위해 "측정도구 개발"을 주제어로 출판연도의 제한을 두지 않고 수집하였다. 자료수집 대상은 한국학술지인용색인(Korea Citation Index, 이하 KCI)의 등재지 중 "HRD연구", "기업교육과인재연구", "직업교육연구", "농업교육과 인적자원개발", "역량개발학습연구", "평생교육·HRD연구"의 총 6개 학술지를 자료수집 대상으로 선정하였다. 자료는 KCI에서 1차적으로 검색하여 목록을 확인하였고 KCI에서 원문을 확인할 수 없는 경우 학술연구정보시스템(RISS), 한국학술정보(KISS) 등의 데이터베이스를 추가로 확인하여 원문을 확보하였다. 자료수집은 2024년 2월 5일부터 10일까지 5일간 진행되었으며, 이러한 과정을 거쳐 1단계에서 도출된 문헌은 총 130개로 확인되었다. 2단계 문헌선별 과정에서 중복된 선행연구는 없었으므로 130개 문헌에 대해 3단계 선정기준 검토를 진행하였다. 문헌 선정과정에서 원문을 검토하여 문항을 번안하거나 개발하여 문항분석, 신뢰도분석, 타당도 분석을 진행한 측정도구 개발 연구에 해당하는지 확인하였고, 측정도구 개발과 타당화 연구로 확인되는 총 54개 연구물을 최종분석에 활용하였다. 제외된 연구물에는 평가준거(지표) 개발 연구, 변인 간 관계를 검증한 연구, 구성요인의 탐색적 연구 등이 포함되었으며 이러한 연구는 측정도구의 개발 절차 중 일부만 진행하였다고 판단하여 제외하였다.

이 연구에서는 측정도구 개발 및 타당화 연구의 전반적 동향을 파악하기 위한 목적으로 출판시기와 출판저널, 저자 소속기관, 논문제목, 키워드 등 KCI 제공하는 항목 외에 학위논문 여부, 연구비 수혜 여부 등의 논문 특성

과 연구대상, 표본수, 표본크기 등의 표본 특성, 연구목적, 분석방법, 전문가
검토 등의 연구방법 특성, 측정대상, 하위요인 수, 문항 수, 척도 종류, 신뢰
도 등의 도구 특성을 분석하였다. 이 연구의 분석대상 논문과 분석의 틀은
<표 2>와 같다.

<표 2> 연구동향 분석의 틀

영역	준거	코딩 값
논문 특성	출판시기	연도
	출판저널	저널명
	학위논문 여부	1=학위논문 표기함, 0=학위논문 표기하지 않음
	연구비 지원 여부	1=연구비 수혜 표기, 0=연구비 수혜 표기하지 않음
표본 특성	연구대상	연구대상(예: 성인학습자, 기업근로자, 교사 등)
	표본 수	표본의 수(예: 예비조사, 본조사를 따로 실시한 경우 2로 코딩)
	표본크기	표본당 표집 인원 수
연구방법 특성	연구목적	최초개발, 수정개발, 도구번안, 단축형도구개발, 타당도확인
	타당도 분석 방법	문항개발 인터뷰, 내용타당도 검토, 문항분석(Rasch), 탐색적 요인분석, 확인적 요인분석, 수렴타당도, 판별타당도, 준거관련 타당도, 측정동일성 등의 수행 여부와 방법
도구 특성	측정대상	구성개념
	하위요인 수	하위요인 수
	문항 수	문항 수
	응답 범위	리커트 5점, 6점, 7점 척도 등
	신뢰도	측정도구의 전체 신뢰도 값

먼저 연도별 게재논문 건수를 살펴보면, 2005년 이후 측정도구 개발 및
타당화 연구는 매해 꾸준히 출판되고 있음을 알 수 있다. 특히 2020년부터
논문게재 건수가 증가하였음을 알 수 있다.

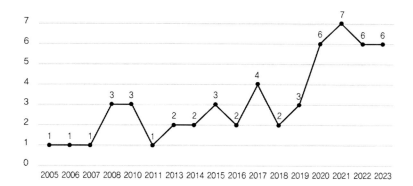

〈그림 1〉 연도별 게재 논문 수

　　측정도구 개발 및 타당화 연구는 HRD연구와 기업교육과 인재연구에 13
건(24.1%) 게재되어 저널 중 가장 많이 출판하고 있었으며, 다음으로 직업
교육연구, Andragogy Today 순으로 나타났다.

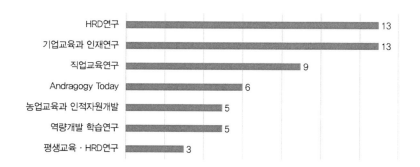

〈그림 2〉 저널별 게재 논문 수

　전체 논문 54개 중 12건(22.2%)이 학위논문을 바탕으로 작성한 논문으로 나타났으며, 그 중 1건은 연구비 지원도 받은 것으로 나타났다. 연구비 지원을 받은 논문은 23건이었으며, 11건의 학위논문은 연구비지원을 받지 않았다. 전체 54개 논문 중 학위논문을 바탕으로 작성되거나 연구비 지원을 받은 논문은 총 34건으로 63.0%를 차지하는 것으로 나타났다.

〈표 3〉 논문 특성(사사표기) 요약

학위논문 여부	논문수	비율	연구비 지원 여부	논문수	비율
학위논문 표기안함	42	77.8%	연구비지원 표기안함	31	57.4%
학위논문 표기	12	22.2%	연구비지원 표기	23	42.6%
계	54	100.0%	계	54	100.0%

　다음으로 수집된 연구물의 표본 특성을 살펴보았는데, 전체 54개 논문 중 26건(48.1%)이 기업근로자를 대상으로 하고 있어 다수를 차지하고 있음을 확인하였다. 그 외에도 성인(8건, 14.8%), 교사 및 강사(7건, 13.0%), 대학생(7건, 13.0%)을 대상으로 한 연구가 많았으며, 코치나 컨설턴트(2건, 3.7%), HRD담당자(1건, 1.9%), 고등학생(1건, 1.9%), 고졸취업자(1건, 1.9%), 귀농준비자(1건, 1.9%) 등을 대상으로 한 연구도 수행되었다.

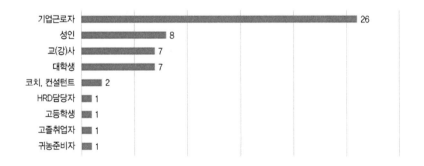

〈그림 3〉 연구대상별 논문 수

전체 논문 중 21건(39.9%)은 표본이 하나였으며, 표본이 2개인 논문은 32
건(59.3%)으로 다수를 차지하였고, 표본이 3개인 논문은 1건(1.9%)로 나타
났다. 표본크기의 평균은 전체 논문에서 1,385명으로 꽤 큰 것으로 나타났
는데, 전체 표본크기가 1,000개 이상인 13개 논문을 제외한 41개 논문의 전
체 표본크기 평균은 518명이었다. 전체 표본크기 구간별 논문 수를 살펴보
면 700명~800명인 논문이 11개, 1000명~5000명인 논문이 11개로 높은 비
율을 차지하였으며, 10,000명 이상인 논문도 2개로 나타났다.

〈표 4〉 게재논문의 표본 수와 표본 크기

표본 수	논문 수	비율	표본 크기 평균			
			표본1 크기 평균	표본2 크기 평균	표본3 크기 평균	전체표본 크기 평균
1개	21	38.9	608	–	–	608
2개	32	59.3	454	1,285	–	1,619
3개	1	1.9	9,833	150	215	10,198
계(평균)	54	100.0	688	1,248	215	1,385

다음으로 수집된 논문의 연구방법 특성을 분석하였다. 연구자가 측정하고
자 하는 구성개념을 최초로 고안하여 개발하는 연구가 35건(64.8%)으로 다
수를 차지하였으며, 기존에 다른 대상이나 맥락에서 측정되는 도구를 연구
자가 관심 있는 연구 대상이나 맥락에 적용하여 타당화한 수정개발 연구는
7건(13.0%), 해외 도구를 번안하여 타당화한 연구는 7건(13.0%)으로 나타
났다. 한편, 구성개념의 요인구조를 확인하거나 수렴 및 판별타당도를 검증
하거나 Rarch 모형을 활용하여 문항분석을 수행한 연구 등 도구의 타당도
확인이 목적인 연구도 4건(7.4%)으로 나타났다. 마지막으로 기존의 측정도
구의 단축형 척도를 개발하는 논문도 1건(1.9%) 수행되었다.

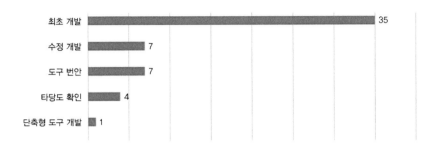

〈그림 4〉 연구목적별 논문 수

다음으로 수집된 논문의 연구절차적 특성을 분석하였다. 문항개발 단계에서 모집단을 대상으로 인터뷰 등 조사를 진행한 논문은 총 17건(31.5%)였으며, 선행연구를 통해 문항을 수집한 연구는 39건(72.2%)였다. 조사를 진행한 17건의 연구는 인터뷰 6건(35.3%), FGI 4건(23.5%), 개방형설문 3건(17.6%), 전문가 검토 2건(11.8%), 델파이 2건(11.8%) 등의 방법을 활용하여 문항풀을 수집하고 개발한 것으로 확인되었다. 문항개발 단계에서 조사 참여자 수는 개방형 설문이 205명으로 가장 많았고, 델파이가 26명, 인터뷰가 12명, FGI가 11명, 전문가 검토가 5명 등으로 나타났다.

〈표 5〉 문항개발을 위한 조사 수행 논문 수

구분	인터뷰	초점집단 면접 (FGI)	개방형 설문	전문가 검토	델파이	논문수	비율
미진행			-			39	72.2%
진행	6	4	3	2	2	17	31.5%
참여자 수 평균	12	11	205	5	26	-	

문항개발 단계에서 문항의 내용타당도를 검토하기 위해 전문가 검토를 수행한 논문은 총 46건(85.2%)이었으며, 다수의 논문이 전문가를 대상으로 내

용타당도를 검토하고 있는 것으로 나타났다. 46건의 논문 중 내용타당도 검증을 델파이 방법을 활용하여 진행한 연구는 11건(23.9%)이었으며, 평균 참여자 수는 15명이었다. 초점집단면접을 활용한 연구는 3건(6.5%)이었으며, 평균 참여자 수는 9명이었다. 다수의 논문이 내용타당도 검증의 방법을 구체적으로 제시하지 않았으나, 설문지를 전문가에 송부하여 문항별 검토의견을 받아 해당 문항을 수정하는 형태로 진행한 것으로 기술하였으며 이러한 방식으로 내용타당도 검증을 진행한 논문은 32건(69.6%)으로 나타났다.

〈표 6〉 전문가 내용타당도 분석 논문 수

구분	초점집단면접 (FGI)	델파이	미제시	논문수	비율
미진행	-			8	14.8%
진행	3	11	32	46	85.2%
참여자 수 평균	9	15	5	-	

　　문항개발 단계에서 문항의 이해도를 검토하기 위해 설문의 대상이 되는 응답자를 대상으로 사전 설문을 진행한 논문은 총 20건(37.0%)이었다. 응답자 사전 검토 역시 구체적인 방법이 제시되지 않았으나, 문항의 이해도 등 문항에 대한 의견을 수집하는 형태로 진행되었다고 기술한 논문이 많았다. 응답자 대상 문항이해도 검토를 진행한 20건의 논문에서 수행된 문항이해도 조사의 표본크기 평균은 22명으로 나타났다.

〈표 7〉 응답자 문항이해도 분석 논문 수

구분	논문 수	비율
미진행	34	63.0%
진행	20	37.0%

전문가 대상 내용타당도 분석과 응답자 문항 이해도를 분석을 진행한 논문을 내용타당도 분석을 진행한 논문으로 간주하고 내용타당도 분석을 진행한 논문과 진행하지 않은 논문으로 나누어서 비교한 결과 내용타당도 분석을 진행한 연구는 전체 54개 논문 중 49건으로 90.7%가 내용타당도 검토를 진행한 것으로 나타났다. 한편, 전문가/응답자 대상 내용타당도 분석을 모두 진행하지 않은 논문은 5건(9.3%)였으며, 전문가 대상 검토와 잠재적 응답자 대상 검토를 모두 진행한 논문은 20건(37.0%)이었다.

<표 8> 내용타당도 분석 논문 수

구분	논문 수	비율
전문가/응답자 대상 분석 모두 미진행	5	9.3%
전문가 또는 응답자 검토 진행	29	53.7%
전문가/응답자 대상 분석 모두 진행	20	37.0%
계	54	100.0%

한편, 측정도구의 타당도를 검증하는 단계에서 Rasch 모형 등을 활용하여 문항의 난이도와 적합도 등을 확인한 논문은 총 7건(13.0%)이었으며 모두 2021년 이후에 발간된 논문이었다. 측정도구의 타당도를 검증하는 단계에서 구인타당도를 확인한 논문현황을 분석하기 위해 탐색적 요인분석, 확인적 요인분석, 수렴/판별타당도 분석의 수행 비율을 구분하여 분석하였다. 탐색적 요인분석을 진행한 논문은 전체 54개 중 52건(96.3%)으로 나타났으며, 미진행한 논문의 경우 기개발된 도구의 재검증 연구, 단축형 도구 개발 연구 등 2건이었다. 확인적 요인분석은 전체 54개 논문 중 47건(87.0%)이 진행한 것으로 나타났으며, 2010년 이전에 수행된 4개의 연구와 커리어코치 역량, 직업능력개발훈련 교강사 역량, 직업훈련교사 디지털 역량 수행 연구에서 확인적 요인분석을 실시하지 않은 것으로 나타났다. 이러한 연구의 경우 이론적 모형이 존재하지 않으므로 데이터에 적합한 요인구조를 탐색적 요인분석을 통해 검증하고 구인타당도 확인을 종료한 것으로 추측된다. 수

렴/판별타당도를 분석한 연구는 총 54개의 연구 중 28건(51.9%)으로 나타났다. 다수의 문헌에서 AVE값과 상관관계 데이터를 바탕으로 수렴/판별타당도를 분석하고 있었으며, 수렴/판별 타당도를 진행하지 않은 연구 중 일부 연구는 구성개념이 단일한 요인이었다.

〈표 9〉 문항분석(Rasch모형 검증) 논문 수

구분	논문 수	비율
미진행	47	87.0%
진행	7	13.0%
계	54	100.0%

〈표 10〉 구인타당도 분석 논문 수

구분	진행여부	논문 수	비율
탐색적 요인분석	미진행	2	3.7%
	진행	52	96.3%
확인적 요인분석	미진행	7	13.0%
	진행	47	87.0%
수렴/판별타당도 분석	미진행	26	48.1%
	진행	28	51.9%
계	계	54	100.0%

측정도구의 타당도를 검증하는 단계에서 준거관련 타당도를 검증한 연구는 17건(31.5%)으로 나타났다. 한편 측정동일성을 검토한 논문은 총 4건(7.4%)으로 나타났는데, 디지털활용역량 진단도구 개발과정에서 성별 간 측정동일성을 검증한 연구, 성인용 학습민첩성 측정도구 개발과정에서 대학생과 성인 간 측정동일성을 검증한 연구 등이 수행되었다.

〈표 11〉 준거관련 타당도 분석 논문 수

구분	논문 수	비율
미진행	37	68.5%
진행	17	31.5%
계	54	100.0%

〈표 12〉 측정동일성 분석 논문 수

구분	논문 수	비율
미진행	50	92.6%
진행	4	7.4%
계	54	100.0%

측정도구의 특성을 확인하기 위해 먼저 수집한 논문의 측정 대상이 되는 구성개념을 역량, 학습관련 태도, 경력관련 태도, 조직관련 태도, 리더십 등으로 분류하였다. 분석결과 직업기초능력, 직무역량, 인성, 디지털역량 등 역량을 측정하기 위한 도구가 14건(25.9%), 학습민첩성, 자기주도적 학습능력, 교육훈련 전이, 학습몰입, 학습동기 등 학습관련 태도를 측정하기 위한 도구가 14건(25.9%)으로 다수를 차지하고 있는 것으로 나타났다. 그 다음으로 주관적 경력성공, 고용가능성, 진로신화 등 경력관련 태도가 6건(11.1%)이었으며, 조직관련 태도와 리더십 측정도구도 5건(9.3%)으로 나타났다. 장인성 관련 측정도구는 장인적 학습, 장인적 일하기를 포함하여 3건이었으며, 그릿도 업무그릿을 포함하여 2건으로 따로 구분되었다. 그 외 1건씩 연구된 구성개념에는 적응수행, 교사소진, 부부관계, 귀농의지, 적응적 창의성 등이 있었다.

〈그림 5〉 측정 대상 분류별 게재논문 수

분석에 포함된 연구에서 개발한 도구의 문항 수는 20개－29개가 16건 (29.6%), 10개－19개가 14건(25.9%)으로 다수를 차지하였으나, 문항의 수는 구성개념과 측정대상에 따라 다양한 것으로 나타났다.

〈표 13〉 문항 수

문항 수	논문 수	비율
10개 미만	4	7.4%
10개-19개	14	25.9%
20개-29개	16	29.6%
30개-39개	4	7.4%
40개-49개	6	11.1%
50개-59개	5	9.3%
60개 이상	5	9.3%
계	54	100.0%

분석에 포함된 연구에서 개발한 도구의 하위요인 수는 4개(22.2%), 3개 (18.5%), 5개(16.7%), 6개(14.8%)가 가장 많았으며, 마찬가지로 구성개념과 측정대상에 따라 다양하게 분포하고 있었다.

〈표 14〉 하위요인 수

하위요인 수	논문 수	비율
2개	3	5.6%
3개	10	18.5%
4개	12	22.2%
5개	9	16.7%
6개	8	14.8%
7개	4	7.4%
8개	2	3.7%
9개	1	1.9%
10개 이상	5	9.3%
계	54	100.0

분석에 포함된 54건의 논문은 모두 리커트 척도로 응답하였으며 5점 척
도가 36건(66.7%), 7점척도가 8건(14.8%)으로 높은 비율을 차지하고 있었
다. 한편 척도의 응답범위를 제시하지 않은 논문도 7건(13.0%)으로 나타
났다.

〈표 15〉 응답범위

응답범위	논문 수	비율
미제시	7	13.0%
5점	36	66.7%
6점	3	5.6%
7점	8	14.8%
계	54	100.0

다음으로 분석에 포함된 논문에서 개발한 측정도구의 신뢰도를 살펴보았
다. 하위요인이 있는 경우 전체 신뢰도를 제시하였는지 확인하였으며, 전체
신뢰도를 제시하지 않은 경우 하위요인별 신뢰도의 하한값을 기준으로 빈도
를 산출하였다. 분석 대상 논문 중 측정도구의 신뢰도가 .75 이상이라고 제
시한 논문이 총 46건(82.2%)으로 높은 비율을 차지하고 있었다. 한편, 전체
신뢰도를 제시한 논문은 33건(61.1%)이었으며, 하위요인별 신뢰도를 제시하

지 않은 논문도 1건(1.9%)으로 나타났다. 전체 신뢰도를 제시하지 않은 논문의 경우 하위요인의 신뢰도가 .65이상 .80미만인 측정도구도 7건(13.0%)을 차지하고 있었다.

〈표 16〉 신뢰도

신뢰도구간	전체신뢰도 표기		전체신뢰도 미표기		계	
	논문수	비율	논문수	비율	논문수	비율
신뢰도미제시	0	0.0%	1	4.8%	1	1.9%
.65 이상.70 미만	0	0.0%	2	9.5%	2	3.7%
.70 이상.75 미만	0	0.0%	3	14.3%	3	5.6%
.75 이상.80 미만	0	0.0%	2	9.5%	2	3.7%
.80 이상.85 미만	2	6.1%	11	52.4%	13	24.1%
.85 이상.90 미만	9	27.3%	1	4.8%	10	18.5%
.90 이상.95 미만	12	36.4%	1	4.8%	13	24.1%
.95 이상	10	30.3%	0	0.0%	10	18.5%
계	33	100.0%	21	100.0%	54	100.0%

HRD 분야 측정도구 개발과 타당화 연구 제언

이 장에서는 측정도구 개발과 타당화 연구 수행을 구체적으로 가이드하기 위해 측정도구 개발과 타당화 연구 진행 시 꼭 알고 있어야 하는 개념과 절차를 확인하고 HRD분야 학술지에서 측정도구 개발과 타당화 연구의 동향을 살펴보았다.

특히 HRD분야 학술지에 실린 측정도구 개발과 타당화 연구의 동향을 분석한 결과를 요약하면 다음과 같다. 첫째, 논문의 특성과 관련하여, 측정도구 개발 및 타당화 논문의 수가 증가하는 추세에 있으며, 게재저널과 소속기관이 골고루 분포하였고, 게재논문 중 학위논문 또는 연구비 수여 논문의 비율이 높았다. 둘째, HRD분야 학술지에 실린 측정도구 개발과 타당화 연구의 대상은 기업근로자뿐 아니라 성인, 교사, 대학생 등 다양한 연구대상을 설정하고 있었으며, 표본을 분할하거나 두 번 이상 표집하여 문항분석과 타당도 검증을 수행한 논문이 많았다. 표본크기도 다양하게 나타났으며, 700-800명 또는 1000명 이상의 규모가 가장 많은 것으로 나타났다. 셋째, 연구방법의 특성과 관련하여 측정도구를 최초 개발하는 연구가 많았으며, 내용타당도 검토는 90.7%의 연구가 수행하고 있었다. 구인타당도 분석 중 수렴/판별타당도를 분석한 연구(51.9%)와 비율과 준거관련 타당도를 분석한 연구(31.5%)는 상대적으로 적었으며, Rasch모형을 통해 문항분석을 수행한 연구는 2021년 이후 7건이 수행되어 최근 증가하고 있음을 알 수 있었다. 한편, 측정동일성 검증은 4편만 진행된 것으로 확인되었다. 넷째, 도구 특성과 관련하여 역량과 학습관련 태도에 대한 측정도구 개발을 다수를 차지하고 있었으며, 문항 수는 10개-29개가 과반수 이상으로 나타났고, 하위요인 수는 3-6개가 70% 이상이었다. 모든 측정도구는 리커트 척도로 측정되었으며, 응답범위는 5점 척도를 66.7%의 논문이 활용하고 있었다. 신뢰도는 .80 이상인 논문이 85% 이상으로 다수로 나타났다.

향후 HRD 분야의 측정도구 개발과 타당화 연구를 수행할 때, 다음의 내용을 고려할 필요가 있다. 첫째, 측정도구 개발과 타당화 연구 절차에서 계획수립, 문항개발, 타당화의 3단계의 핵심절차들을 빠트리지 않는지 점검할 필요가 있다. 특히 계획수립 단계에서는 구성개념의 정의가 중요하다. 측정도구개발의 첫 단계에서 HRD 분야 이론적, 실무적으로 활용할 수 있는 다양한 구성개념을 규명하고 구체화하는 작업을 충실히 수행할 필요가 있다. HRD 실무에서 나타나는 현상을 설명하는 더욱 다양한 구성개념에 대한 개발과 타당화가 필요하나, 비슷비슷한 측정도구가 중복적으로 개발되는 구성개념의 확산(construct proliferation)을 주의할 필요가 있다. 구성개념의 확산은 표면적으로는 다르지만 잠재적으로 동일한 조직 현상을 나타내는 구성개념의 축적을 의미한다(Shaffer, DeGeest, & Li, 2016). 이를 방지하기 위해 계획수립 단계에서부터 구성개념의 차별성을 평가하고, 연구에서 사용되는 구성개념이 기개발된 다른 구성개념과 서로 구별되고 독립적인 개념인지, 어떤 차별적인 효용이 있는지 다양한 통계적 기법과 연구설계를 통해 확인할 필요가 있다.

둘째, 문항분석 방법이 보다 보편화될 필요가 있다. 최근에는 측정도구 개발과 타당화 과정에서 문항분석 방법 활용이 증가하고 있는데, 모형의 적합도와 난이도, 변별도 등의 문항 분석을 통해 도구의 유효성을 평가하고 부적절하거나 비효율적인 문항을 식별하여 측정도구의 품질을 향상시킬 수 있다.

셋째, 안면타당도 및 내용타당도를 확보하기 위해 전문가와 잠재적 응답자에게 문항검토를 진행할 필요가 있다. HRD관련 분야 학술지에 게재된 논문들을 살펴본 결과 전문가와 잠재적 응답자를 대상으로 문항 검토를 모두 진행한 논문은 전체 54건의 논문 중 20건(37%) 정도로 나타났다. 또한 전문가를 대상으로 문항 검토를 진행할 때, 내용타당도 비율(CVR)을 검토한 논문은 11건(20.4%)으로 더욱 줄었다. 문항풀을 수집한 뒤 조사를 진행하기 전 단계에서 전문가와 잠재적 응답자를 대상으로 한 문항 검토를 체계적으로 진행할 필요가 있다.

넷째, 측정도구를 개발하고 타당화하는 과정에서 적절한 표본크기와 표본 수를 고려할 필요가 있다. 현황분석을 통해 살펴본 결과 HRD분야 측정도구 개발 및 타당화 연구 중 1개의 표본만을 대상으로 진행한 연구는 54건 중 21건(38.9%)이었으며, 표집을 2회 이상 진행하거나 1개의 표본을 무선할당하여 2개 이상의 표본을 활용한 연구는 33건(61.1%)이었다. 구인타당도를 검증하고 수정하는 과정에서 2개 이상의 표본을 확보할 필요가 있으며, 표본 수뿐 아니라 적합한 표본크기에 대한 검토도 요구된다. 요인분석에 필요한 표본크기로 문항의 5배 이상이 적합하다는 의견도 있으며(Stevens, 1996), Tabachnick와 Fidell(2007)은 최소 300개 이상의 표본이 필요하다고 설명하기도 하였다. 현황 분석을 통해 확인한 54개 문헌의 표본크기 평균이 518명이었으나, 다수의 연구에서 표본크기를 설정한 근거를 제시하지 않았다. 향후 측정도구 개발과 타당화 연구 진행 시 문항 수, 검정력(power) 등을 고려한 최적의 표본크기를 검토할 필요가 있다.

다섯째, 구인타당도를 분석하는 과정에서 탐색적/확인적 요인분석, 수렴/변별타당도 분석 외에 새로운 분석방법들을 활용할 필요가 있다. 특히 구성개념에 하위차원이 있는 경우 해당 구성개념의 하위차원의 변별력을 확인하기 위해 오메가 위계계수 또는 일차원지수(ECV) 분석을 검토할 수 있다.

여섯째, 측정도구 개발과 타당화 과정에서 해당 구성개념의 효용성과 차별성을 확인하기 위해 준거관련 타당도 검증을 수행할 필요가 있다. 특히 이는 앞서 설명한 구성개념 확산을 방지하기 위해서도 중요하다. 새롭게 제안한 구성개념이 기존에 이미 사용중인 개념들과 어떻게 차별화되며, 변인 간 인과관계에 대한 법칙론적 연결망(nomological network)을 확인함으로써 구성개념의 타당도를 입증할 필요가 있다. 현황분석 결과 준거관련 타당도를 검증한 연구는 31.5%에 그쳤다. 향후에는 준거관련 타당도를 검증하기 위한 문항이나 척도를 측정도구 개발 과정에 포함하여 설계해야 할 것이다.

마지막으로 측정도구의 신뢰도/타당도 일반화(generalization)에 대한 고려도 필요하다. 해당 구성개념의 측정이 특정 집단 또는 표본에서만 타당한지, 혹은 대상과 관계없이 측정의 타당성이 유지되는지 확인하기 위해 측정의 동일성 검증을 포함할 필요가 있다. 예를 들어, 성별, 연령, 직무에 따른 차이 없이 측정의 대상이 되는 모집단에 동일하게 적용하여 활용할 수 있는 도구인지 검증할 필요가 있다.

이 장에서 제시하고 있는 측정도구 개발과 관련한 기본개념, 구체적인 절차, 측정도구 개발과 타당화 연구의 현황분석과 이를 통한 발전적 제언이 새로운 구성개념을 측정하기 위한 도구를 개발하려는 모든 연구자들에게 유용한 지침이 되길 바란다.

참고문헌

김영환, 문수백, 홍상황(2005). 심리검사의 이론과 실제. 서울: 학지사.

신재은, 이태헌(2017). 쌍요인(Bifactor) 모형을 이용한 심리척도의 측정적 속성 연구방법 개관. *한국심리학회지: 일반, 36*(4), 477-504.

이종승(2005). 표준화 심리검사. 서울: 교육과학사.

주영경, 김명소(2023). 팀 기반 공유 리더십 척도의 타당화 연구. *한국심리학회지: 산업 및 조직, 36*(4), 439-470.

탁진국(2007). 심리검사: 개발과 평가방법의 이해. 서울: 학지사.

황정규, 서민원, 최종근, 김민성, 양명희, 김재철, 강태훈, 이대식, 김준엽, 신종호, 김동일(2016). 교육평가의 이해(2판). 학지사.

American Educational Research Association, American Psychological Association, & National Council on Measurement in Education. (2014). *Standards for Educational and Psychological Testing: National Council on Measurement in Education.* American Educational Research Association.

Crocker, L., & Algina, J. (1986). *Introduction to classical and modern test theory.* Holt, Rinehart and Winston.

DeVellis, R. F., & Thorpe, C. T. (2021). *Scale development: Theory and applications.* Sage publications.

Geisinger, K. F., Bracken, B. A., Carlson, J. F., Hansen, J.-I. C., Kuncel, N. R., Reise, S. P., & Rodriguez, M. C. (Eds.). (2013). *APA handbook of testing and assessment in psychology, Vol. 1. Test theory and testing and assessment in industrial and organizational psychology.* American Psychological Association. https://doi.org/10.1037/14047-000

Guion, R. M. (1977). Content validity—The source of my discontent. *Applied Psychological Measurement, 1*(1), 1-10. https://doi.org/10.1177/014662167700100101

Hinkin, T. R. (1995). A review of scale development practices in the study of organizations. *Journal of Management, 21*(5), 967-988. https://doi.org/10.1177/014920639502100509

Jebb, A. T., Ng, V., & Tay, L. (2021). A review of key Likert scale development advances: 1995-2019. *Frontiers in Psychology, 12,* 637547. https://doi.org/10.3389/fpsyg.2021.637547

Lambert, L. S., & Newman, D. A. (2023). Construct development and validation in three practical steps: Recommendations for reviewers, editors, and authors. *Organizational Research Methods, 26*(4), 574-607. https://doi.org/10.1177/10944281221115374

Lord, F. M., & Novick, M. R. (1968). Statistical theories of mental test scores. Reading, Addison-Wesley.

Messick, S. (1981). Constructs and their vicissitudes in educational and psychological measurement. *Psychological Bulletin, 89*(3), 575. https://doi.org/10.1037/0033-2909.89.3.575

Norman, G. (2010). Likert scales, levels of measurement and the "laws" of statistics. *Advances in Health Sciences Education, 15,* 625-632. https://doi.org/10.1007/s10459-010-9222-y

Rasch, G. (1960). *Studies in mathematical psychology: Probabilistic models for some intelligence and attainment tests.* Nielsen & Lydiche.

Raykov, T., & Du Toit, S. H. (2005). Estimation of reliability for multiple-component measuring instruments in hierarchical designs. Structural Equation Modeling, 12(4), 536-550. https://doi.org/10.1207/s15328007sem1204_2

Raykov, T., & Shrout, P. E. (2002). Reliability of scales with general structure: Point and interval estimation using a structural equation modeling approach. *Structural Equation Modeling, 9*(2), 195-212. https://doi.org/10.1207/S15328007SEM0902_3

Shaffer, J. A., DeGeest, D., & Li, A. (2016). Tackling the Problem of Construct Proliferation: A Guide to Assessing the Discriminant Validity of Conceptually Related Constructs. *Organizational Research Methods, 19*(1), 80-110. https://doi.org/10.1177/1094428115598239

Simms, L. J., Zelazny, K., Williams, T. F., & Bernstein, L. (2019). Does the number of response options matter? Psychometric perspectives using personality questionnaire data. *Psychological Assessment*, *31*(4), 557. https://doi.org/10.1037/pas0000702

Sireci, S. G., & Rodriguez, G. (2022). Validity in Educational Testing. Routledge. https://doi.org/10.4324/9781138609877-REE180-1

Spearman, C. (1904). 'General intelligence,' objectively determined and measured. *The American Journal of Psychology*, *15*(2), 201-293. https://doi.org/10.2307/1412107

Stevens, S. S. (1946). On the theory of scales of measurement, *Science*, *103*(2684), 677-680. https://doi.org/10.1126/science.103.2684.677

Stevens, J. (1996). *Applied multivariate statistics for the social sciences*. Lawrence Erlbaum.

Tabachnick, B. G., & Fidell, L. S. (2007). *Experimental designs using ANOVA* (Vol. 724). Thomson Brooks Cole.

Thurstone, L. L. (1925). A method of scaling psychological and educational tests. *Journal of Educational Psychology*, *16*(7), 433-451. https://doi.org/10.1037/h0073357

Wu, H., & Leung, S. O. (2017). Can Likert scales be treated as interval scales?—A simulation study. *Journal of Social Service Research*, *43*(4), 527-532. https://doi.org/10.1080/01488376.2017.1305149

Zhou, W., Sun, J., Guan, Y., Li, Y., & Pan, J. (2012). Criteria of career success among chinese employees: Developing a multidimensional scale with qualitative and quantitative approaches. *Journal of Career Assessment*, *21*(2), 265-277. https://doi.org/10.1177/1069072712471302

구조방정식모델 연구

박지원(jwpark5252@koreatech.ac.kr)

박지원은 현재 한국기술교육대학교 HRD학과와 테크노인력개발전문대학원 인력개발학과 부교수로 재직중이다. 연세대학교에서 학사, 고려대학교에서 석사학위를 받았고, 미국 펜실베니아 주립대학교에서 HRD/OD 전공으로 박사학위를 취득하였다. 연구 관심분야는 경력개발, 리더십, 직원몰입, 직업능력개발 등이다.

구조방정식모델 연구

박지원

구조방정식모델이란

　구조방정식모델(structural equation modeling; SEM)은 잠재변수 간의 관계를 분석하고, 이론적 가설을 검증하는 데 사용되는 하나의 통계모델이다(김수영, 2016). 예를 들어 근로자의 몰입과 성과의 영향관계에 대한 연구가설을 가지고 있다면, 몰입과 성과라는 추상적인 개념을 구체적인 수치를 가진 관찰변수(수집된 자료)를 이용해 만들어내고, 이렇게 만들어진 추상적인 변수(잠재변수)들 간에 서로 주고받는 영향을 구조방정식모델을 통하여 추정하고 검정하게 된다(이형권, 2018).

　최근 구조방정식모델은 HRD분야를 비롯하여 교육학, 경영학, 심리학 등 다양한 사회과학 분야의 연구에서 많이 활용되고 있는데, 널리 쓰이는 이유를 살펴보는 것은 기본적인 개념 이해에 도움이 될 것이다(김규성, 2016; 홍세희, 2000). 첫째, 구조방정식모델 분석법은 여러 변수 간의 복잡한 인과관계를 동시에 분석할 수 있다는 특징이 있다. 즉, 변수 간의 직접적, 간접적인 관계, 상호작용 효과 등을 함께 고려한 모델을 설정하여 분석할 수 있다. 둘째, 구조방정식모델은 다양한 이론적 가설을 통계적으로 검증할 수 있다. 이론에 기반한 가설을 연구모델로 구성하여 데이터와 부합되는 정도를 비교함으로써 이론을 검증하고, 필요한 경우 가설을 수정하거나 보완하여 최적의 모델을 찾을 수 있다는 것이다. 셋째, 구조방정식모델은 측정모델을 포함하여 변수의 잠재 구조를 파악하는 데 도움을 준다. 즉, 관측할 수 있는 변수들과 잠재변수 사이의 관계를 모델링하여 복잡한 개념을 쉽게 이해할 수 있도록 도움을 준다. 또한 여러 개의 관찰변수를 이용하여 추출된 공통 변량을 잠재변수로 사용하므로 측정오차(measurement error)가 통제된다는 점에서 분석 결과의 신뢰성을 높이고, 통계적 추론의 정확성을 향상시킨다. 마지막으로 매개변수 사용이 용이하다. 매개변수는 특성상 독립변수 및 종속변수의 역할을 동시에 해야 하는데, 회귀 분석에서는 한 변수는 하나의 역할을 해야 하므로 매개변수를 쉽게 다루기 어렵다는 점에서 여러 개의 매개변수 투입이 가능한 구조방정식모델 분석법에 장점이 있다.

구조방정식모델을 분석할 수 있는 프로그램을 살펴보면, Amos, LISREL, Mplus 등이 있다. 먼저, LISREL(Liner Structural Relationship)은 최초의 구조방정식 프로그램으로 의의를 갖는다. 다른 프로그램의 등장으로 최근 LISREL을 사용하는 연구자는 줄었지만 여전히 일부 연구자들을 중심으로 이용되고 있다. 둘째로, Amos(Analysis of Moment Structures)는 SPSS와 연동해서 사용할 수 있다는 장점이 있고, 그래픽 모듈을 사용하면 구조방정식에 대한 깊은 지식이 없어도 모델을 추정하여 보여준다는 장점이 있다. 다만, 여러 고급기법을 이용하는 데 제한이 있다는 단점이 있다. 셋째, Mplus는 최근 SEM을 사용하고자 하는 많은 연구자들에 의해 가장 활발하게 이용되는 프로그램이다. 혼합모형, 다층모형, 베이지안 추정 등의 분석이 가능하며 연속형, 이분형, 순위형 등 어떤 방식으로든 조합하여 하나의 모델 안에서 분석이 가능하다. 또한 제약이 필요한 고급기법들을 활용하여 추정할 수 있다는 장점을 가지고 있다.

연구에서 사용되는 용어들

　앞선 장에서도 구조방정식모델 설명을 위해 여러 가지 용어가 사용되었는데, 기본적으로 해당 방법론을 알기 위해서는 용어에 대한 이해가 필요하다. 관찰변수, 잠재변수, 외생변수, 내생변수, 오차변수 등의 용어가 사용되며, 용어별로 구체적인 개념은 <표 1>과 같다.

〈표 1〉 SEM에서 사용되는 용어

변수명	개념
잠재변수 (latent variable)	직접적으로 관찰할 수 없지만 여러 관찰된 변수(측정된 항목)들을 통해 추정되는 변수로, 모델에서 동그라미(○)로 표기 예) '직원몰입'이라는 잠재변수는 여러 설문 항목(예: 업무에 집중도, 관심도, 업무가 갖는 의미 등)으로 측정될 수 있음
관찰변수 (observed variable)	직접 측정이 되는 변수로써 잠재변수와 연결되어 이를 실질적으로 측정하는 변수. 관측변수 혹은 측정변수라고도 부르기도 하며, 모델에서 사각형(□)으로 표기 예) 설문 조사에서 응답자가 직접 답한 항목들
외생변수 (exogenous variable)	다른 변수에 영향을 주는 변수(즉, 다른 변수를 설명만 할 뿐 다른 변수에 의해 설명되지 않는 변수임)
내생변수 (endogenous variable)	다른 변수에 영향을 주든 아니든 상관없이 한 번 이상 다른 변수에 의해 영향을 받는 변수(즉, 한번이라도 다른 변수에 의해 설명이 되는 변수임)
측정오차 (measurement error)	잠재변수를 완전하게 설명하지 못하는 정도
설명오차 (disturbance)	내생변수가 외생변수에 의해 설명되지 못하는 정도
오차변수 (error variable)	측정오차와 설명오차의 통칭
측정모델 (measurement model)	관찰된 변수와 잠재변수 간의 관계를 설명하고, 잠재변수가 어떻게 측정되는지를 보여줌 예) '직원몰입'이라는 잠재변수가 여러 설문 항목을 통해 측정되는 방식을 설명
구조모델 (structural model)	잠재변수들 간의 영향 관계를 설명하고, 연구자가 설정한 이론적 가설을 검증 예) '직원몰입'이 '성과'에 어떻게 영향을 미치는지를 설명

구조방정식모델 연구절차

구조방정식모델 연구방법의 진행순서는 '모델 설정→모델 판별→자료 수집→모델 추정→모델 평가 및 해석→(필요시) 모델 수정→결과 보고' 절차로 설명할 수 있다(Kline, 2011). 첫 번째 단계는 연구자가 이용하고자 하는 모델을 설정(specification)하는 것이다. 즉, 연구자가 이론 및 선행연구 분석을 기반으로 연구모델을 설정해야 한다. 두 번째 단계는 연구자가 수립한 연구모델이 구조방정식모델로 추정이 가능한지 확인하는 단계로 이를 모델판별(identification)이라 한다. 자료의 수집 이전에 연구자가 설정한 모델이 추정 가능한지 미리 확인하는 단계이다. 세 번째 단계는 실험이나 조사 등을 통하여 설정한 변수들에 해당되는 자료를 수집하는 단계이다. 네 번째 단계는 실제로 추정(estimation)을 진행하며, 이때 다변량 정규성(multivariate normality), 이상값(outliers), 다중공선성(multicollinearity), 신뢰도(reliability), 결측치(missing value), 타당도(validity) 확인 등을 진행한다. 다섯 번째 단계에서는 모델을 평가(evaluation)하는 단계로, 측정모델과 구조모델을 분리하여 분석하고, 만약 모델의 적합도가 좋지 않다면 모델을 수정하여 재추정하고 다시 평가한다. 마지막으로 분석 결과를 보고하는 단계로 논문작성 등의 글쓰기가 진행된다. 이러한 전체 단계를 도식으로 나타내면 <그림 1>과 같다. 각 단계별 진행사항을 구체적으로 살펴보자.

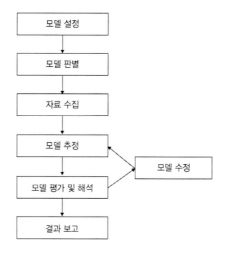

〈그림 1〉 구조방정식모델 연구절차

◆ 모델 설정

먼저, 앞서 설명한 용어를 포함하여 경로모델을 통해서 가장 간단한 모델부터 모델 설정의 예시들을 살펴보고자 한다. <그림 2>와 같이 하나의 외생변수와 하나의 내생변수가 존재하는 경우이다. 이때 X는 외생변수이고, Y는 내생변수이며, d는 설명오차, β는 기울기(경로계수)를 말한다. 위의 그림을 수식으로 표현하면, $Y = (\alpha) + \beta X + d$이다. 이때, 절편 α의 경우 추정하지 않는다는 기본적인 가정을 갖고 추정을 제외한다면, 위의 경로모델에서 추정하고자 하는 모수는 경로계수(β), 외생변수(X)의 분산, 설명오차(d)의 분산으로 총 세 개가 된다.

다음으로 <그림 3>은 여러 개의 외생변수와 하나의 내생변수가 있는 경우이다. 위의 그림을 수식으로 표현하면, $Y = (\alpha) + \beta_1 X_1 + \beta_2 X_2 + d$이다. 이때 모델이 추정하고자 하는 모수는 총 여섯 개다. 첫 번째는 외생변수 X_1과 X_2의 분산 및 공분산 세 개이고, 두 번째는 경로계수 β_1과 β_2 두 개이며, 마지막은 설명오차(d)의 분산이다.

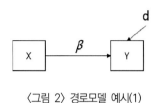

〈그림 2〉 경로모델 예시(1)

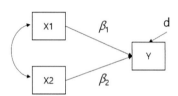

〈그림 3〉 경로모델 예시(2)

마지막으로, <그림 4>는 하나의 외생변수와 여러 개의 내생변수가 있는 경우다. 이 모델은 간접효과(indirect effect)를 포함하는 모델이다. 아래 그림을 수식으로 표현하면, $Y_1 = (\alpha_1) + \beta_1 X + d_1$, $Y_2 = (\alpha_2) + \beta_2 Y_1 + \beta_3 X + d_2$이다. 즉, 해당 경로모델에서 추정하고자 하는 모수는 총 여섯 개다. 첫 번째는 외생변수 X의 분산이고, 두 번째는 경로계수 β_1, β_2, β_3 세 개이며, 마지막은 설명오차(d_1, d_2)의 분산 두 개다.

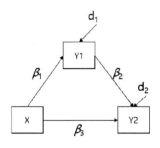

〈그림 4〉 경로모델 예시(3)

◆ 모델 판별

연구모델이 설정되었다면, 다음은 모델 판별의 단계이다. 모델이 판별된다는 것의 의미는 데이터로 모델 추정이 가능하다는 것을 의미한다. 즉, 주어진 자료에 의해 모델의 모든 모수 추정치를 각각 하나의 값으로 결정할 수 있다는 의미이다. 이를 판단하기 위해 연구모델의 정보의 수와 추정해야 할 모수치 수의 차이를 활용하게 되는데, 그 차이를 자유도(df_M)라고 부른다. 모델 판별은 크게 과소판별, 완전판별, 과대판별의 세 가지 상황으로 나누어 볼 수 있다. 첫째는 과소판별(under-identified)은 추정하고자 하는 모수(미지수)의 개수가 가지고 있는 정보(등식)의 개수보다 많은 경우를 말한다(df_M=(정보의 수)−(자유 모수치의 수)<0). 예를 들어, X+Y=6을 풀어야 한다면, 무수히 많은 해를 가지기 때문에 가지고 있는 정보의 개수보다 풀어야 하는 모수의 개수가 더 많으므로 과소판별라고 하며, 추정 불가능 모델이 된다.

두 번째는 완전판별(just-identified)이다. 추정하고자 하는 모수의 개수가 가지고 있는 정보의 개수와 완전히 일치하는 경우를 말한다(df_M=(정보의 수)−(자유 모수치의 수)=0). 예를 들어, X+Y=6, 2X+Y=10을 푼다고 하면, X=4, Y=2로 유일한 해를 가지게 된다. 이처럼 자유도가 0이 되는 것을 완전판별이라고 한다. 완전판별의 경우, 추정하고자 하는 모수의 개수와 필요한 정보의 수가 동일하기 때문에 이론적으로는 모델 추정이 가능한 것으로 판단되나, 실제 자료수집을 통해 경험적으로 추정할 경우 추정이 불가능할 수 있다.

마지막으로 과대판별(over-identified)이다. 우리가 가지고 있는 정보의 개수가 추정하고자 하는 모수의 개수보다 많은 경우를 말한다. df_M=(정보의 수)−(자유 모수치의 수)>0). 예를 들어, X+Y=6, 2X+Y=10, 3X+Y=12를 푼다고 하면, 동시에 세 등식을 만족시키는 X와 Y는 존재하지 않기 때문에 이와 같이 해가 없는 경우를 과대판별이라고 한다. 과대판별의 경우 미지수 X와 Y값이 정확한 값(exact value)으로 얻어지지는 않지만 하나의 유일한 값으로 추정될 수 있게 되는 것으로, 이때 통계적 추정방법을 활용하여 논리적 절차를 통해 X와 Y의 값을 얻어낼 수 있게 된다.

모델의 추정가능성을 확인하기 위한 몇 가지 원칙이 있다. 먼저, 필요조건으로 t규칙이 있다. 이는 추정하고자 하는 모수의 개수(t)는 자료의 공분산 행렬이 가지고 있는 독립적인 정보의 개수(i)에 의해 제한을 받는다는 규칙을 말한다. 어떤 모델이 추정 가능하려면(판별되려면) 모델자유도가 $df_M=0$(완전판별), $df_M>0$(과대판별)이어야 한다. $df_M<0$(과소판별)이라면 모수의 개수(t)가 독립적인 정보의 개수(i)를 넘어서게 된 것이므로 추정은 불가능해진다. 이러한 t규칙은 구조방정식 모델의 추정 가능성을 논할 수 있는 최소한의 조건이며 t규칙을 만족하지 않는 모델은 추정 불가능하다.

다음으로 충분조건으로 재귀규칙(recursive rule)이 있다. 즉, 변수들 간의 인과적 방향이 모두 일방향으로 설정되어 있고, 오차 간의 상관이 존재하지 않는 모델을 재귀모델(recursive model)이라고 하는데, 이러한 재귀모델은 자료에 이상이 없는 한 언제나 추정 가능하다. 반대로 비재귀모델(nonrecursive model)은 변수 간 쌍방향관계 또는 피드백 고리(feedback loop)가 설정되어 있고, 쌍방향 관계의 두 변수의 오차항 간에도 상관이 있는 형태를 말한다. 이러한 비재귀모델의 경우 차수조건(order condition), 계수조건(rank condition), 구획-비재귀모델(block-non recursive model)과 같은 다른 확인 방식을 통해 모델이 추정 가능한지 판별할 수 있다. 비재귀모델 추정 가능성 확인에 대한 구체적인 설명은 본 장에서는 다루지 않으므로 비재귀모델에 관심이 있다면 구조방정식모델 관련 통계책을 자세히 살펴보기를 바란다.

◆ 자료수집

자료수집과 관련하여서 표본의 크기에 대한 유의사항을 강조하고자 한다. 구조방정식모델을 추정하는데 있어 표본의 크기는 중요하다. 그 이유는 구조방정식은 다변량 정규성(multivariate normality)을 만족시키는 큰 표본에 기반한 추정 방법을 주로 사용하기 때문이다. 일반적으로 $N{:}q$ (N=표본크기, $q=$ 추정하고자 하는 모수의 개수) 개념을 활용하여 제안하고 있다(김수영, 2019). 예를 들어, Kline(2011)은 하나의 모수당 적어도 10개 이상 혹은 20개 이상의 사례를 수집할 것을 제안했다. Jackson(2003)도 요인분석모델의 연구 결과를 기반으로 20:1을 제안하였다. 그러나 20:1 비율은 현실적으로 자료수집 어려움이 따를 수 있으며, Bentler와 Chou(1987)는 관대한 관점으로 5:1의 비율을 제안하기도 하였다. 그 외에도 Chou와 Bentler(1995), Holbert와 Stephenson(2002) 등 대체로 많은 연구에서 충분하지는 않으나 비교적 정확한 추정치를 획득하기 위해서는 최소 200개 사례 수를 확보해야 한다고 강조하였다.

◆ 모델 추정

모델 추정은 구조방정식모델에서 경로계수, 요인부하량, 오차 등의 모수를 추정하는 과정을 말한다. 모수의 추정 방법은 여러 가지가 있으며, 각 방법은 모델과 데이터의 특성에 따라 적절하게 선택된다. 주요 추정 방법은 최대우도법(maximum likelihood; ML), 일반화 최소제곱법(generalized least squares; GLS), 부분최소제곱법(partial least squares; PLS) 등이 있고, 그중 모수추정의 가장 기본적인 방법은 최대우도법이다.

최대우도법은 주어진 데이터로부터 관찰된 데이터가 발생할 확률을 최대화하는 모수 값을 찾는 방법으로, 데이터가 연속적이고, 정규성 가정이 만족되는 경우 사용할 수 있다는 특징이 있다. 모델 추정의 전 단계에서 데이터의 다변량 정규성 요건을 만족하는지 확인하는 예비분석이 반드시 필요한 이유가 여기에 있기도 하다. Kline(2011)에 따르면, 다변량 정규성은 통계적 검정을 거칠 필요 없이 각 변수가 정규분포를 따르는 단변량 정규성이 확인되면, 두 변수의 결합분포가 이변량 정규분포를 따른다는 것을 가정할 수 있다. 하나의 변수가 정규분포를 따른다는 것은 그 변수의 평균 주위에 많은 수의 값이 있고, 평균에서 멀어질수록 희박한 값이 있다는 것을 의미하므로 변수의 정규성은 왜도(skewness)와 첨도(kurtosis) 확인으로 가능하다. Kline(2011)은 절대값이 왜도 3 이하, 첨도 10 이하라면 데이터의 정규성에 큰 문제가 없는 것으로 보았다. Curran et al.(1996)은 왜도 2 이하, 첨도 7 이하인 경우 데이터의 정규성에 큰 문제가 없는 것으로 보았다. 그러나 이러한 기준값을 넘는다면, 즉 데이터가 다변량의 정규성을 만족하지 않는다면 조치할 수 있는 방법은 문항묶음(item parceling)을 하거나, 로그(log)나 제곱근(square root)을 이용하여 변수를 변환(transformation)하는 방법을 시도할 수 있다. 그 외에도 데이터의 비정규성의 정도를 고려하여 강건한 최대우도법(robust maximum likelihood; RML)을 사용할 수 있다. 일반적인 최대우도법은 데이터가 정규 분포를 따를 때 최적의 성능을 보이지만, 현실에서는 이러한 가정이 깨지는 경우가 종종 발생한다. 강건한 최대우도법은 이러한 문제를 보완하여 보다 신뢰할 수 있는 추정치를 제공할 수 있는 방법이다. 강건한 최대우도법으로는 Satorra-Bentler x^2가 널리 사용된다.

그 외에도 데이터의 예비분석에서 시행되는 몇 가지 작업을 소개하면, 이상값, 결측치, 다중공선성, 신뢰도 확인이 있다. 먼저 이상값 처리의 경우, 하나의 변수에서 매우 큰 값이나 작은 값을 가지는 경우 모델분석을 시작하기 전에 제거하는 것이 필요하다. 즉, 단변량 이상값은 평균으로부터 일정 크기의 표준편차(예, SD > ±2 또는 ±3) 밖으로 나가는 경우를 말하며, 일반적으로 이상값 제거의 여부는 연구자의 경험과 판단에 따라 진행한다. 한편, 한 변수씩 개별적으로 보았을 때는 잘 드러나지 않지만 여러 변수를 한꺼번에 고려하였을 때 나타나는 이상값도 있으므로 이를 찾아 제거하는 방법도 있다. 이러한 다변량 이상값을 찾는 대표적인 방법은 통계적 거리라고 부르는 Mahalanobis의 거리를 이용할 수 있는데, Mplus, Amos와 같은 구조방정식 프로그램을 활용하여 진행할 수 있다.

다음으로 결측치이다. 결측치가 발생하는 이유는 일부 문항에 대해 답변을 하지 않았거나, 자료를 시간차를 두고 여러 번 수집하는 경우 참가자들의 이탈로 인한 상황에서 발생할 수 있다. 결측치가 발생할 경우 처리하는 방법을 살펴보면, 우선 제거(deletion)의 방법이다. 하나의 변수에서만 결측치가 발생해도 결측치가 있는 사례를 모두 제거하는 것을 일률적 제거 (listwise deletion), 결측치가 발생한 공분산을 제거하기 위한 두 변수만 고려하는 것을 쌍별제거(pairwise deletion)라고 한다. 결측치를 지우는 방법으로 제거는 가장 손쉬운 방법이기는 하나, 데이터의 손실이 발생할 수밖에 없다는 점에서 대체(imputation)의 방법도 활용된다. 즉 결측치를 여러 가지 합리적인 방법(단일대체, 다중대체 등)을 이용하여 다른 숫자로 채우는 것을 말한다. 마지막으로 결측치가 없는 케이스들로부터 추정되는 모델의 모수들을 가지고 가중평균을 구하여 결측치 대신 사용하는 방법으로 완전정보최대우도법(full information maximum likelihood; FIML)이 있다. 이 방법이 구조방정식에서 가장 많이 사용된다.

다음으로 다중공선성은 복수의 변수들 간에 상관이 너무 높아서 발생하게 된다. 예를 들어, 변수 X와 Y간에 상관계수(r) 0.95라면 연구모델에 사용된 두 변수의 유사성이 매우 높다는 것을 의미하므로, 둘 중 하나는 측정할 필요가 없는 것으로 판단할 수 있다. 다중공선성이 존재하게 되면 가장 큰 문제는 표준오차 값이 정확하게 추정되지 않는다는 점이다(김수영, 2016). 즉, 표준오차가 과대 추정되거나 아예 추정되지 않거나, 추정할 때마다 다른 값이 나오기도 한다. 다중공선성 발생을 판단하는 기준은 주로 이변량 상관계수(공선성)가 .85 이상, 공차한계(tolerance, $1-R^2$)가 0.1 이하, 분산팽창지수(variance inflation factor; VIF)가 10 이상이라면 다중공선성이 존재한다고 본다(Lei & Wu, 2007).

신뢰도는 동일한 개념에 대해 측정을 되풀이했을 때 동일한 측정값을 얻을 가능성을 의미(내적일관성)하며, 구조방정식에서 측정값들의 충분한 신뢰도는 다른 통계분석과 마찬가지로 매우 중요하다. Cronbach's α(alpha)는 HRD분야를 포함하여 일반적으로 많이 사용되는 신뢰도이다. 많은 학자들이 Cronbach's α에 대한 판단기준을 제시하고 있는데, Nunnally(1987)는 0.7 이상은 좋은(good), 0.6 이상은 그런대로 괜찮은(fair), 0.5 이상은 최소한(minimum)의 충족 기준으로 제안하였으며, 대체로 많은 연구에서 이 기준을 합리적인 판단기준으로 많이 인용한다. Kline(2000)은 0.9 이상이면 훌륭한(excellent), 0.7~0.9는 좋은(good), 0.6~0.7은 받아들일 수 있는(acceptable), 0.5~0.6은 나쁜(poor), 0.5 이하이면 받아들일 수 없는(unacceptable) 값으로 제시하였다. 그러나 Cronbach's α 값이 1에 가깝다고 하여 무조건 좋은 것으로 볼 수만은 없다. 측정항목의 유사성이 높거나 중복된 측면을 측정하고 있다면 높은 알파값이 나올 수 있다는 점도 기억할 필요가 있다.

예비분석 후 진행되는 실질적인 구조방정식모델 추정은 측정모델의 분석(확인적 요인분석)와 구조모델의 분석 순으로 진행이 되는데, 구체적인 내용은 다음 장의 모델 평가 부분에서 함께 살펴보도록 한다.

◆ 모델 평가

모델을 설정하고 자료를 수집하여 모델을 추정하였다면, 추정한 모델이 좋은 모델인지 여부를 평가하여야 한다. 좋은 모델의 의미는 수집한 자료가 모델에 부합되는지 정도를 의미하는데, 이러한 판단은 x^2(Chi-square)와 적합도 지수(goodness of fit index)의 평가를 통해 이루어진다. x^2의 경우, 일반적으로 통계적 유의성을 의미하는 p값이 0.05 이상이면 설정한 모델이 데이터를 잘 설명한다고 본다. 그러나, x^2통계량은 큰 표본의 크기에 영향을 받아 영가설(자료가 모델에 잘 부합한다)을 기각하는 경향이 높으므로 추가적으로 상대적합지수나 절대적합지수를 통하여 적합도를 확인할 필요가 존재한다(Kline, 2011).

상대적합지수는 연구에서 제안한 모델이 기저모델(null model)과 비교하여 얼마나 좋아졌는지 판단하며, CFI(comparative fit index)와 TLI(tucker-lewis index) 지수 등이 있다. CFI와 TLI는 0.90 이상이면 좋은 적합도라고 간주할 수 있다(Boomsma, 2000; Kline, 2011). CFI와 TLI는 상관이 높아 그 값이 유사하므로 일반적으로 하나만 보고해도 모델 적합도를 평가하는데 문제가 없다(Kenny, 2014). 절대적합지수는 RMSEA(root mean square error of approximation)와 SRMR(standardized root mean square residual)을 확인

한다. RMSEA와 SRMR의 적합도 평가기준은 0.08 이하이면 좋은 적합도로 본다(Hu & Bentler, 1999).

　Mplus 프로그램을 통해 출력되는 적합도 지수값과 이 결과를 논문으로 작성한 사례를 살펴보면 <표 2>와 같다. 만약 논문에서 예시처럼 CFI 또는 TLI, RMSEA, SRMR 등 적합도 지수에 대해 기술하고 있다면 바로 구

〈표 2〉 Mplus 적합도 지수 확인 결과와 분석사례

프로그램에서 출력되는 적합도 지수(Mplus 예시)

```
MODEL FIT INFORMATION

Number of Free Parameters              160

Loglikelihood

          H0 Value                  -6666.353
          H1 Value                  -6221.227

Information Criteria

          Akaike (AIC)               13652.706
          Bayesian (BIC)             14207.595
          Sample-Size Adjusted BIC   13700.452
           (n* = (n + 2) / 24)

Chi-Square Test of Model Fit

          Value                       778.187*
          Degrees of Freedom              505
          P-Value                      0.0000
          Scaling Correction Factor    1.1440
            for MLM

   *   The chi-square value for MLM, MLMV, MLR, ULSMV, WLSM and WLSMV cannot be used
       for chi-square difference testing in the regular way.  MLM, MLR and WLSM
       chi-square difference testing is described on the Mplus website.  MLMV, WLSMV,
       and ULSMV difference testing is done using the DIFFTEST option.

RMSEA (Root Mean Square Error Of Approximation)

          Estimate                     0.048
          90 Percent C.I.              0.041  0.054
          Probability RMSEA <= .05     0.706

CFI/TLI

          CFI                          0.942
          TLI                          0.932

Chi-Square Test of Model Fit for the Baseline Model

          Value                      5314.227
          Degrees of Freedom              595
          P-Value                      0.0000

SRMR (Standardized Root Mean Square Residual)

          Value                        0.061
```

결과작성(논문 예시)

x^2(505)=778.187(p<.001)로 영가설을 기각하였지만, x^2값은 표본에 크기에 영향을 받아 과도하게 영가설을 기각하는 경향이 있으므로 다른 적합도 지수를 확인하였다. 그 결과, RMSEA=.048(≤.08), SRMR =.061(≤.08), CFI=.942(≥.90)로 적합도 기준을 충족하므로 본 연구에서 제안한 모델은 적합하다고 판단하였다.

조방정식모델 연구라는 것을 의미하는 것이기도 하다. 그런데 가끔 논문을 보면, 일부 적합도 지수값이 나쁘더라도 다른 적합도 지수가 기준값을 충족하였으므로 모델이 적합한 것으로 결론을 내리는 경우를 볼 수 있는데, 이러한 관대한 해석은 위험하다. 각 적합도 지수는 모델의 다양한 측면을 평가하므로, 일부 지수만으로 모델의 적합도를 판단하는 것은 모델 평가의 전체적인 정확성과 타당성 확보를 제약하는 것이다. 따라서 이런 경우에는 데이터와 이론적 배경을 검토하여 모델을 재설정하고 수정하는 과정이 필요하다. 즉, 데이터가 충분히 대표적이고 적절하게 수집되었는지 검토하고 필요한 경우 추가적인 데이터 수집을 진행하거나, 또는 연구와 관련된 선행연구와 이론을 다시 살펴보고 적합한 모델링을 재시도하는 것이 좋다.

구조방정식모델 분석은 일반적으로 1) 확인적 요인분석(confirmatory factor analysis; CFA)이라고 부르는 측정모델 분석(measurement model analysis)과 2) 잠재변수 간의 관계를 평가하는 구조모델 분석(structural model analysis)으로 구성된 2단계 접근법(2 step approach)으로 진행된다. <그림 5>는 구조방정식 통계모형의 예시인데, 점선 밖에 있는 부분에 대한 분석을 진행한 후 점선 안의 분석이 이루어지는 순서로 볼 수 있다. 그렇다면 하나씩 살펴보자.

첫 번째 단계인 확인적 요인분석에서는 측정모델의 타당도 평가가 이루어진다. 앞서 신뢰도가 관찰변수들이 측정해야 할 잠재변수(요인)을 정확하게 측정하고 있느냐를 판단하는 것이라면, 타당도는 관찰변수들이 측정해야 할 잠재변수(요인)를 잘 측정하고 있느냐를 확인하는 것이다. 타당도는 수렴타당도(convergent validity)와 판별타당도(discriminant validity)를 보고하는 것이 일반적이다.

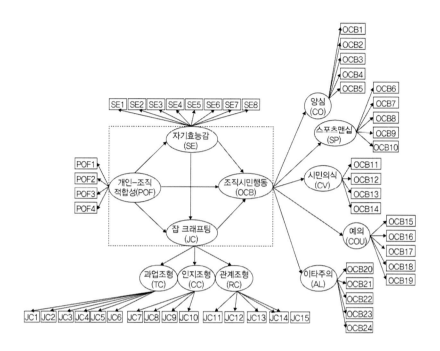

〈그림 5〉 구조방정식 통계모형의 예시
출처: 최경미, 박지원, 2022, p.339

수렴타당도는 표준화된 요인부하량(factor loading), 개념신뢰도(construct reliability; CR)와 평균분산추출(average variance extracted; AVE)을 확인한다. 요인부하량은 관찰변수가 잠재변수에 의해 얼마나 잘 설명되는지를 나타내는 값으로, 일반적으로 표준화된 요인부하가 0.5 이상이면 적절하다고 보며 Kline(2011)은 더 높은 0.7을 기준으로 제안하기도 한다. 그리고 개념신뢰도는 잠재변수를 구성하는 관찰변수들이 일관되게 해당 잠재변수를 측정하는지를 평가하는 값이다. 일반적으로 0.7 이상이면 수용 가능한 신뢰도를 가진다고 본다(배병렬, 2016). 마지막으로 평균분산추출 값의 경우에는 0.5 이상이면 잠재변수를 설명하는 관찰변수들이 공통된 개념을 잘 반영하고 있다고 판단한다(Fornell & Lacker, 1981).

　　판별타당도는 각각의 잠재변수가 서로 다른 개념을 측정하고 있음을 확인
하는 것이다. 따라서 높은 판별타당도 값이 갖는 의미는 각 잠재변수 간의
상관관계가 낮고 서로 충분히 구별되는 개념을 측정하고 있음을 의미한다.
일반적으로 판별타당도는 Fornell-Larcker 기준을 활용하는데, 각 잠재변수
의 평균분산추출값(AVE)이 해당 잠재변수와 다른 잠재변수 간의 상관계수
제곱값(r^2)보다 커야 판별 타당도가 높다고 본다. 그러나, 최근에는 더욱 엄
격하게 판별타당도를 평가하기 위해 HTMT(heterotrait-monotrait ratio of
the correlations)을 사용하기도 한다. HTMT 방법은 서로 다른 개념 간의
상관관계(heterotrait)와 동일 개념 내의 상관관계(monotrait) 비율을 계산하
는 방식으로, HTMT 값이 0.85 이하일 경우 판별타당도가 확보되었다고 판
단한다(Henseler et al., 2015). 논문에서 표로 수렴타당도 및 판별타당도를
보고한 예는 <그림 6>과 같다.

Table 3.
Convergent validity
and discriminant
validity

Variables	CR	AVE	1	HTMT ratio 2	3	4
1. Transformational leadership (TL)	0.946	0.813	–			
2. Employee engagement (EE)	0.765	0.532	0.546	–		
3. Affective organizational commitment (AOC)	0.946	0.717	0.692	0.740	–	
4. Job performance (JP)	0.914	0.681	0.347	0.654	0.451	

Notes: CR = Construct reliability; AVE = Average variance extracted; HTMT = Heterotrait-monotrait

〈그림 6〉 수렴타당도 및 판별타당도 분석결과

출처: Park et al., 2022, p.927.

　　측정모델 타당도를 살펴보았다면, 앞서 설명한 x^2, CFI, RMSEA, SRMR
등의 적합도 지수를 통해 데이터와 모델이 잘 부합하는지 살펴보는 것과 그
리고 오차분산이 과도하게 크거나 음수가 있지 않는지 등을 살펴보면, 측정
모델 평가는 마무리된다. 그렇다면 확인적 요인분석 결과 적합도 지수값이
적절하지 않거나, 오차분산이 음수로 나타나는 음차오분산(heywood case)
과 같은 문제가 발생했을 경우에는 어떻게 해야할까? 통계프로그램에서 출

력되는 수정지수(modification indices)를 참고하여 모델을 수정하거나 문제
가 되는 관찰변수를 제거할 수 있다. 그러나, 기억해야 할 것은 모델을 수정
할 때는 이론적 검토가 반드시 선행되어야 하며, 관찰변수를 제거할 때는
표준화된 요인 부하량이 0.3 이하의 경우 제거할 수 있지만 신중하게 판단
해야 한다(김수영, 2019). 그 외 문항묶음(item parceling) 방법도 도움이
된다. 문항묶음은 여러 관찰변수를 하나의 묶음으로 합쳐서 단일지표로 사
용하는 방법이다. 문항묶음을 하면 모델 적합도를 개선할 수 있지만, 잘못된
방법으로 사용될 경우 왜곡된 결과를 초래할 수 있으므로 이 또한 신중하게
접근해야 한다. 문항을 묶는 방법으로는 합산 문항묶음(sum parcels), 평균
문항묶음(average parcels), 요인 문항묶음(factor parcels), 랜덤 문항묶음
(random parcels) 등의 방법이 활용된다. 대표적인 방식 중 하나인 요인 문
항묶음을 설명하면, 탐색적 요인분석(EFA)을 실시하여 공통요인을 찾아내
고 추출된 요인 점수를 하나의 지표로 사용하는 방법이다. 예를 들어, 직원
몰입을 측정하는 10개의 문항이 있다고 한다면, 탐색적 요인분석을 수행하
여 부하량을 추출하고, 부하량 값의 순서대로 문항을 배열하여 균형 할당법
으로 문항묶음을 하면 된다(<표 3> 참고). 만약 잠재변수의 요인구조가
이미 존재하는 경우 보통 HRD분야나 사회과학 연구에서는 원래의 요인구
조를 반영하여 문항묶음을 시도하기도 한다.

〈표 3〉 탐색적 요인분석 결과 및 부하량 순위대로 정렬한 결과

문항1	문항2	문항3	문항4	문항5	문항6	문항7	문항8	문항9	문항10
0.8	0.7	0.6	0.5	0.4	0.7	0.6	0.5	0.4	0.3

↓

순위1	순위2	순위3	순위4	순위5	순위6	순위7	순위8	순위9	순위10
문항10	문항5	문항9	문항4	문항8	문항3	문항7	문항2	문항6	문항1
0.3	0.4	0.4	0.5	0.5	0.6	0.6	0.7	0.7	0.8

이상과 같은 결과를 반영하여 문항묶음을 하면 <그림 7>과 같이 표현할 수 있다.

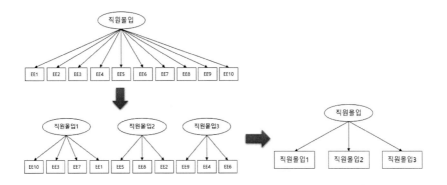

〈그림 7〉 문항묶음의 예

두 번째 단계는 구조모델 분석 및 평가이다. 잠재변수 간의 인과관계를 평가하는 단계이며, 이 단계에서는 구조모델의 적합도 평가, 경로계수 평가를 실시하고, 필요시 모델수정이 이루어진다. 먼저, 구조모델 적합도 평가에서는 측정모델 평가와 마찬가지로 x^2, CFI, RMSEA, SRMR 등의 적합도 지수를 사용하여 모델의 전반적인 적합도를 평가한다. 다음으로 구조모델의 인과관계를 확인하기 위하여 각 경로의 추정치(계수)가 유의한지 또 가설과 비교하여 방향이 적절하지 평가한다. 즉, t값 또는 z값이 1.96 이상($p < 0.05$)을 기준으로 유의성을 판단한다. <그림 8>은 실제 논문사례로, 구조모델 평가결과 변혁적리더십이 직무성과에 미치는 영향에 대한 경로(TL→JP)를 제외한 모든 경로계수가 통계적으로 유의하게 분석된 것을 확인할 수 있다.

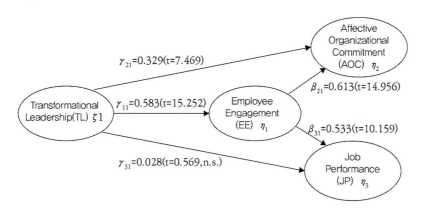

주: 모수추정치는 표준화 경로계수임.

〈그림 8〉 구조모델 분석결과의 예

출처: Park et al., 2022, p.928.

이처럼 유의하지 않은 경로가 있거나 혹은 적합도 지수가 판단기준을 충족하지 못할 경우, 수정지수를 사용하여 모델을 수정(model modification)할 수 있다. 모델을 수정할 때 원래 추정한 모델에서 모수를 추가하는 방식으로만 모델을 수정하거나 또는 유의하지 않은 경로가 있는 경우에서처럼 경로를 제거하는 방식으로 모델을 만들 수 있다. 만약에 비교하려는 두 개의 모델, 즉 원래 모델과 수정한 모델이 서로 위계적으로 내재되어 있다면 더 적합한 모델을 찾기 위한 x^2차이검정을 실시할 수 있다. 이때 내재되어 있다는 것의 의미는, 어떤 모델에서 모수를 추가해나가는 방식으로만 모델을 수정하거나 혹은 제거해 나가는 방식으로만 수정을 한 경우, 초기 모델과 새롭게 수정된 모델은 서로 위계적으로 내재(혹은 내포)되어 있다고 표현한다(김수영, 2016). 예를 들어, <그림 9>는 원래 모델에서 하나의 모수를 제거한 모델로 위계적으로 내재되어 있는 관계다. 이때 내재된 모델비교를 수행할 때 주의점은 모수는 반드시 하나씩 추가 혹은 제거해가면서 원래의 모델과 그 값을 비교해야 한다.

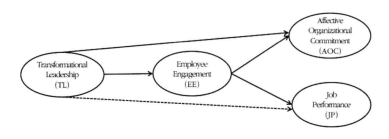

M1: 초기모델(연구모델)

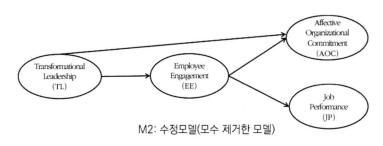

M2: 수정모델(모수 제거한 모델)

〈그림 9〉 모델수정의 예

　　두 모델은 적합도 지수와 x^2 차이검정을 통해 비교할 수 있다. 예를 들어 <표 4>와 같은 값이 도출되었다고 가정한다면, 적합도 지수는 모두 기준값을 충족하였다. 이 두 모델의 x^2 차이를 비교해보면, $\triangle x^2 = 430.117 - 427.520 = 2.597$이 되고, p값이 .1071 (p> .05)로 모델의 차이가 유의하지 않음을 알 수 있다. 즉, 모델 간 유의한 차이가 없다면 간명한 모델을 채택한다는 간명성의 원칙에 따라 수정모델을 최종적으로 채택하게 된다. 만약 이때 Satorra-Bentler x^2와 같은 강건한 최대우도법으로 추정하였다면 단순히 x^2 차이값만 비교해서는 안 되며, 지수를 활용한 계산을 통해 최종적인 차이를 비교해야 한다.

〈표 4〉 내재된 모델 비교를 위한 x^2 차이검정

	$x^2(df)$	RMSEA	SRMR	CFI	TLI
연구모델	$x^2(146) = 430.117$ $(p < .000)$	0.055	0.042	0.931	0.958
수정모델	$x^2(147) = 427.520$ $(p < .000)$	0.055	0.043	0.932	0.959
x^2 차이검정	$x^2 = 2.597$ $p = .1071(p > .05)$				

맺음말

　지금까지 구조방정식모델 연구방법에 대해 연구절차에 기반하여 순차적으로 살펴보았다. 본 장에서는 초기 연구자를 위한 가이드로써 기본적인 구조방정식모델 방법론에 대해서 다루었으나, 구조방정식 연구는 복잡한 데이터와 이론적 가설을 다룰 때 유용한 도구임은 분명하다. 특히 대학원생 및 초기 연구자들은 구조방정식모델을 통해 다양한 변수 간의 관계를 보다 심도 있게 분석하고, 이론을 검증할 수 있다. 그러나 구조방정식은 해석에 있어 한계점도 존재한다. 즉, 연구가설에 맞는 모델을 설정하여 적합도 지수 등이 만족되었다는 것으로 이 모델이 진정한 모델이라고 확대 해석해서는 안된다. Kline(2011)은 모델의 적합도가 좋을 때 그 모델이 그럴듯하다(plausible) 정도로만 해석할 수 있다고 표현한다. 연구자가 변수 사이에 인과관계를 설정하고 모델을 추정하여 적합도가 좋았다고 하더라도 구조방정식은 변수들 간의 구조적 관계를 한번에 보여주는 것에 의미가 있을 뿐이다. 따라서 인과관계를 담보한다고 생각해서는 안되며, 선행연구와 관련 이론의 뒷받침을 통해 모델이 설명되는 것이 필요하다.

참고문헌

김규성(2016). 구조방정식모형의 통계적 쟁점. *조사연구, 17*(1), 31-53.

김수영(2016). *구조방정식 모형의 기본과 확장*. 학지사.

배병렬(2014). *Lisrel 9.1 구조방정식모델링: 원리와 실제*. 도서출판 청람.

이형권(2018). *Mplus를 이용한 매개효과와 조절효과 및 조절된 매개효과 분석*. 신영사.

최경미, 박지원(2022). 사회적기업 종업원의 개인-조직 적합성이 조직시민행동에 미치는 영향: 자기효능감, 잡 크래프팅의 매개효과를 중심으로. *HRD연구, 24*(1), 329-361.

홍세희(2000). 구조 방정식 모형의 적합도 지수 선정기준과 그 근거. *Korean Journal of Clinical Psychology, 19*(1), 161-177.

Bentler, P. M., & Chou, C. P. (1987). Practical issues in structural modeling. *Sociological Methods & Research, 16*(1), 78-117. https://doi.org/10.1177/0049124187016 001004

Boomsma, A. (2000). Reporting analyses of covariance structures. *Structural Equation Modeling: A Multidisciplinary Journal, 7*(3), 461-483.

Curran, P. J., West, S. G., & Finch, J. F. (1996). The robustness of test statistics to nonnormality and specification error in confirmatory factor analysis. *Psychological Methods, 1*(1), 16-29.

Fornell, C., & Lacker, D. F. (1981). Evaluating structural equation models with unobservable variables and measurement error. *Journal of Marketing Research, 18*, 39-50.

Henseler, J., Ringle, C. M., & Sarstedt, M. (2015). A new criterion for assessing discriminant validity in variance-based structural equation modeling. *Journal of the Academy of Marketing Science, 43*(1), 115-135. https://doi.org/10.1007/ s11747-014-0403-8

Hu. L., & Bentler, P. M. (1999). Cutoff criteria for fit indexes in covariance structure analysis: Conventional criteria versus new alternatives. *Structural Equation Modeling: A Multidisciplinary Journal, 6*(1), 1-55. https://doi.org/10.1080/10705519

909540118

Jackson, D. L. (2001). Sample size and number of parameter estimates in maximum likelihood confirmatory factor analysis: A Monte Carlo investigation. *Structural Equation Modeling, 8*, 205-223. https://doi.org/10.1207/S15328007SEM0802_3

Jackson, D. L. (2003). Revisiting sample size and number of parameter estimates: Some support for the N: q hypothesis. *Structural Equation Modeling, 10*(1), 128-141.

Kenny, D. A. (2014). Measuring model fit. From https://davidakenny.net/cm/fit.htm

Kline, R. B. (2011). *Principles and practice of structural equation modeling (3rd ed.)*. Guilford Press.

Lei, P. W., & Wu, Q. (2007). Introduction to structural equation modeling: Issues and practical considerations. *Educational Measurement: Issues and Practice, 26*(3), 33-43.

Nunnally, J.C. (1978). *Psychometric theory(2nd ed)*. McGraw-Hill.

Park, J., Han, S. J., Kim, J., & Kim, W. (2022). Structural relationships among transformational leadership, affective organizational commitment, and job performance: The mediating role of employee engagement. *European Journal of Training and Development, 46*(9), 920-936.

다층모형 연구

유상옥(syoo@uttyler.edu)

유상옥은 서울대학교 화학교육과 졸업 후, 동 대학원 평생교육 석사, 미국 미네소타 대학교에서 인적자원개발학으로 박사학위를 취득하였다. 현재는 University of Texas at Tyler 경영대학 내 인적자원개발학과 조교수로 재직중이다. 연구 관심분야는 일터에서의 학습과 창의성, 기술과 혁신, 그리고 교육훈련 투자 효과성 분석 등이다. 덧붙여, 다층모형이나 사회적 네트워크 분석을 포함하여 다양한 양적 연구 방법을 이해하고, 이를 인적자원개발 연구와 실천에 적용하는 데 역시 관심이 있다.

다층모형 연구

유상옥

들어가며

　다층모형(mutlilevel model) 혹은 위계적 선형모형(hierarchical linear modeling, HLM)은 다수의 계층 혹은 수준(level)으로 이루어진 데이터 구조에서 다양한 수준의 변수를 함께 고려하여 집단 간, 집단 내 변동성을 동시에 통합적으로 분석하는 방법이다(Klein & Kozlowski, 2000a; Raudenbush & Bryk, 2002). 종종 다층모형과 위계적 선형모형이 혼동되어 많이 사용된다. 본지에서 두 용어의 구분이 중요한 것은 아니지만, 필자는 다층모형을 개념적으로 위계적 선형모형의 상위에 두고, HLM을 이를 대표하는 분석법으로 이해한다는 것을 분명히 한다. 따라서, 용어의 통일성을 위해 다층모형으로 서술하지만, 본지에서 서술하는 분석법은 위계적 선형모형을 상정한다. 따라서 다층모형을 개인변수와 조직변수를 구분해서 수행하는 회귀모형(regression modeling)이라는 의미로 이해하고 본지의 내용을 읽어도 무리가 없을 것이다.

　다층모형은 1980년대 교육학계에서 먼저 발표된 분석법이기에, 다층모형과 관련된 많은 서적들에서 학생, 학급, 학교 간 관계를 가장 대표적인 예시로 사용하는 것은 매우 자연스럽다. 그 예시가 가장 직관적으로 다층구조를 이해시킬 뿐 아니라, 학교라는 구조가 다층모형이라는 아이디어를 이끌었기 때문일 것이다. 학생(1수준)들은 학급(2수준)에 속해있고, 이는 또 다시 각 학교(3수준)에 속한 내재적 데이터(nested data)로 이해될 수 있다. 학생의 성적을 분석할 때, 집단 수준의 차이에 해당하는 각 학급 간 차이가 존재할 것이다. 따라서, 데이터의 내재성을 고려한다면, 다층모형을 통해서 개인 수준 뿐 아니라 집단 수준의 변량도 고려하는 것이 타당한 접근이다. 이때 중요한 것은 하위 수준(예를 들면 개인)이 상위 수준(예를 들면 학급)의 특성을 공유하고, 이 공유된 특성이 하위 수준의 관심 변수(예를 들면 성적)를 설명하는 데 기여할 것이라고 이론적, 경험적으로 가정하는 데 있다. 이 과정에서 기존 회귀모형과 구분되는 다층모형의 가장 큰 특징은 절편의 크기나 기울기(변수 간 관계)를 확인하는 고정효과(fixed effects)뿐 아니라 무선효과(random effects)를 함께 추정하여, 각 집단별 절편과 기울기의 차이를 고려하고, 이를 설명하는 데 관심을 가진다는 것이다

조직 내 개인의 성장에 대한 탐구를 행하는 인적자원개발에서 역시 데이터의 내재적 특성을 쉽게 파악할 수 있다. 1수준을 개인으로 한다면, 개인은 특정 업무팀(2수준)에 속해 팀 수준의 특성을 공유하는 것으로 분석할 수 있을 것이다. 혹은 2수준을 지사나 부서 혹은 특정 업무단위로 구분할 수도 있다. 그 위의 3수준으로 조직이라는 또 다른 층위를 제안하고 그 영향력을 분석할 수도 있을 것이다. 또한 변수 간 관계뿐 아니라, 팀이나 조직별 그 기울기의 차이 등도 함께 살펴볼 수 있다. 따라서 인적자원개발 분야에서 다층모형을 이해하는 가장 직관적인 그림은 다음과 같다.

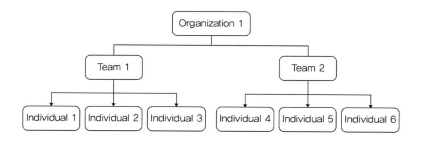

〈그림 1〉 조직맥락에서의 다층구조

다층모형의 필요성: 다층화 된 구조로 세상을 바라보기

그렇다면, 다층모형은 인적자원개발 이론과 실천에 어떤 인사이트를 제공하는가? 다층모형은 분석 모델 내에서 변수의 층위를 구분함으로써(예를 들면 개인과 집단의 구분) 분산구성성분(variance compoenet)을 파악하는 것이 가능하다거나, 회귀분석에서의 독립성 가정이 위반되는 경우를 어느정도 극복할 수 있다는 등의 통계적인 장점을 언급할 수 있지만, 그에 앞서 이 모형에 대한 이해가 어떻게 이론과 실천에 기여하는지에 대한 고민이 먼저 필요하다. 이론(theory)을 현상을 이해하는 창으로 해석한다면, 세상을 다층으로 보는 것은 우리로 하여금 현상을 이해하는 분명한 틀을 제공한다.

개인의 창의성을 예로 들어보자. 예를 들면, Jeong et al. (2017)는 창의성에 영향을 미치는 개인수준의 변수로 창의적 성격, 전문성을, 팀 수준으로는 통제하지 않는 감독방식(non-controlling supervision)과 조직의 학습문화를 분석하였고, Hirst et al. (2009)는 개인의 목표 지향성과 관련한 변수들(1수준)과 팀 학습(2수준)과의 상호작용이 어떻게 조직원의 창의성에 영향을 미치는지를 살펴보았다. 또한, Lua et al. (2023)는 기존 연구들의 창의성의 결과(outcomes)들 개인, 동료, 팀, 조직 등의 다층관점에서 리뷰하고 요약하였다. 이와 같은 연구 예시들은, 개인의 창의성이라는 구체적인 현상을 이해하는 틀로 다층모형이 이론적으로, 실증적으로 기여하는 바를 단편적으로 보여준다.

따라서 인적자원개발에서 개인의 행동에 영향을 미치는 요인들을 다양한 층위에서 분석한다고 하는 다층 접근은 이론을 발전시키거나, 데이터를 수집하고, 분석하는 모든 연구 행위에 기여한다고 볼 수 있다(Klein et al., 1994). 예를 들어, 개인의 전문성을 발현시키기 위한 현장의 프랙티스들을 분석할 때 단층이 아닌 다층으로 메커니즘을 살펴보는 것으로 일터에서의 전문성 발현에 대한 보다 나은 이해를 도모할 수 있다. 이렇게 쌓인 이론적, 경험적 근거들은 더 나은 실천에 기여할 수 있을 것이고, 그 실천 역시 다시 이론에 기여할 수 있다. 특히 경영학에서는 2000년대 초반 Klein과 그녀의 동료들을 중심으로(Klein & Kozlowski, 2000a, 2000b; Klein et al., 1999) 다층이론을 체계적으로 발전시키기 위한 방법에 대한 논의가 본격적으로 시작되었다. 그리고 이를 기반으로 인적자원개발(예: Garavan et al., 2004, 2018; Upton & Egan, 2010)과 이와 관련된 여러 학문들(예: Hitt et al., 2007; Shen, 2016; Renkema et al., 2017)에서 다층모형을 기반으로 하여 이론을 발전시키기 위한 논의가 계속되고 있다.

따라서 다층모형을 단순하게 방법론적 관점에서만 접근하는 것은, 이 관점의 유용성을 온전히 이해하는 것을 막는 요인이 된다. 사회 연결망 분석(social network analysis, SNA)을 예를 들어보자. SNA를 노드(node) 간 관계를 시각화하고 분석하는 도구로 이해하는 것은 이를 이해하는 유용한 방법론적 접근이지만, 이를 통해 우리가 이해하는 현상을 관계로 바라볼 수 있다는 사실은 연구를 넘어 이론적 실천적인 함의를 제공한다. 마찬가지로, 다층모형 역시 비록 본 장에서는 인적자원개발에서 활용되는 주요한 연구방법으로 이를 서술하지만, 이 모형이 인적자원개발 연구와 실천에 제공할 수 있는 다층으로 현상을 보는 관점의 가치를 다시 한 번 강조한다.

다층이란? 다층화 된 데이터에 대한 이해

앞서 서술하였듯, 현상을 다양한 층위의 변수들의 영향관계로 이해하는 것은 다층모형의 가장 기본이라 할 수 있다. 이를 더 정교하게 이해하기 위해서는 다층화 된 데이터(nested data)에 대한 이해가 필요하다. 다시 말하면, 내가 관심있는 현상이 다른 층위의 어떤 변수들에 영향을 받을까에 대한 고민이 다층연구의 출발점이 된다. 그리고, 집단의 특수한 성격에 따라 측정단위가 상호의존적이라면, 혹은 집단의 특수한 성격을 공유한다면, 다층화 된 데이터로 다층모형을 고려할 수 있는 조건이 된다. 이는 동일집단 내 개인 사이의 유사성(혹은 상위수준 내 반복된 측정치의 유사성)이 다층화 된 데이터, 혹은 내재적 데이터를 판단하는 중요한 기준이라는 것이다. 또한, 다층모형에서는 내가 관심있는 현상의 측정단위(예를 들면, 개인)가 상위 수준으로 집단화(예를 들면, 팀) 할 수 있는가에 대한 이론적, 통계적인 검토도 함께 이루어져야 한다.

따라서, 실제 다층모형 분석을 위한 데이터를 보면 가장 중요한 것은 상위 수준 집단의 아이디라고 할 수 있다. <그림 2>를 보면, 다층모형을 위한 데이터에서 개인 응답자의 아이디(A열)와 각 개인이 속한 팀의 아이디(B열)가 함께 기록되어 있음을 확인할 수 있다. 개념적으로 개인이 팀에 속한다고 하더라도, 팀 아이디가 함께 기록되어 있지 않다면, 이 데이터는 다층모형으로 분석하는 것이 불가능해진다.

	A	B	C	D	E	F	G	H	I
1	id	team	leader	birth	gender	M1	M2	degree	parents
2	1	1	1	1999	1	1	1	3	1
3	2	1	0	2000	1	2	2	3	3
4	3	1	0	1999	1	1	1	3	4
5	4	1	0	1997	1	1	1	3	0
6	5	2	0	1997	0	1	1	3	3
7	6	2	0	1994	1	1	1	3	2
8	7	2	0	1995	1	2	2	3	0
9	8	2	0	1997	0	1	1	3	0
10	9	2	1	1987	0	3	3	4	1
11	10	3	0	1993	1	3	3	4	3
12	11	3	1	2000	1	2	2	3	0
13	12	3	0	2000	1	2	2	3	0
14	13	3	0	2001	1	2	2	3	0
15	14	5	1	1993	1	1	1	3	0

〈그림 2〉 다층화된 데이터의 예시

◆ 다층 데이터 예시 (1): 개인-팀, 개인-리더, 개인-조직

다층모형에 대한 보다 구체적인 논의에 앞서, 여기에서는 다층모형이 적용된 몇가지 사례들을 통해 다층모형의 인적자원개발 연구에서의 실제 활용에 대한 이해를 돕고자 한다. 그 첫번째는 학생－학급과 같은 개인과 그룹혹은 집단을 고려한 기초적인 다층모형이다. 조직 맥락에서 개인들은 팀에 혹은 하나의 리더 아래 혹은 조직 내 속해있다고 인식될 수 있을 것이다. 각개인들이 팀, 리더, 혹은 조직의 성격에 공통적인 영향을 받고 이런 상위 수준의 변수들이 개인 단위의 변수에 영향을 미친다는 것이 가정된다면, 다층모형을 개념적으로 고민해볼 수 있다.

인적자원개발과 관련한 연구들에서 다층모형이 가장 많이 사용되는 다층데이터는 아무래도 개인－팀 구조일 것이다. 예를 들면, 김은실(2018)은 개인 창의성에 영향을 미치는 집단의 사회적 네트워크 관계 관련 변수들을 살펴보기 위해 다층모형을 활용하여 34개 팀 197명을 대상으로 한 다층데이터를 분석하였다. 이를 통해 집단 네트워크 밀도가 개인의 창의성에 미치는 긍정적 영향력과, 개인 심리자본이 이 영향력을 부분적으로 조절하는 것을

확인하였다. 또한, 개인 수준의 변수 간 관계가 주된 연구 목적이라 할지라도, 더 정확한 분석을 위해 팀과 같은 상위 층위의 변수들을 통제하기 위해 다층모형을 사용할 수도 있다. 예를 들면, 유상옥과 오현석(2015)은 팀학습과 관련한 네트워크 행동을 예측하는 개인수준 변수로 리더십과 전문성을 살펴보면서, 팀원 수, 팀 직무, 팀 학습 네트워크 특성과 같은 팀 수준 변수들을 통제하기 위해 다층모형을 활용하였다.

개인-팀 관계뿐 아니라 개인-리더 혹은 개인-조직 관계를 다층으로 분석한 연구 역시 많이 찾아볼 수 있다. 예를 들면, 개인-리더 관계의 경우, Yoo et al. (2023)는 창업 팀 내에서 개인의 성과를 설명하는 변수로 개인의 창업열정을 개인 수준의 변수로, 팀 리더의 창업열정을 팀 수준의 변수로 분석하였다. 이를 위해 팀원들의 팀 리더의 창업열정에 대한 평가의 평균으로 리더의 창업열정을 상위 수준인 팀 변수로 생성하였다(agreegation). 이 연구에서는 개인의 열정과 리더의 열정의 수준 간 상호작용(cross-level interaction) 역시 확인되었다. 또한, 개인-조직 관계의 예시로는, Zhong et al. (2016)은 사회적 교환 이론을 기반으로 개인의 직무 인게이지먼트(job engagement)에 영향을 미치는 조직 수준의 변수로 고성과 인적자원관리제도(High-performance HR practices)를 130개 기업 내 605명의 조직원들을 대상으로 한 데이터로 분석하였다. 이 연구에서는 인식된 조직지원(perceived organizational support)가 이 관계 사이의 메커니즘으로 분석하였으며, 집단주의(collectivism)와 권력거리(power distance)와 같은 문화적 요인들이 고성과 인적자원관리제도와 인식된 조직지원 간 관계를 조절하는 변수로 확인되었다. 또한, 박민주 외(2019)에서는 개인의 조직몰입에 직무만족(개인), 조직문화(조직), 그리고 조직커뮤니케이션(조직)이 미치는 영향력을 154개 기업 내 6,688명의 근로자를 포함하는 다수준 데이터로 분석하였다.

이에 덧붙여, 개인-팀-조직 혹은 개인-팀-부서와 같은 3수준 다층모형도 생각해볼 수 있다. 예를 들면, Liu et al. (2012)는 762명의 개인, 108

개의 팀, 22개 부서에서 수집한 다층 데이터로 팀원들의 창의성을 설명하는 3수준 다층모형을 분석하였다. 물론 데이터의 한계로 인해 실제 인적자원개발 분야 내 3수준 모형을 적용한 실증연구는 그리 많지 않다.

◆ 다층 데이터 예시 (2): 시간-개인

다층모형의 두번째 예시는 시간과 개인(혹은 조직) 관계이다. 앞선 예시에서 개인이 조직에 내재되어 있듯, 종단자료(longitudinal data)에서 반복 측정된 자료는 측정 단위인 개인(혹은 조직)에 내재되어 있다. 이를 다층 데이터로 이해한다면, 관심 변수에 대한 시간에 따른 변화와 이 변화를 설명하는 변수들을 다층모형으로 분석할 수 있다. 다층모형에서 시간을 1수준으로 놓고 관심 변수의 변화에 영향을 주는 개인 혹은 조직 수준의 요인들을 살펴보는 연구를 다층선형 성장모형(hierarchical linear growth modeling)이라고 한다. 예를 들면, 리더십 개발 영역에서 Gentry와 Martineau(2010)는 다층모형이 시간에 따른 리더십의 변화와 이를 설명하는 팀과 조직의 환경적 요인과 관련한 연구에 적합한 방법론임을 강조하였다. 교육학에서 다층성장모형의 예시를 살펴보면, Ou et al. (2021)은 24세의 학업수준 및 24-35세 사이 학업의 성장을 설명하는 개인 수준의 변수로 중학교 읽기점수(8th grade reading score), 고등학교 졸업시기(on-time high school graudation) 등을 확인하였다.

다층모형의 단계

앞서 다층 데이터와 다층모형의 다양한 예시들을 제시했다면, 여기에서는 다층모형의 주요 단계를 순차적으로 설명하며 각 단계별로 간단한 수식을 함께 덧붙였다. 다만, 복잡한 수식은 오히려 특정 방법을 이해하는 데 어려

움으로 느껴질 수 있기에, 본지에서는 가장 간단한 형태의 기본적인 선형회
귀모형(linear regression model) 수식만을 활용하여 회귀모형을 이해하고
있다면, 다층모형, 특히 HLM을 보다 쉽게 이해할 수 있도록 유도하였다. 만
약 각 단계별로 보다 구체적인 논의와 수식을 이해하고자 한다면,
Raudenbush와 Bryk(2002)의 책을 참고할 것을 권장한다. 여기에서는 가장
기본적인 과정만을 서술하는 것을 목표로 한다.

　다층모형에서 가장 기본적인 형태는 개인을 중심으로 한 2수준 모형이다.
2수준 모델은 위계적 선형분석의 다양한 가정들을 충족시키기 가장 용이한
형태임과 동시에, 개인수준의 특정 변수를 설명하는 연구 모델을 디자인하
고 이를 분석하는 데 가장 현실적인 모델이다. 앞선 교육학에서의 예시는
학생-학급 간 관계가 가장 기본이겠지만, 일터에서는 개인-팀 혹은 개인
-리더 관계를 두 가지 층위를 가진 연구 모델로 주로 분석한다. 따라서 본
지에서 역시 다층모형을 순차적으로 이해하는 데 있어서 가장 기본적인 개
인-팀 관계를 가정하고 서술을 이어갈 것이다. 구체적으로, 창업팀 내 개인
의 성과에 영향을 미치는 요인을 분석하는 다층모형을 가정해보자. 개인(i)
은 팀(j)에 소속되어 팀 규모나 리더의 성향 등을 공유하고 있기에 개인-팀
간 2수준 모형을 쉽게 구상할 수 있다. 본지에서는 다층모형의 단계를 설명
하기 위해 Yoo et al. (2023)의 다층모형을 참고하여, 창업팀 내 개인의 성
과(Performance)를 설명하는 개인 수준의 변수로 개인의 창업 열정
(Passion) 수준을, 팀 수준의 변수로는 팀 리더의 열정 수준(Lpassion)을 분
석하는 상황을 상정하고, 이를 탐색하기 위한 다층모형을 순차적으로 발전
시켜 볼 것이다.

◆ 무조건모형과 다층모형 분석의 필요성 확인

　다층모형에서 가장 먼저 분석해야 하는 모형은, 어떤 설명변수도 추가하지 않
은 상태에서 종속변수(Y)만을 투입해서 분석하는 무조건 모형(unconditiaonl
model)이다. 이를 수식으로 표현하면 다음과 같다.

$$Y_{ij} = \beta_{0j} + \epsilon_{ij}$$
$$\beta_{0j} = \gamma_{00} + u_{0j}$$

무조건 모형이 다층모형의 기본단계가 되는 이유는 이를 통해서 관심있는 현상을 다층모형으로 분석해야 하는 실증적인 이유를 확인할 수 있기 때문이다. 앞서 기술한 다층모형의 이론적 실천적 필요성으로 인해 Raudenbush 와 Bryk(2002)는 다층모형이 분명하게 단층으로 구성된 모형보다 더 나은 선택임을 분명히 한다. 하지만, 그럼에도 불구하고 우리는 단 0.1%의 추가 설명력을 얻기 위해 계층화된 데이터를 모으고, 더 복잡한 모델로 분석하는 하는 선택이 언제나 올바른 접근은 아니라는 것을 알고 있다. 따라서, 다층 모형을 분석할 때 첫번째 해야 하는 것은 다층모형 "분석"을 뒷받침하는 지표들의 확인이다.

이를 위해 가장 많이 사용하는 가장 대표적인 지표는 집단 내 상관계수 (Intraclass Correlation Coefficient, ICC)이다. ICC는 앞서 종속변수의 분산을 1수준과 2수준으로 나누어 분석하는 무조건모형에서 전체 분산 중 2수준의 분산이 차지하는 비율을 의미한다. 따라서 ICC가 0.20이라면 종속변수의 분산의 20%가 2수준에서 설명됨을 의미한다. 지금 예시로 제시하는 Yoo et al. (2023)의 연구에서는 창업성과에 대한 개인 인식의 ICC가 0.36으로 전체분산의 36%가 창업팀 수준으로, 64%는 개인수준의 분산으로 보고되었다. ICC에 덧붙여, 설계효과(design effects, DEFFs)는 다층 표본조사에서 발생하는 복잡한 디자인의 결과로 나타나는 표본오차를 측정하는 지표로, 이 역시 ICC 더불어 다층모형 분석의 필요성을 보여준다. ICC와 DEFFs와 관련한 구체적인 판단 기준에 대한 논의는 Lai와 Kwok(2015)의 연구를 살펴보기를 권장한다.

◆ **설명변수 투입과 고정효과, 그리고 무선효과**

무조건모형에서 다층모형의 필요성을 확인했다면, 다음 단계는 각 수준에 설명변수들을 투입하는 것이다. 이 때, 개인 수준(1수준) 수식은 다음과 같이 제시할 수 있다. 이해를 돕기 위해 종속변수(Y)와 개인 수준의 독립변수(X)를 표기한 기본 수식을 먼저 보여주고, 예시(Yoo et al., 2023)에서 언급한 변수를 투입한 수식을 함께 덧붙였다.

$$Y_{ij} = \beta_{0j} + \beta_{1j}X_{1ij} + r_{ij}$$
$$Performance_{ij} = \beta_{0j} + \beta_{1j}Passion_{ij} + \epsilon_{ij}$$

비록 본 예시에서는 개인수준에서 하나의 독립변수만 투입했지만, 더 많은 변수(X2, X3...)들을 고려해볼 수 있을 것이다. 위 수식을 다시 뜯어보면, 이는 열정이라는 설명변수와 오차항ε 을 가지는 간단한 단순회귀모델(simple regression model)이다. 다만 각 계수(coefficient)에 j라는 다음 수준(본 예시에서는 팀 수준)의 추가 설명인자를 가지고 있는 것을 확인할 수 있다. 즉, 절편(intercept, β_{0j})와 기울기(slope, β_{1j})는 다음 수준인 팀 수준의 변수(Z)들로 설명된다. 이들은 현재 설명하는 예시에서는 수준 간 상호작용은 고려하지 않는 가장 기본 모델을 먼저 설명하고 있기에, 일단 기울기인 β_{1j}에는 설명변수를 추가하지 않았다.

$$\beta_{0j} = \gamma_{00} + \gamma_{01}Zj + u_{0j}$$
$$\beta_{0j} = \gamma_{00} + \gamma_{01}Lpassion_j + u_{0j}$$

$$\beta_{1j} = \gamma_{10} + u_{1j}$$

위 수식에서 u_{0j}와 u_{1j}는 팀 수준에서 잔차 오차항(residual error)을 의미한다. 수식에 이를 추가한다는 의미는, 이 모델에서 종속변수의 절편과 기울기가 팀 간 차이가 있다는 것을 고려한다는 것이다. 예를 들어 위 예시에 따르면, u_{1j}를 포함함으로 인해서, 팀 별로 개인의 열정과 성과간 관계를 설명하는 기울기(β_{1j})가 다를 수 있다는 것을 허용하는 것이다. u_{0j} 역시, 리더의 열정으로 설명한 뒤 남은 잔차에 대한 오차항으로 팀 간 절편(intercept, β_{0j})의 차이를 허용한다. 이에 대한 구체적인 논의 역시 아래의 다층모형의 고려사항에서 다룰 것이다.

다시 기본 수식으로 돌아가, 창업팀의 예시로 위의 층위 별 수식을 하나로 합쳐보면, 다음과 같은 간단한 회귀모델로 설명될 수 있음을 확인할 수 있다.

$$Performance_{ij} = \gamma_{00} + \gamma_{01}Lpassion_j + \gamma_{10}Passion_{ij} + u_{0j} + u_{1j}Passion_{ij} + \epsilon_{ij}$$

이 최종 다층모형 수식은 두 부분으로 구분하여 설명할 수 있다. 앞쪽의 감마(gamma, γ)로 기술된 계수(coefficient)들은 고정효과(fixed effects)를 추정하는 데 필요한 부분[$\gamma_{00} + \gamma_{01}Lpassion_j + \gamma_{10}Passion_{ij}$]이고, 뒷쪽의 오차항들은 무선효과(random effects)를 추정하는데 필요한 부분[$u_{0j} + u_{1j}Passion_{ij} + \epsilon_{ij}$]으로 집단에 따른 차이를 설명한다고 이해할 수 있다.

◆ 수준 간 상호작용 효과의 분석

위의 절에서는 간단하게 종속변수를 설명하는 서로 다른 층위의 독립변수를 투입하였고, 기울기인 β_{1j}에는 설명변수를 추가하지 않았다. 만약 연구가 서로 다른 수준의 독립변수 간 상호작용(cross-level interaction)에 관심이 있다면, 기울기(β_{1j})에도 설명변수를 다음과 같이 추가하여야 한다. 다시 Yoo et al. (2023)의 예를 들면, 앞서는 절편(β_{0j})을 설명하는 수식에만 2수준 독립변수인, 리더의 열정 수준을 추가하였다. 하지만 여기에서는 리더의 열정 수준과 개인의 열정 수준이 개인의 창업팀 내 성과에 미치는 상

호작용 효과를 살펴보기 위해 기울기(β_{1j})를 설명하는 수식에도 2수준 독립
변수를 다음과 같이 추가하였다.

$$\beta_{0j} = \gamma_{00} + \gamma_{01}Zj + u_{0j}$$
$$\beta_{1j} = \gamma_{10} + \gamma_{11}Zj + u_{1j}$$

$$\beta_{0j} = \gamma_{00} + \gamma_{01}Lpassion_j + u_{0j}$$
$$\beta_{1j} = \gamma_{10} + \gamma_{11}Lpassion_j + u_{1j}$$

이를 위의 1수준 수식과 합쳐 최종 수식을 확인해보면, 다음과 같은 두 독
립변수간 상호작용($\gamma_{11}Passion_{ij}Lpassion_j$)이 포함되어 있음을 알 수 있다.

$$Performance_{ij} = \gamma_{00} + \gamma_{01}Lpassion_j + \gamma_{10}Passion_{ij} + \gamma_{11}Passion_{ij}Lpassion_j + u_{0j} + u_{1j}Passion_{ij} + \epsilon_{ij}$$

이 계수(γ_{11})를 포함하여, 추정된 결과 값들을 가지고 두 변수간 상호작
용이 개인의 창업팀 내 성과에 미치는 영향을 <그림 3>, <그림 4>와 같
이 그래프로 표현할 수 있다. <그림 3>은 개인의 창업 열정과 성과 간 관
계를 설명하는 한계효과(marginal effect)값을 95%의 신뢰수준으로 추정하
여, 리더 창업가의 열정에 따른 95% 신뢰수준 한계효과의 변화를 표현한 것
이다. <그림 3>에 따르면 이 조절효과가 리더 창업가 열정이 평균보다 높
은 경우에는 유의미하지 않았다(95% 신뢰수준 영역이 0을 포함함). 따라서
이를 기반으로, <그림 4>에서는 개인의 창업 열정과 성과 간 관계를 그
조절효과가 유의미한, 리더 창업가의 열정이 평균인 경우와 −1 표준편차
값인 경우만을 95% 신뢰수준 영역과 함께 표현하였다.

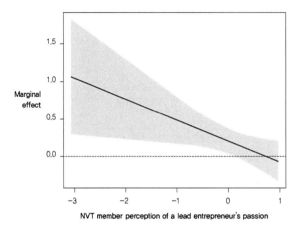

〈그림 3〉 리더 창업가의 열정에 따른 개인의 정열-성과 관계의 한계효과(95% 신뢰수준)

출처: Yoo et al., 2023, p.19.

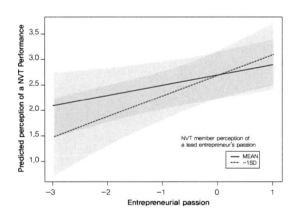

〈그림 4〉 리더 창업가의 열정에 따른 개인의 열정-성과 관계(95% 신뢰수준)

출처: Yoo et al., 2023, p.20.

경영학과 조직연구 맥락에서 다층모형에서 수준 간 상호작용 효과 추정에 대한 구체적인 논의는 Aguinis et al. (2013)에서 살펴볼 수 있다. 그들의 연구에서는 다층 데이터 수집 전후 마주하게 되는 여러가지 이슈들을 다루며, 수준 간 상호작용 효과 추정과 관련하여 보다 정확한 결론을 도출하기 위한 가이드라인을 제시한다.

◆ 다층성장모형

본지에서 다층성장모형(Multilevel Growth Modeling)을 본격적으로 다루기에는 지면이 부족하기에 다층성장모형의 기본 수식과 함께 간단한 설명만을 덧붙이고자 한다. 다층성장모형은 시간을 1수준으로 두는 모형이다. 다음의 기본수식을 보면, 1수준은 시간변수를 포함한 수식으로 시간의 1차항만을 가지고 있기에 선형 모형임을 알 수 있다. 만약 제곱항($\pi_{2i}t_{ti}^2$)을 포함한다면, 비선형 모형을 추정할 수도 있다.

$$y_{ti} = \pi_{0i} + \pi_{1i}t_{ti} + e_{ti}$$

[1수준: 시간]

$$\pi_{0i} = \beta_{00} + r_{0i}$$
$$\pi_{1i} = \beta_{10} + r_{1i}$$

[2수준: 개인]

예를 들어 Ou et al. (2021)은 24세의 학업수준 및 24-35세 사이 학업의 성장을 설명하였기에 연령을 시간변수에 투입로 투입하고, 각 시간에 따른 학업수준을 종속변수로 넣었다. 이 학업수준이라는 반복된 측정 변수는 개인에 내재되어 있기에 2수준에는 개인변수들로 중학교 읽기점수(8th grade reading score), 고등학교 졸업시기(on-time high school grauda-tion)를 투입한 것이다. 이처럼 위의 수식을 기반으로 성장모형을 발전시킬 수 있게 된다.

앞서 밝혔듯, 여기에서는 다층성장모형에 대한 기본적인 개념만을 간단하게 설명하였다. 따라서 이 모형을 보다 정확하게 이해하기 위해서는, 다층모형의 교과서라 할 수 있는 Raudenbush와 Bryk(2002)의 책을 살펴보길 권장한다. 혹은 보다 구체적으로 조직 맥락에서 다층성장모형에 관심이 있다면, Schonfeld 와 Rindskoph(2007)의 연구를 읽어보길 추천한다.

다층모형에서의 고려사항

여기에서는 다층모형을 디자인하고 분석할 때 필자가 경험적으로 자주 마주했던, 고려사항들을 간단하게 논의한다. 그러나 본지가 다층모형에 대한 쉬운 이해와 접근을 목적으로 하기에, 이에 대한 정확한 수식과 이론적인 논의를 다루지 않았다. 이를 대신하여 각 논의사항별 참고할 수 있는 논문들을 제시했다. 다층모형을 구성하면서 다음과 같은 문제에 마주한다면, 각 논문들을 살펴보길 권장한다.

◆ 절편과 기울기 계수의 오차항

어쩌면 가장 다층모형에서 중요한 고려사항은, 절편과 기울기 계수를 설명하는 2수준 식에서 오차항을 넣는가 하는 고민이다. 예를 들면, 아래의 수식에서 u_{0j}와 u_{1j}를 포함시켜야 하는가? 혹은 제외해도 괜찮은 것인가? 하는 점이다. 이를 판단하기 위해서 오차항을 추가한다는 것이 지니는 의미를 먼저 이해해야 한다.

$$\beta_{0j} = \gamma_{00} + \gamma_{01}Zj + u_{0j}$$
$$\beta_{1j} = \gamma_{10} + \gamma_{11}Zj + u_{1j}$$

절편 계수를 설명하는 첫 째 번수식 내 오차항인 u_{0j}을 추가한다는 것은, 집단 별 종속변수 값이 있음을 가정하는 것이다. 즉, 설명변수에 0을 투입하였을 때의 값이 집단별로 차이가 있다는 점이다. 만약, 각 종속변수 값에 차이가 없다는 이론적, 실증적 가정이 있다면, 이 오차항을 제거하면 된다. 또한, 기울기 계수를 설명하는 두 번째 수식에서의 오차항인 u_{1j}을 추가한다는 것은 독립변수와 종속변수 간 관계의 기울기가 집단별로 차이가 있다는 것을 가정한다. 예를 들면, 학생들의 공부시간(x)에 따른 성적(y)이 집단별로 차이가 있다면, 이 오차항을 추가하여 이를 반영해야 한다.

이런 오차항을 추가하는 것은 다층모형이라는 개념을 더 잘 반영하는 것이기도 하지만, 동시에 모델을 보다 복잡하게 만드는 요인이기도 하다. 따라서, 다층모형을 추정할 때, 이와 관련해서 이론뿐 아니라 오차항의 투입 여부에 따른 모델핏을 비교하여, 이론적으로 그리고 통계적으로 더 나은 모델을 선택하는 것이 필요하다.

◆ 변수 중심화

다층모형 분석에서 개별 변수, 특히 1수준의 변수의 중심화(centering)은 중요한 고려사항이다. 일반적인 회귀분석에서, 특히 조절변수를 포함한 분석에서, 다중공선성(multicollinearity) 문제를 해결하기 위해 중심화를 수행하는 경우가 많다. 하지만 많은 논문들에서 중심화가 다중공선성은 크게 관련이 없다고 밝히고 있다(참조: Dalal & Zickar, 2012; Echambadi & Hess, 2007). 그렇다면 중심화는 결국 절편을 의미있는 값으로 해석하기 위해서라는 수행한다는 결론으로 다다른다. 수식에서 절편의 값은 모든 설명변수의 값이 "0"일 때를 지칭하는데, 중심화는 설명변수의 "0"이 의미하는 바를 분명하게 해주는 과정이기 때문이다. 예를 들어 센터링을 통해 0의 의미를 전체 샘플의 평균이라고 맞춘다면, 그 설명변수가 "평균"일 때, 종속변수의 값을 절편으로 해석할 수 있는 여지가 생긴다. 하지만 실제로는 일반적인 단층 회귀분석에서는 이 역시 회귀분석 이후 사후추정으로 얼마든지 파악할 수 있다. 다만, 단층 회귀분석과 달리, 다층모형에서는 중심화는 더 많은 선택사항과 의미를 가진다.

다층모형에서 센터링은 집단평균 센터링(group-mean centering)과 전체평균 센터링(grand-mean centrering)으로 나눌 수 있다. 직관적으로, 집단평균 센터링은 개별 값에서 집단의 평균값을 빼서 절편의 기댓값을 집단의 평균값을 기준으로 추정하는 것이다. 반면 전체평균 센터링은, 개별 값에서 전체 표본의 평균값을 빼서 절편의 기댓값을 전체 표본의 평균값을 기준으로 추정하게 된다. 물론 이 두 가지가 기본이지만, 필요에 따라 때로는 이론적으로 의미있는 값을 중심으로 설명변수를 중심화할 수 있다. 예를 들면 Ou et al. (2021) 연구의 성장모형에서는 24-35세 사이 학업수준을 성장을 살펴보기에 나이에서 24를 뺌으로써, 절편값이 24세일 때 추정되는 학업수준으로 기댓값을 가질 수 있도록 조정하였다.

다층모형에서 중심화가 중요한 이유는 우리가 절편(β_{0j})과 기울기(β_{1j})의 계수를 추정하는 상위 층위의 수식을 함께 포함하기 때문이다. 모든 경우에 적용되는 것은 아니지만, 다층모형이 1수준 변수의 집단 "내" 효과 추정치를 구하길 원한다면, 집단평균 중심화를 통해서 집단 간 변량을 제거하는 효과를 기대할 수 있기에, 집단평균 중심화가 일반적이다. 만약 다층모형이 2수준 변수의 영향에 관심이 있다면, 집단 간, 집단 내 변량을 유지하는, 전체평균 중심화가 일반적이다. 다층모형에서 중심화와 관련해서는 먼저 Enders와 Tofighi(2007)의 논문을 살펴보길 추천한다. 이외에, 3수준 모델과 관련해서는 Brincks et al. (2017), 중심화와 고정 및 무선효과의 관계에 대해서는 Hamaker와 Muthén (2020), 그리고 범주(categorical) 변수의 중심화에 대해서는 Yaremych et al. (2023)을 참고하는 것을 추천한다.

◆ 다층 표본 수

다층연구를 처음 구상할 때 가장 먼저 고민이 되는 것은 각 층위별 적절한 표본(sample)의 수일 것이다. 현실적으로 다층 데이터를 직접 수집한다고 하면, 충분한 수의 데이터를 구하기가 어려운 경우가 많다. 특히 2수준 (예를 들면 팀이나 조직)의 수에 대해서 어떤 사람들은 30개가 넘어야 한다고 하기도 하고, 예측변수의 10배 혹은 그 이상 등의 기준을 제시하긴 하지만, 실제 인적자원개발 그리고 그 관련 영역에서의 연구들을 보면, 충분한 이론적인 논의가 뒷받침이 된다면, 20－30개 사이의 집단 숫자로도 분석이 이루어지고, 논문이 게재됨을 알 수 있다. 또한, 2수준의 표본 수 만큼이나 다층모형의 분석 결과에 중요한 영향을 미치는 것은 각 집단별 응답한 개인이 얼마나 되는가, 그리고 각 집단별 표본 수의 불균형 등이 있다. 다층분석에서 표본수에 대한 논의는 Maas와 Hox(2005)의 연구를 살펴보길 권장한다.

이와 관련해서, 필자는 연구별 다층의 관계가 다르기에 연구, 학문영역에 따라 이를 평가하는 기준이 다를 수밖에 없다는 점을 강조하고 싶다. 서로 다른 이론적 배경을 가지고 구상된 개인－국가, 개인－팀, 학생－학급 관계에 대한 다층연구는 그 모집단의 성격이 다르기에 같은 기준으로 통계적 잣대를 들이댈 수 없다. 따라서 본인이 가지고 분석하는 다층데이터를 분명하게 이해하고 이 속에 있는 각 수준별 표본의 수와 분포를 사전에 반드시 확인하고, 보고하여야 한다. 그리고 다층모형 결과를 해석하는 과정에서 역시 본인이 분석한 데이터가 가지는 한계에서 오는 오류를 반영한 결과라는 것을 분명히 해야 할 것이다.

◆ 관찰과 분석의 층위 구분

다층모형을 구성할 때, 하위수준(예를 들면 개인)의 측정값들로 상위수준 (예를 들면 팀)의 변수를 생성하는 경우가 많다. 예를 들면, 앞서 살펴본 Yoo et al. (2023)의 연구에서는 팀 수준 변수로 개인의 리더의 열정에 대한 측정값의 평균값과 개인이 스스로 측정한 열정값의 표준편차를 활용하였다. 특히 많은 연구에서 평균값이 많이 사용되는데, 이 과정에서 관찰수준의 평균값이 분석수준인 팀의 현상을 잘 대변하는지에 대한 이론적, 통계적 확인이 필요하다. 통계적으로는 ICC(1), ICC(2), rwg 등의 지표를 활용한다.

이 지표들에 대한 구체적인 설명은 LeBreton과 Senter(2008), Woehr et al. (2015) 등을 살펴보길 권장한다. 중요한 것은 기계적으로 평균을 써서 변수의 층위를 올려 분석에 사용하는 것이 아닌, 이를 이론적으로 통계적으로 검토하고, 보고하는 과정이 필수되어야 한다는 것이다. 또한 이 과정에서 평균외에도 표준편차 혹은 Blau Index 등과 같은 다른 방법들도 사용이 가능함을 인식한다면, 더 의미있는 다층연구들이 수행될 수 있을 것이라 기대된다.

맺음말

지금까지 인적자원개발 영역에서의 다층분석의 활용에 대해 예시와 간단한 수식, 그리고 몇가지 고려사항에 대해서 살펴보았다. 이 글을 맺으며, Paruchuri et al. (2018)를 인용하여, 다층모형 연구들에서 발견되는 주된 오류들을 짚어주고자 한다. Paruchuri et al. (2018)는 다층모형 연구들에서의 주된 오류들을 표면적 가정(surface assumptions)의 오류와 연구 내 구성요소 간 어긋남(misalignment)으로 구분하였다. 표면적 가정에서의 오류는 1) 층위(level)의 잘못된 선택, 2) 변수들의 층위에 대한 명확한 정의의 미흡함, 3) 서로 다른 층위를 통합하는 과정에서 오는 상동성(homology)의 가정을 포함한다. 두번째 오류의 경우에는, 4) 변수의 이론과 측정 간 불일치(misfit)와 5) 이론과 분석 방법의 불일치를 포함한다. 마지막으로, 이 글을 읽는 독자들에게 강조하고 싶은 것은 방법론을 단순히 기술적인 접근으로만 이해하지 않았으면 좋겠다는 점이다. 다층모형을 방법론을 넘어 현상을 이해하는 하나의 관점으로 살펴본다면, 인적자원개발과 관련된 현상을 여러 가치 층위와 다층 간 관계를 더 정교하게 이해하는 데 도움이 될 것이다.

참고문헌

김은실(2018). 집단 네트워크와 개인 창의성의 관계: 개인의 심리적 자본의 조절효과. *인적자원개발연구, 21*(1), 131-151.

박민주, 김우철, & 우혜정(2019). 직무만족과 조직문화, 조직커뮤니케이션, 조직몰입 간의 관계에 대한 다수준 분석. *역량개발학습연구, 14*(2), 23-49.

유상옥 & 오헌석(2015). 팀학습 핵심수행자의 역할에 따른 영향요인 분석: 리더십과 전문성을 중심으로. *HRD 연구, 17*(2), 93-124.

Aguinis, H., Gottfredson, R. K., & Culpepper, S. A. (2013). Best-Practice Recommendations for Estimating Cross-Level Interaction Effects Using Multilevel Modeling. *Journal of Management, 39*(6), 1490-1528.

Brincks, A. M., Enders, C. K., Llabre, M. M., Bulotsky-Shearer, R. J., Prado, G., & Feaster, D. J. (2017). Centering predictor variables in three-level contextual models. *Multivariate Behavioral Research, 52*(2), 149-163.

Dalal, D. K., & Zickar, M. J. (2012). Some common myths about centering predictor variables in moderated multiple regression and polynomial regression. *Organizational Research Methods, 15*(3), 339-362.

Echambadi, R., & Hess, J. D. (2007). Mean-centering does not alleviate collinearity problems in moderated multiple regression models. *Marketing Science, 26*(3), 438-445.

Enders, C. K., & Tofighi, D. (2007). Centering predictor variables in cross-sectional multilevel models: a new look at an old issue. *Psychological Methods, 12*(2), 121.

Garavan, T. N., McGuire, D., & O'Donnell, D. (2004). Exploring human resource development: A levels of analysis approach. *Human Resource Development Review, 3*(4), 417-441.

Garavan, T., Wang, J., Matthews-Smith, G., Nagarathnam, B., & Lai, Y. (2018). Advancing national human resource development research: suggestions for multilevel investigations. *Human Resource Development International, 21*(4), 288-318.

Hamaker, E. L., & Muthén, B. (2020). The fixed versus random effects debate and how it relates to centering in multilevel modeling. *Psychological Methods, 25*(3), 365.

Hirst, G., Van Knippenberg, D., & Zhou, J. (2009). A cross-level perspective on employee creativity: Goal orientation, team learning behavior, and individual creativity. *Academy of Management Journal, 52*(2), 280-293.

Hitt, M. A., Beamish, P. W., Jackson, S. E., & Mathieu, J. E. (2007). Building theoretical and empirical bridges across levels: Multilevel research in management. *Academy of Management Journal, 50*(6), 1385-1399.

Jeong, S., McLean, G. N., McLean, L. D., Yoo, S., & Bartlett, K. (2017). The moderating role of non-controlling supervision and organizational learning culture on employee creativity: The influences of domain expertise and creative personality. *European Journal of Training and Development, 41*(7), 647-666.

Klein, K. J., Dansereau, F., & Hall, R. J. (1994). Levels issues in theory development, data collection, and analysis. *Academy of Management Review, 19*(2), 195-229.

Klein, K. J., & Kozlowski, S. W. (2000a). *Multilevel Theory, Research, and Methods in Organizations: Foundations, Extensions, and New Directions* ds. San Francisco: Jossey-Bass.

Klein, K. J., & Kozlowski, S. W. (2000a). From micro to meso: Critical steps in conceptualizing and conducting multilevel research. Organizational Research Methods, 3(3), 211-236.

Klein, K. J., Tosi, H., & Cannella Jr, A. A. (1999). Multilevel theory building: Benefits, barriers, and new developments. *Academy of Management Review, 24*(2), 248-253.

Lai, M. H., & Kwok, O. M. (2015). Examining the rule of thumb of not using multilevel modeling: The "design effect smaller than two" rule. *The Journal of Experimental Education, 83*(3), 423-438.

LeBreton, J. M., & Senter, J. L. (2008). Answers to 20 questions about interrater reliability and interrater agreement. *Organizational Research Methods, 11*(4), 815-

852. https://doi.org/10.1177/1094428106296642

Liu, D., Liao, H., & Loi, R. (2012). The dark side of leadership: A three-level inves-
tigation of the cascading effect of abusive supervision on employee creativity.
Academy of Management Journal, 55(5), 1187-1212.

Lua, E., Liu, D., & Shalley, C. E. (2023). Multilevel outcomes of creativity in organizations:
An integrative review and agenda for future research. *Journal of Organizational
Behavior.* Advance online publication. https://doi.org/10.1002/job.2690

Maas, C. J., & Hox, J. J. (2005). Sufficient sample sizes for multilevel modeling.
Methodology, 1(3), 86-92.

Ou, S. R., Yoo, S., & Reynolds, A. J. (2021). Educational growth trajectories in adult-
hood: Findings from an inner-city cohort. *Developmental Psychology, 57*(7),
1163.

Raudenbush, S. W., & Bryk, A. S. (2002). Hierarchical linear models: Applications and
data analysis methods (2nd ed.). Sage.

Paruchuri, S., Perry-Smith, J. E., Chattopadhyay, P., & Shaw, J. D. (2018). New ways
of seeing: Pitfalls and opportunities in multilevel research. *Academy of
Management Journal,* 61(3), 797-801.

Renkema, M., Meijerink, J., & Bondarouk, T. (2017). Advancing multilevel thinking in
human resource management research: Applications and guidelines. Human
resource management review, 27(3), 397-415.

Schonfeld, I. S., & Rindskopf, D. (2007). Hierarchical linear modeling in organiza-
tional research: Longitudinal data outside the context of growth modeling.
Organizational Research Methods, 10(3), 417-429.

Shen, J. (2016). Principles and applications of multilevel modeling in human resource
management research. *Human Resource Management, 55*(6), 951-965.

Upton, M. G., & Egan, T. M. (2010). Three approaches to multilevel theory building.
Human Resource Development Review, 9(4), 333-356.

Woehr, D. J., Loignon, A. C., Schmidt, P. B., Loughry, M. L., & Ohland, M. W.
(2015). Justifying aggregation with consensus-based constructs: A review and
exami- nation of cutoff values for common aggregation indices.
Organizational   Research   Methods,   18(4),   704-737.   https://do-

i.org/10.1177/1094428115582090

Yaremych, H. E., Preacher, K. J., & Hedeker, D. (2023). Centering categorical pre-
dictors in multilevel models: Best practices and interpretation. *Psychological
Methods, 28*(3), 613.

Yoo, S., Lee, Y., Lee, Y., & Bae, T. J. (2023). A cyclical model of passion and per-
formance in new venture teams: Cross-level interactions with a lead en-
trepreneur's passion and passion diversity. *Group & Organization Management,*
Advance online publication. https://doi.org/10.1177/10596011231215109

Zhong, L., Wayne, S. J., & Liden, R. C. (2016). Job engagement, perceived organiza-
tional support, high-performance human resource practices, and cultural value
orientations: A cross-level investigation. *Journal of Organizational Behavior,
37*(6), 823-844.

현상의
의미 탐구

03

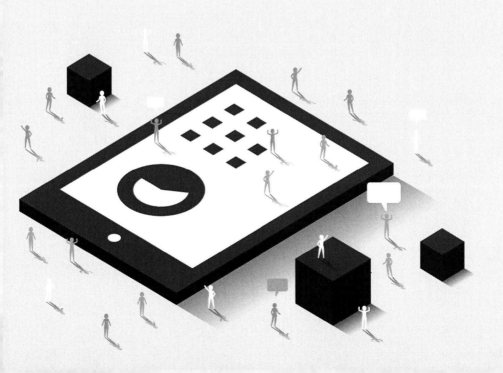

질적연구 설계

강현주(nalgae11@gnu.ac.kr)

강현주는 숙명여자대학교 정치외교학 학사 및 석사 졸업 후, Texas A&M University에서 인적자원개발 전공으로 박사학위를 취득하였다. 현재는 경상국립대학교 교육학과 조교수(평생교육/교육사회 전공주임)로 재직 중이다. 연구관심 분야는 경력개발, 젠더, 일생활균형, 중장년/노인교육, 다문화, 취약계층 인적자원개발, 질적 연구 등이다.

질적연구 설계

강현주

질적 연구는 사회적 맥락 안에서 인간의 삶, 행동, 인식, 현상 등의 의미를 다양한 관점에서 이해하고 해석하는 방법론이다. 1980년 말 이후 교육학, 간호학, 사회학, 심리학 등 여러 사회과학 분야에서 질적 연구방법이 도입된 이래 인적자원개발 분야에서도 질적 연구를 활용한 연구들이 영역을 넓혀 가고 있다. 1999년 9월 HRD연구 학회지가 창간된 이래 처음 등장한 질적 연구는 2001년 12월 「구 인력개발연구」에 실린 곽삼근(2001)의 '기업체 여성 근무자 자기개발방법 사례연구'로 기록된다. 이는 주로 조직 내 남성 근로자들을 대상으로 수행되어 온 인적자원개발 연구 담론 안에서 여성 근로자들의 자기개발과 학습경험에 대한 질적 사례연구를 시도한 논문이다. 그 다음 학회지에 등장하는 질적 연구는 유한양행의 노사 협력적 인적자원개발에 관한 귀납적 사례연구로 한 기업에 대한 인적자원개발, 고용관계 및 작업조직에 대한 노동조합의 태도와 전략에 대해 다룬 노용진, 조은상(2006)의 연구이다. 하지만 아쉽게도 2000년대 초중반에 이루어진 연구들은 질적 연구방법 활용에 대한 간략한 언급만 있을 뿐 구체적인 연구과정, 연구방법 등에 관한 기술의 부재로 연구방법의 체계성과 엄격성은 부족했다고 할 수 있다.

「HRD연구」에 출간된 초기 질적 연구 중에서 독립적인 섹션으로 연구방법을 포함시켜 자료수집, 자료분석, 신뢰도 및 타당도 등에 대해 처음 언급한 논문은 A은행 근로자들의 일상에서 일어나는 무형식 학습을 탐색한 이성엽(2009)의 '무형식 학습의 방법에 대한 사례연구'이다. 2010년 이후부터는 기업 근로자들을 대상으로 한 연구대상에서 확대되어 다양한 연구 참여자들을 대상으로 체계적인 형태를 갖춘 질적 연구들이 수행되면서 다변화기를 맞이하고 있다. 무형문화재 보유자의 경력형성 과정을 다룬 생애사적 접근(김혜숙, 이영민, 2011), 대학원 준고령 학습자의 학습 과정 탐색에 관한 근거이론(정서린, 기영화, 2011), 독립근로자의 경력개발 의미와 과정에 관한 일반 질적 연구(이수용, 장원섭, 2013), 독립근로자의 포트폴리오 경력개발 과정 탐색에 관한 근거이론(신경주, 유기웅, 2022) 등이 예시이다.

여전히 HRD 영역에서 양적 연구는 절대 다수를 차지하고 있지만 개인의 학습경험, 동기, 태도, 인식, 조직 문화에 대한 이해, 조직과 개인의 상호작용 등 통계적인 수치로 담아낼 수 없는 HRD 주제들에 대해 질적 연구는 고유한 장점과 특성을 드러내며 지난 20여 년 동안 중요한 연구방법론으로 자리매김 해오고 있다. 질적 연구는 사례연구, 근거이론, 현상학, 문화기술지 등 다양한 세부적인 갈래와 형태가 있지만 이들은 질적 연구라는 단일 범주로 포함시킬 수 있는 공통적인 속성과 체계가 있다. 본 장은 이러한 질적 연구의 공통적인 속성을 바탕으로 질적 연구를 시작하는 초보 HRD 연구자들에게 질적 연구설계 및 수행에 도움이 될 수 있는 가이드를 제공하고 질적 연구자로서 갖추어야 하는 역량과 자세에 대해 고찰해보는 장을 마련하고자 한다.

연구 패러다임과 연구방법론

　연구의 사전적 정의는 '어떤 일이나 사물에 대해 깊이 조사하고 생각하여 진리를 따져 보는 일'이다(표준국어대사전, 2024). 이 정의에 따르면 연구자는 체계적이고 논리적인 방법을 통해 각자 생각하는 진리(truth)를 찾기 위한 활동을 하는 사람이라 할 수 있다. 자신이 찾은 '진리'를 주장함에 있어 연구자들은 저마다 현상을 바라보고 지식의 속성을 인식하는 특정한 시각, 신념, 철학적 가정 등에 영향을 받는다. 이렇듯 연구자가 연구하는 현상을 분석하고 이해하는 일정한 틀을 연구 패러다임이라고 일컫는다(유기웅 외, 2018). 연구 패러다임은 연구자의 연구방법론과 접근 방식을 선택에 영향을 주는데, 양적 연구방법론(예: 실험연구, 조사연구 등) 혹은 질적 연구방법론(예: 현상학, 근거이론, 사례연구 등) 중 어느 방법론을 선택할지는 연구자가 어떤 연구 패러다임을 가지고 있는지에 따라 결정된다 할 수 있다.

　연구 패러다임에 대한 구분은 범주가 다양하고 학자들마다 견해의 차이가 있지만 가장 많이 인용되는 연구 패러다임은 실증주의(positivism), 해석주의(interpretivism), 비판이론(critical theory), 포스트모더니즘(postmodernism)이다. 주요 특징을 살펴보면, 실증주의 패러다임은 양적연구의 근거가 되는 패러다임으로 자연과학처럼 연구하고자 하는 사회적 현상을 관찰 및 측정하여 보편적 법칙을 발견하여 설명할 수 있다고 믿는다. 절대적인 진리는 측정 가능하기 때문에 일정한 가설을 세워 검증하는 과정을 강조한다. 해석주의는 어떠한 현상에 대해 동일한 실재(reality)를 발견하기보다 그 현상에 대해 연구 참여자들이 다르게 구성한 경험과 의미를 이해하는 데 목적이 있다. 진리는 연구자와 연구 참여자가 함께 구성해나가는 것이라고 믿는다. 비판이론 패러다임은 사회적 권력과 불평등의 구조에 대해 분석하고 반성과 성찰을 통해 사회 변화를 추구하는 관점이다. 이 패러다임은 불평등한 사회 구조 속에 존재하는 소외계층들을 해방시키는 것을 목적으로 한다. 포스트

모더니즘 패러다임은 하나의 패러다임으로 묶을 수 없는 다양하고 다원적인
사상으로 구성되어 있는데, 사회적 현상을 합리성에 기반한 단일한 관점으
로 이해하려고 했던 근대 사회의 가치인 동일성·일원성을 해체하려는 철학
을 기반으로 하고 있다. 진리는 절대적인 것이 아니며 다양한 삶의 맥락 속
에서 다원적으로 해석될 수 있다고 본다(유기웅 외, 2018; Glesne, 2016).

　질적 연구에 대한 본격적인 탐색 전에 초보 연구자들이 종종 오용하는
'연구방법론과 연구방법' 용어에 대한 정리가 필요할 듯하다. 개념 정리를
하자면, 연구방법론(methodology)은 'method'와 'ology'라는 두 개의 명사
로 이루어진 용어로 'ology'는 앎(지식)의 한 분야(a branch of knowledge)
를 의미한다. 연구방법론은 연구자의 논리(logic), 실재(reality), 가치(values)
등이 연구를 어떻게 형성하는지 나타내는 것으로 어떠한 연구에 근본적으로
내재하는 철학적, 인식론적 토대를 뜻한다 할 수 있다. 한편, 연구방법
(methods)은 실제 연구를 수행하기 위해 사용되는 일련의 체계적인 절차,
도구(tools), 기술(techniques)이라 할 수 있는데, 이는 연구방법론에 의해
결정된다(McGregor & Murname, 2010). 연구 패러다임이 연구방법론과 연
구방법에 영향을 미치는 관계는 <그림 1>로 표현할 수 있다.

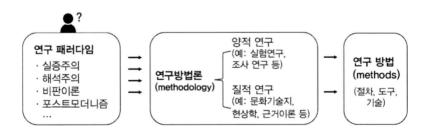

〈그림 1〉 연구 패러다임과 연구방법론, 연구방법과의 영향 관계

질적 연구에 대한 이해와 필요성

◆ 질적 연구란 무엇인가?

질적 연구는 양적 연구와 대비되는 이항적인 개념으로 이해되어 질적 연구 자체에 대한 의미와 속성에 대해 살펴볼 기회가 많지 않았다. 질적 연구에서 질(質)은 한자로 바탕, 본질, 성질, 품질 등을 의미한다. 영어(quality)로 질은 'an essential or distinctive characteristic, property, or attribute' 또는 'character or nature, as belonging to or distinguishing a thing'이다 (dictionary.com). 일부 연구자들은 '질'을 어떠한 현상이나 대상에 대해 측정하거나 비교하기 이전 상태 사물의 고유한 속성 혹은 변화하지 않는 (motionless) 속성을 의미한다고 말한다(김형희, 김기덕, 박지영, 2011; 조용환, 2022). 위에서 말하는 '질'의 공통적 속성은 어떤 대상에 대한 근원적인 본질, 독특성, 성격, 맥락 등을 의미하여, 질적 연구는 연구 대상에 대한 이 같은 특성들을 통찰·탐색하면서 새로운 해석으로 재구성해나가는 방법론이라 정의할 수 있을 것이다.

일반적으로 질적 연구는 하나의 연구방법론으로 인식되곤 하지만 그 아래 스무 개 이상(예: 문화기술지, 내러티브, 현상학적 연구, 근거이론, 실행연구, 대화분석 연구, 담론분석 연구, 초점그룹집단 등)의 다양한 질적 연구들을 포함하고 있다. 질적 연구라는 포괄적인 용어(umbrella term) 아래 다양한 학문 분야에서 다양한 전통과 접근 방법으로 연구자들은 자신들의 질적 연구를 수행해 왔기 때문에 '질적 연구가 무엇인가'에 대한 질적 연구자들 간의 합의는 쉽지 않다. 질적 연구가 단일한 연구설계와 조사과정으로 이루어진 것이 아니라 복합적이고 유연한 연구설계를 가지고 있는 속성 때문이다. 이에 대해 조용환(2022)은 '가족유사성(family resembalance)'이 있다면 이러한 연구들을 질적 연구라 인정할 수 있다는 기준을 제시하기도 했다.

질적 연구를 수행할 때 통상적으로 하나의 연구방법으로 연구를 수행하는 것이 일반적이지만, 두 개 이상의 질적 연구방법을 결합해서 수행할 수도 있다(조용환, 2022). 하지만 초보 질적 연구자의 경우, 하나의 질적 연구 접근을 취하고 그 방법론에 익숙해질 때까지 충실히 배우는 것을 추천한다. 연구 초기에는 어느 정도 구조화된 연구 방식이 도움이 되며 기본기를 다지고 어느 정도 경험을 축적한 다음 본인에게 맞는 창의적인 연구방법을 고안할 수 있다(Creswell, 2015).

◆ 질적 연구는 언제 필요할까?

HRD 연구자에게 질적 연구가 필요한 때는 언제일까? 동일한 연구대상에 대한 연구를 한다고 할 때, 연구목적과 연구문제가 변수들과의 관계나 인과적 서술관계를 묻는 질문일 경우 양적 연구방법이 적합할 것이다. 물론 질적 연구도 인과적 관계를 다루는 면이 있으나 질적 연구는 경향적 관계(tendency)를 살펴보는 것이 더 일반적이다(김진우, 2012).

Creswell & Poth(2018)는 질적 연구가 필요한 경우를 아래 일곱 가지로 정리하였다.

- 이슈에 대한 복합적이며 상세한 이해가 필요할 때
- 양적 측정과 문제가 잘 맞지 않을 때
- 이해 공백을 다룰 이론을 개발하고자 할 때
- 양적 연구 결과가 찾은 메커니즘에 대한 후속 설명이 필요할 때
- 연구참여자가 문제를 다루는 맥락에 대한 이해가 필요할 때
- 융통성 있는 글쓰기 방식이 적절할 때
- 개인을 임파워하고자 할 때

위 경우처럼 질적 연구는 대체로 하나의 문제나 현상에 대해 통계적으로 쉽게 측정할 수 없는 변수가 존재할 때, 현상이나 인간의 복잡하고 깊은 이해와 탐색이 필요할 때, 현상과 이슈를 설명할 수 있는 자료나 근거가 없을 때 등의 상황에서 종종 활용된다.

질적 연구 본격적으로 수행하기

◆ 연구목적에 부합하는 질적 연구방법론을 어떻게 선택할 것인가?

연구목적과 연구문제를 개진하기 위한 과정은 질적 혹은 양적 연구를 떠나 매우 유사하다. '좋은 서론' 작성하는 기본은 연구자가 본인의 질적 연구에서 다루고자 하는 이슈나 현상에 대해 소개하고 기존 연구들의 빈틈(research gap)이나 결핍 등을 언급하여 해당 연구에 대해 깊이 이해할 수 있도록 연구의 중요성을 논하는 것이다. 연구문제는 연구목적을 가장 잘 드러낼 수 있는 구체적인 연구내용을 명확하게 작성한다.

그렇다면 연구목적에 적절한 질적 연구방법론은 어떻게 선택할 수 있을까? 다양한 질적 연구들이 있지만 일반적으로 가장 많이 활용되는 다섯 가지 접근인 내러티브, 현상학, 근거이론, 문화기술지, 사례연구를 예로 들면 <그림 2>와 같다.

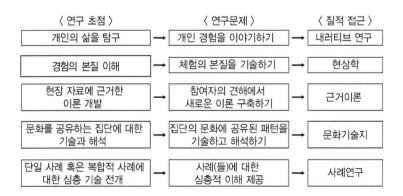

〈그림 2〉 연구문제 의도 차이에 따른 다섯 가지 질적 연구 유형
출처: Creswell & Poth, 2018, p.101.

먼저, 연구자의 연구 관심사가 단일한 개인을 연구하는 것이라면 분석단위를 개인에 초점을 두는 '내러티브, (자)문화기술지, 사례연구', 집단에 대해 연구하고자 한다면 '문화기술지, 사례연구' 등에 대한 탐색으로 시작해볼 수 있을 것이다. 구체적으로 연구자의 연구문제가 독특한 경험 이야기를 가진 개인에 대한 서사·묘사에 초점을 둔다면 내러티브 연구, 문화공유집단 혹은 그 집단을 대표하는 개인에 대한 서사·묘사라면 문화기술지가 적합할 것이다. 어떠한 특정 현상이나 경험에 대해 개인들이 어떻게 인지하고 해석하는지 개인들의 경험의 본질이 무엇인지에 살펴보길 원하면 현상학을, 특정 현상에 대한 새로운 이해와 이론을 구축하거나 어떠한 현상에 대한 구조적 접근 및 과정을 살펴보고자 한다면 근거이론이 적절하다. 사례연구는 특정 사례(개인, 그룹, 조직, 사건, 과정, 활동, 프로그램 또는 다수의 개인 등과 같이 경계를 가진 체계)를 깊이 있고 상세하게 이해하고자 할 때 특정 맥락 안에서 사례의 복잡성과 독특성을 탐구하는데 가장 적합하게 활용될 수 있다(Creswell, 2015; Creswell & Poth, 2018).

◆ 자료수집 전 문헌연구의 역할

연구주제, 연구목적, 연구방법 등 기본적인 연구틀이 어느 정도 갖추어졌다면 문헌연구를 계획해야 한다. 문헌연구는 전통적으로 실증적 연구의 하나의 단계로 이루어져 왔기 때문에 초기 질적 연구 담론에서는 인터뷰 등 자료를 수집하기 전에 문헌연구를 수행하는 것을 부정적으로 생각했다. 질적 연구가 다루고자 하는 이슈, 현상 등이 선행연구 검토로 인한 편견, 특정 관점 생성 등으로 인해 연구방향 및 결과에 영향을 미칠 염려가 있기도 했고 귀납적인 연구과정에서 배우고자 한 질적 연구 특성에 따른 것이기도 하였다. 하지만 질적 연구가 학문적으로 성장하고 연구물이 축적되면서 자신의 질적 연구가 독창적이고 필요한 연구라는 사실을 증명하거나 연구설계 및 서론에서 문제를 제기하기 위한 틀로 사용됨으로써 문헌연구는 질적 연구에서도 필수적인 요소로 인식되기 시작하였다(Creswell, 2015; Yin,

2011). 또한 기관생명윤리위원회(IRB)에 연구 프로토콜 서류 제출 시에도 어느 정도의 연구내용에 대한 가이드를 제시해야 함에 따라 자료수집 전 적절한 수준의 문헌연구 탐색은 중요한 단계로 여겨지고 있다(Yin, 2011).

다만 질적 연구 자료수집 전 선행연구 시 유념해야 할 점이 있다. 이 단계에서 수행하는 문헌연구는 연구자의 연구주제를 광범위하게 분석하는 종합적인 문헌연구의 형태가 아니다. 연구주제와 유사한 기존 연구들의 연구주제, 자료수집 방법, 자료원, 연구범위 등에 관한 검토를 통해 본인의 연구가 기존 연구들과 어떠한 차별성을 가지는지 찾아야 한다는 데 있다(Yin, 2011). 특히, 연구가 많이 된 대상을 연구주제로 선택할 경우, 기존 연구방법, 연구결과 등에서 새로운 지식을 창출하지 못하고 유사한 결과가 되풀이될 경우 연구가치가 떨어질 수 있기 때문에 문헌연구를 통해 연구설계를 명확히 할 필요가 있다.

◆ 질적 연구 표집(sampling) 전략

질적 연구의 자료는 면접, 관찰, 문서, 기록물 등 다양하지만 가장 주된 자료 수집은 면접이다. 자료수집 단계에서 연구문제에 대해 정보를 잘 줄 수 있는 연구참여자를 찾아야 한다. 이러한 속성 때문에 질적 연구에서는 의도적 표본추출(purposeful sampling) 전략이 중요하다. 질적 연구에서의 표집은 연구 질문과 목적에 따라 다양한 방식으로 이루어질 수 있으며 표집 전략의 선택은 연구의 맥락과 연구자의 목표에 따라 달라진다.

Miles와 Huberman(1994)은 질적 연구에서 사용되는 다양한 표집(sampling) 전략을 소개했는데 주요 표집 전략은 아래와 같다.

- 의도적(목적적) 표집(purposeful sampling): 특정 목적을 가진 참여자나 사례를 선별하는 방법으로 연구 목적에 가장 잘 부합하는 정보를 제공할 수 있는 개인을 선택함.
- 극단 혹은 변이 사례 표집(extreme or deviant case sampling): 매우

특이하거나 극단적인 사례를 선택하는 방법으로 평범하지 않은 상황에
서 정보를 얻을 때 활용함.

- 최대 다양성 표집(maximum variation sampling): 다양한 관점, 특성을
가진 참여자들을 포함시켜 폭넓은 정보를 수집하는 것으로 다양성을
최대화하기 위해 사용됨.
- 동질적 표집(homogeneous sampling): 비슷한 특성·경험을 가진 참여
자들을 선택하는 방법으로 특정 집단이나 현상에 대한 심층적인 이해
를 얻고 싶을 때 유용함.
- 전형적 사례 표집(typical case sampling): 평균적이거나 전형적인 사례를
선택하는 방법으로 일반적인 상황이나 경험을 이해하는 데 도움이 됨.
- 비례 할당 표집(stratified purposeful sampling): 특정 기준에 따라 참
여자를 선별하는 방법으로 연구대상의 다양한 하위 그룹을 고려할 때
사용됨.
- 이론적 표집(theoretical sampling): 데이터 수집과 분석이 동시에 이루
어지며 초기 데이터 분석을 바탕으로 추가적인 사례를 선택하는 방법
으로 주로 근거이론 연구에서 사용됨.
- 스노우볼 표집(snowball or chain Sampling): 기존 참여자나 사례를
통해 새로운 참여자나 사례를 추천받는 방법으로 특히 접근하기 어려
운 대상을 연구할 때 유용함.
- 편의적 표집(conveninece sampling): 연구자가 쉽게 접근하여 자료를
구할 수 있는 현장이나 개인을 대상으로 표집하는 방법

상기 표집 전략들은 연구 목적과 연구 질문에 따라 적절히 조합되거나 변
형될 수 있다. 중요한 것은 선택된 표집 전략이 연구 목적을 충족시키고 연
구 대상의 다양성을 반영할 수 있는가 하는 것이다.

◆ 면담 과정에서 유의점

면담을 준비하는 과정에서는 먼저, 면담 형태(예: 일대일 인터뷰, 대면/비대면 인터뷰, 초점그룹면담 등)를 결정해야 할 것이다. 이후 목적 표집 전략에 따라 표집 방법을 고려하고 참여자에게 연락을 하여 면담 일정과 장소를 정한다. 면담 전에 참여자에게 연구동의서를 보내어 검토하고 연구목적, 내용, 소요 시간, 보상 등에 대해 공지하도록 한다.

면담을 준비하는 과정에서 질문지 개발은 필수적이다. 질문지 개발 과정에서 초보 연구자들이 종종 실수하는 점이 있는데 연구문제와 면담 질문을 혼동한다는 것이다. 연구문제와 질문지가 긴밀한 관련이 있지만 질문지는 연구 문제보다 구체적이고 연구 참여자들의 경험과 맥락과 관련된 내용들이 포함되어야 한다. 질문지를 개발하는 것은 연구 문제를 면담 질문으로 기계적으로 전환하기보다 연구자의 창의성의 통찰력이 요구되는 부분(Maxwell, 2013)이다. 질문지를 개발함에 있어 연구자는 자신의 질문들이 본인의 연구문제와 연구목적을 얼마나 잘 드러낼 수 있는지 항상 염두에 두어야 한다. 하나의 팁은 연구문제를 드러낼 수 있는 중심현상들을 몇 가지 부분으로 나누어 각 하위질문들을 만들어 내는 방식으로 구성하면 질문지 틀을 만드는데 용이하다 할 수 있다(Creswell, 2015).

Glesne(2016)는 면담 질문을 할 때 고려해야 하는 사항을 제시하는데 그 중 몇 가지 사항은 아래와 같다.

• 예/아니오 질문을 던지고 있지는 않은가?
• 개방적 질문을 가장한, 폐쇄적인 질문을 하는가?
• 피면담자가 답변하기에 지나치게 광범위한 질문을 던지는 것은 아닌가?
• 대화하는 톤으로 시작하지만 유도 질문으로 끝나는 것은 아닌가?

정리하면, 질적 연구에 사용되는 질문은 예/아니오 식의 단답형 질문보다는 무엇(what)이나 어떻게(how)로 시작하는 열린 질문이어야 하며, 지나치게 광범위하거나 유도 질문 혹은 폐쇄적인 질문으로 구성되어서는 안 된다.

그 밖에도 면담 과정에서 연구자가 던진 질문에 대한 연구 참여자의 답변에 대해 추가적으로 물어보거나(예: 조금 더 자세히 말씀해주시겠어요?) 참여자의 생각을 확인하는 것(예: 그다지라는 것은 어떤 의미인가요?), 준비한 질문은 아니라 하더라도 참여자의 답변에 대해 파생되는 질문을 하는 것은 풍부하고 유용한 정보를 얻는 데 도움이 된다.

질적 연구는 연구자가 연구의 전체 과정에서 연구도구가 되어 참여하게 되는 만큼 연구자의 태도는 면담의 결과와 질에 영향을 미친다. 연구자는 면담 시 여러 사항을 고려해야 하는데 먼저, 연구참여자의 입장에서 이야기하고 있는지 항상 주의를 기울여야 한다. 일정 수준의 라포(rapport) 형성이 되기 전에 연구주제에 대한 첫 번째 질문을 빠르게 던지는 것보다는 마음을 열 수 있는 일상적인 이야기, 대답하기 쉬운 질문 등을 나눈 다음 면담을 시작하는 것이 좋다. 참여자가 준비가 되지 않았음에도 불구하고 지나치게 개인적이거나 민감한 주제에 대해 질문하여 불편하게 만들어서는 안 된다(Glesne, 2016). 연구자의 말하는 속도, 발음, 상대방이 알아들을 수 있는 단어 선택 등도 매우 중요하다.

또한 연구자는 면담 질문을 완전히 숙지하여 질문의 순서가 왔다갔다 하더라도 흔들림이 없도록 면담 과정에 대한 전체 그림을 명확하게 그릴 수 있어야 한다. 연구참여자는 연구자가 계획한 대로 질문 순서와 동일한 답변을 하지 않을 가능성이 높고 하나의 질문에 여러 질문에 대한 내용을 동시에 답변할 가능성도 많다. 연구자는 면담 과정에서 어떤 질문이 답변되었고 어떤 질문이 남았는지 이해하고 있어야 하며, 이번 면담과 이전 면담에서 연구자 자신이 말한 것과 연구 참여자가 말한 것이 무엇이었는지 기억하고 있어야 한다. 이렇듯 질적 연구자에게 유연하게 질문하고 다음 질문을 생각하는 '유연성과 집중력'은 필수적인 역량이라 할 수 있다. 끝으로 연구자는 면담 도중 긍정적이든 부정적이든 평가적인 발언은 삼가야 하며 인터뷰가 끝나면 정중하게 연구 참여에 대한 감사 표시를 하고 마무리 한다(Creswell, 2015).

◆ 자료 분석 과정

질적 연구에서 코딩이란?

자료 분석의 첫 단계는 면담을 전사하여 데이터베이스를 구축하고 현장노트, 일지 등을 정리하여 자료들을 준비하는 것이다. 그 다음으로 자료 분석에서 가장 중요한 것은 코딩(coding) 작업이다. 코딩은 연구자가 분석하려는 데이터가 무엇인지 정의하는 방법으로 하나 이상의 텍스트 구절 등이 담고 있는 중심 아이디어를 식별하고 단어 등의 코드를 부여하여 색인화하거나 분류하는 과정을 의미한다. 질적 연구자들은 코딩과 코드와 관련하여 각 질적 연구방법에서 강조점에 따라 '색인화(index), 주제(theme), 범주(category)' 등 다양한 용어를 사용한다(Gibbs, 2018).

양적 연구에서도 코딩이라는 용어가 사용되나 질적 연구에서 코딩과는 목적과 접근 방식의 차이가 있다. 이를테면 양적 연구에서 코딩은 주로 데이터를 정량화하고 분석하는데 사용되며, 주로 사전에 정의된 코드나 변수를 통해 데이터를 분류하고 기록된다. 질적 연구에서 코딩은 의미 있는 패턴, 주제 등을 발견하여 데이터를 이해하고 해석하기 위해 사용되며, 연구 과정에서 유동적으로 조정될 수 있기 때문에 유연성을 가지고 있다. 코딩이라는 용어가 양적 연구에서의 코딩과 유사하다는 오해를 불러일으킬 수 있기 때문에 일부 연구자들은 코딩이라는 용어 보다는 '주제틀 또는 템플릿, 코드목록, 코드북(codebook)'이라는 용어를 사용하기도 한다(Gibbs, 2018). 코딩북은 타인에게 명료할 필요가 없는 상당히 개인적이고 연구자에게 맞는 고유한 작업이기 때문에 하나의 원칙적인 코딩 계획은 존재하지 않는다(Glenese, 2016).

반복적 비교분석법을 기반으로 한 자료분석

자료를 분석하는 방법은 매우 다양하지만 본 장에서는 질적 연구에서 널리 활용되고 있는 비교분석법(constant comparison method)을 중심으로 살펴보고자 한다. 반복적 비교분석법은 Glaser & Strauss(1967)의 근거이론에서 어떠한 현상에 대한 이론 개발을 위한 분석법으로 개발되었으나 다양한 질적 자료 분석에 용이하다는 편의성으로 인해 근거 이론과 상관 없이 다양한 형태의 질적 연구분석에 보편적으로 이용되고 있다. 일반적인 질적 연구에서 사용되는 반복적 비교분석법의 절차는 아래 <그림 3>과 같다.

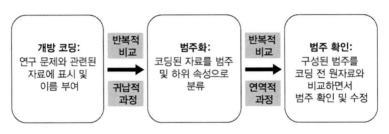

〈그림 3〉 반복적 비교분석법의 절차

출처: 유기웅 외, 2018, p. 328.

개방 코딩

개방 코딩은 주어진 코드 목록에서 시작하는 것이 아닌 열린 마음으로 코딩을 시도하는 방법으로 수집된 자료 중에서 연구문제와 관련하여 연구자가 의미 있다고 생각하는 부분에 이름을 붙이고 비슷한 주제들로 묶어 분류하는 작업을 말한다. 코딩 방법은 녹취록 양쪽 여백을 넉넉하게 두고 자료를 읽으면서 연구 문제와 관련하여 중심 내용이 되는 내용에 대해 코드명을 적거나 형광펜 등을 사용하여 텍스트에 색상으로 표시한다. 감정적인 단어, 특이한 용어, 은유, 강조를 위해 사용된 단어 및 주요 단어 등에 동그라미를 치거나 강조 표시할 수 있다(Gibbs, 2018). 코드는 해당 자료 내용을 가장 잘 표현하는 단어나 어구로 정하는데 개방 코딩을 진행하고 처음 코딩했던 코드보다 더 좋은 표현이나 단어가 있다면 변경할 수도 있다. 개방 코딩은 자료 안에서 발견되는 다양한 주제들에 대해 코드와 코드 간을 비교하면서

연구문제의 상위범주를 구성하는 아이디어를 얻는 작업이라는 점에서 의미
가 있다(유기웅 외, 2018).

범주화

개방 코딩 이후 비슷한 코드로 분류된 자료들을 지속적으로 비교하면서
상위 범주로 분류하고 그 범주에 이름을 붙이는 '범주화' 작업이 이루어진
다. 유기웅 외(2018)는 범주화 방법을 아래 5단계로 설명한다.

- 한글 혹은 워드 프로그램을 활용하거나 종이에 직접 작성하여 개방 코
  딩을 통해 코딩된 자료들을 한 곳에 모아 놓는다.
- 코딩된 자료들을 읽고 지속적으로 비교하면서 유사한 주제들을 모은다.
- 비슷한 주제의 자료들과 그 자료들의 코딩 이름을 새 파일 혹은 빈 종
  이에 적어 리스트를 작성한다.
- 상기 리스트 안에 있는 자료들의 특성과 패턴을 가장 잘 표현할 수 있
  는 이름을 선정하는데 그것이 범주의 이름이 된다.
- 한 개의 범주를 서로 다른 속성 혹은 특성으로 나눌 수 있다면 그 개념
  을 분류한다.

범주화 과정은 가장 최종 범주가 정해지기 전까지 범주의 통합, 분리 등
의 과정이 반복되기 때문에 많은 시간과 노력이 요구되는 작업이며, 여러
개의 자료를 통합하여 하나로 묶을 수 있는 추상적 사고능력이 매우 요구되
는 일이기도 하다. 연구자가 만든 범주는 독자가 봤을 때 그 범주 이름만 봐
도 무엇을 말하는지 어느 정도 이해 가능한 것이어야 한다. 따라서 범주화 작
업은 직관적 작업인 동시에 체계적이면서 훈련이 필요한 작업이다(Merriam
& Tisdell, 2015; 유기웅 외, 2018 재인용).

범주 확인

범주화가 끝나면 구성된 범주가 연구 질문과 관련하여 수집된 자료의 특성을 잘 설명하고 있는지 원 자료와 비교하면서 전체적으로 확인하는 절차를 가지는데 이를 범주 확인이라 한다. 이 과정에서 잘못 해석한 범주를 수정하거나 새롭게 발견된 자료를 재구성할 수 있으며, 연구자는 최종적으로 구성된 범주에 대해 확신할 때 자료 분석 과정은 끝난다.

자료분석 과정에서 초보 연구자들이 유의해야 할 점

자료분석 과정에서 초보 연구자들에게 종종 실수하는 점이 있다. 첫째, 연구결과에 제시된 범주화가 연구참여자들의 데이터(인터뷰 녹취록, 참여관찰 등)를 근거로 도출되는 것임에도 불구하고 초보 연구자들은 종종 참여자들의 인터뷰 자체를 '자료(데이터)'로 여기는 것을 잊는다는 사실이다. 양적 연구에서 수치화된 통계자료는 자료로 당연히 인식하는 한편, 일부 초보 질적 연구자들은 자료분석 과정에서 인터뷰를 단순히 연구참여자들과의 대화, 스토리 등으로 이해하고 '자료로서 인터뷰'를 망각한다는 것이다. 이러한 몰인지로 인해 다층적인 인터뷰(자료) 분석 없이 주제를 대략적으로 나누고 배치하여 논문의 형식만을 그럴싸하게 갖추어 연구결과를 제시하는 경우가 발생하기도 한다. 단순히 학계의 언어로 덮어서 결과를 견강부회하려는 연구는 매우 지양해야 한다.

두 번째, 본인이 도출한 연구결과가 기존 유사주제 혹은 동일 대상을 다룬 연구들과 비슷한 결과가 나왔을 때 '뻔한 연구'가 될 수도 있다는 우려로 의도적으로 해당 연구결과를 제외하고자 하는 경우이다. 예를 들어 '중장년 대학원생의 학습 몰입 경험에 대한 탐색'이라는 질적 연구를 수행한다고 할 때 중장년 대학원생들과 관련된 대다수의 기존 연구들에서 '나이 듦에 따른 체력 감소' 등 일부 연구결과가 본인의 연구결과와 동일하게 나왔다고 하자. 이 경우 초보 연구자들은 자신의 연구결과가 기존 연구들과 차별이 없다고 판단하여 의도적으로 축소하거나 배제시키려는 경우가 있다. 하지만 자료로 부터 도출된 코드와 주제는 평범하거나 예상가능한 주제일 수도 있고 생각 하지 못했던 흥미로운 주제들일 수도 있다는 것을 인정해야 한다. 아무리 기존 연구결과와 동일·유사한 결과가 나왔다 하더라도 그것을 의도적으로 삭제하거나 중요도를 축소시키는 것은 윤리적 이슈와도 연결될 수 있기 때 문에 매우 주의해야 한다. 오히려 동일한 연구결과가 나왔다면 기존 연구결 과를 확인하되 다른 차별적인 해석을 할 수 있는 배경, 맥락을 파악하거나 본인이 도출한 다른 연구결과를 차별적으로 해석함으로써 본인의 연구의 가 치를 높일 수 있도록 노력을 기울이는 것이 바람직한 접근일 것이다.

◆ 질적 연구 글쓰기 유의점

질적 연구에서는 일반적으로 연구 결과(results)라는 용어 대신 '발견 (findings)'이라는 표현을 쓴다. 연구자가 수집한 자료들로부터 '발견'한 것 을 어떻게 잘 드러내는지를 보여주는 것이 질적 연구 글쓰기이다. 글쓰기는 연구 자료를 분석하여 지속적으로 조직하고 재조직하는 계속적인 과정이다. 이 단계에서 연구자는 많은 자료 중 어떤 자료를 텍스트에 사용할 것인지 지속적으로 선택해야 한다.

소제목 내용 안에 들어갈 인용구를 선택할 때는 핵심 내용(essence)을 가 장 잘 드러내는 한두 개의 인용구를 선택하도록 한다. 어떠한 분석·해석도 없이 수집된 인용구를 모두 나열하는 식의 지루한 글쓰기는 피해야 한다. 면담 인용 시 Kvale(1996)은 몇 가지 지침을 제시했는데 첫째, 인용구가 텍 스트의 절반 이상이 되어서는 안 된다는 것, 둘째, 인용구는 반 페이지 이내 로 짧게 써야 한다는 것, 셋째, 인용구는 연구자가 어떤 관점을 설명하는지 와 함께 해석되어야 한다는 것이다(Glesne, 2016 재인용). 특히, 세 번째 지 침은 초보 연구자들이 눈여겨 볼 필요가 있다. 이들은 인용구를 작성할 때 본인들이 선택한 인용구가 자신의 해석을 대신해줄 거라고 생각하고 어떠한 설명도 없이 단순히 인용구만을 나열하여 독자에게 해석을 맡기는 경우가 간혹 있다. 연구자는 자신이 선택한 인용구들이 자료에 대한 해석과 관점에 대한 근거라는 사실을 반드시 인지해야 한다.

또 글을 작성할 때 초보 연구자들이 범하는 실수는 상위 범주와 하위 범주 간의 연결이 안 되거나, 하위 범주(소제목) 내용 안에 여러 가지 스토리를 혼합하는 경우이다. 예를 들어 '기업교육 강사가 된 동기'라는 소제목이 있다고 할 때 '동기'와 관련된 아이디어 위주로 구성해야 함에도 불구하고 '기업교육 강사로서 어려움' 등과 같은 다른 내용이 혼합되는 경우다. 하나의 소주제 안에는 하나의 아이디어로 일관성 있게 구성해야 한다.

질 낮은 질적 연구논문들은 대개 '인상주의적이고, 일화적이며, 자료에서 발견한 각각의 주제에 대한 설명이나 요약으로 단순하게 구성'되는 경향이 있다. 연구주제 자체가 매우 새롭고 독특한 경우에는 단순한 설명과 요약 제시가 의미 있을 수 있으나 대체로 우리에게 익숙한 내용들이 요약되는 경우가 많다. 좋은 분석을 통한 글쓰기는 단순한 기술을 넘어 새로운 연구결과나 관점을 제시하거나 기존 연구에 대해 새로운 관점 혹은 적용에 대해 제안하는 것이다(Gibbs, 2018).

질적 연구과정에서 발생하는 윤리적 이슈

• 질적 연구 수행과정에서 고려해야 하는 윤리적 사안

질적 연구를 수행하면서 연구자는 연구 전체 과정에서 여러 가지 윤리적인 이슈를 마주할 수 있다. 연구자의 윤리는 연구의 진실성과 신뢰성에도 상당한 영향을 미칠 수 있기 때문에 연구과정에서 예상될 수 있는 윤리적 이슈를 최대한 고려할 필요가 있다. 질적 연구 데이터는 대량의 통계자료 뒤로 숨을 수 없는 개별적인 자료라는 특수성이 있기 때문에 연구자들은 연구 참여자들에게 미칠 수 있는 영향력에 대해 민감해야 한다. 따라서 연구자들은 예견 가능하거나 연구가 진행되는 동안 새롭게 발생하는 모든 윤리적 이슈에 대해 어떻게 다룰지 계획하고 고민해야 한다.

연구 시작 전 연구자는 연구주제 선정 과정에서 윤리적 사안이 발생할 수 있다. 연구문제 선정은 해당 연구주제에 대한 연구자의 관심, 호기심 등을 바탕으로 그 현상을 바라보는 연구자의 윤리적 가치와 맞물려 이루어지기 때문이다(유기웅 외, 2012). 이 단계에서 연구자는 본인의 연구를 통해 이익 혹은 불이익을 얻게 될 개인 혹은 집단 등에 관한 이해관계, 연구참여자들을 둘러싼 사회문화·정치적·정책적 상황과 맥락 등에 대한 이해를 바탕으로 연구주제를 선택할 필요가 있다. 그 다음 연구수행 전 고려해야 하는 사안은 연구 참여자 보호를 위한 기관생명윤리위원회(Institutional Review Board, IRB) 승인에 관한 사안이다. 이는 연구방법에 상관 없이 인간을 참여자로 하는 모든 연구에 해당하는 사안이다. 아직 국내에서는 인문사회 분야의 인간대상연구가 IRB 심의 및 관리 대상으로 확고하게 자리잡지 못하고 있으나 연구 참여자와 관련하여 발생할 수 있는 연구의 윤리성, 참여자 보호와 안전성 등은 연구자들에게 반드시 숙지되어야 하는 사항이다. IRB 제출 서류에 포함되어야 하는 대표적인 내용은 첫째, 연구자의 자발적 참여와 정보에 입각한 동의 구하기, 둘째, 연구로 인해 야기될 수 있는 손해 및 유익 정도, 셋째, 불공평하게 연구에 포함 혹은 제외되지 않도록 정당하게 연구참여자 선택하기, 넷째, 자료수집 및 기록 등을 포함하여 참여자 신분에 대한 비밀 보장이다(Yin, 2011).

자료 수집 과정에서는 연구자는 연구 참여자들에게 연구 목적을 명확히 알리고 연구의 특성과 관련하여 참여자를 속이면 안 된다. 면접 과정에서 연구자와 참여자 간에 발생할 수 있는 잠재적인 위계적 관계 및 힘의 불균형을 제거하는데 의식적으로 민감해져야 한다. 자료 수집이 끝난 후에는 적절한 보상 없이 연구자의 목적을 채우고 현장을 떠나 버리는 식의 참여자 이용은 피해야 한다. 또한 인터뷰 과정에서 연구자의 의도에 맞는 대답을 연구 참여자에게 유도하는 방식의 자료수집은 연구의 신뢰성과도 연결이 되는 만큼 유의해야 한다.

자료 분석에서는 방대한 분량의 자료를 모두 분석하기는 어렵기 때문에 자료 분석 포함 여부에 대한 결정 과정에서 윤리적 고민이 발생할 수 있다. 양적 연구에 익숙한 초보 질적 연구자의 경우, 자신이 예상한 결과와 어긋나는 경우가 발생했을 때 해당 연구결과를 분석에 제외시키려는 유혹 사이에서 헤매는 경우를 종종 보게 된다. 하지만 연구자의 예상에 어긋난 결과를 보고하지 않거나 긍정적인 결과만 보고하는 등의 편파적인 자료 분석은 피해야 한다. 따라서 연구자의 자료수집 과정에서 발생할 수 있는 자료·사례에 대해 제외를 할 경우 명확한 기준과 윤리적인 지침을 세워야 하며 자신의 연구활동에 대한 철저한 모니터링이 이루어져야 할 것이다(Yin, 2011). 나아가 다양한 상황과 맥락적 이해 없이 연구 참여자의 경험, 진술 등이 무조건 옳다라는 식의 '연구 참여자 편들기(현지화)'도 연구자로서 지양해야 하는 태도이다(Creswell, 2015)

◆ Patton(2002)의 윤리적 이슈 체크리스트

질적 연구 윤리적 이슈를 확인하는데 자주 활용되는 도구는 Patton(2002)의 윤리적 이슈에 관한 체크리스트(ethical issues checklist)로 다음과 같다. 초보 질적 연구자들은 아래 체크리스트를 통해 기본적인 윤리적 고려사항을 스스로 확인하는데 도움이 될 것이다.

- 조사의 목적과 방법 설명: 연구 참여자들에게 연구의 목적과 사용되는 방법들을 명확히 설명해야 한다. 이는 참여자들이 연구에 대해 충분히 이해하고 있음을 보장하는 것이다.
- 약속과 상호이익(reciprocity): 연구자는 참여자들에게 약속을 지키고, 연구에 참여함으로써 발생하는 이익을 공유해야 한다.
- 위험 평가(Risk assessment): 연구로 인해 참여자들이 직면할 수 있는 위험을 평가하고, 이를 최소화하기 위한 조치를 취해야 한다.

- 기밀 유지: 참여자들의 개인정보와 데이터는 사생활 보호와 안전을 위해 기밀이 유지되어야 한다.
- 사전동의(Informed consent): 참여자들은 연구에 대한 충분한 사전 정보를 바탕으로 자발적으로 동의해야 한다.
- 자료 접근 및 소유권: 자료의 접근과 소유권에 관한 명확한 규정이 필요하다.
- 연구참여자의 정신 건강(Interviewer mental health): 연구참여자의 정신 건강도 중요하며, 이는 연구의 질에 영향을 미칠 수 있다.
- 조언: 연구 과정에서 발생할 수 있는 윤리적 문제에 대해 상담할 수 있는 전문가나 조언자가 필요하다.
- 데이터 수집의 경계(Data collection boundaries): 데이터 수집 과정에서의 경계를 설정하고, 이를 지키는 것이 중요하다.
- 윤리적 행동 대 법적 행동(Ethical versus legal conduct): 법적으로 허용되는 행동과 윤리적으로 적절한 행동 사이에 차이가 있을 수 있으며, 연구자는 윤리적 기준을 준수해야 한다.

질적 연구의 타당도와 신뢰도 평가

◆ 질적 연구의 타당도와 신뢰도는 어떻게 평가할 수 있을까?

질적 연구결과에 대해 양적 연구자들이 던지는 가장 비판적인 질문은 '과연 질적 연구결과가 타당하고 믿을 만한 것인가?'일 것이다. 연구결과의 일반화, 가설 예측 등에 목적을 두고 있는 양적 연구자들에서 질적 연구의 결과는 지극히 주관적인 것으로 여겨질 수 있다. 하지만 질적 연구는 현상, 이슈, 사례 등에 대한 이해에 목적이 있기 때문에 양적 연구에서 말하는 타당도와 신뢰도 개념을 질적 연구에 동일하게 적용시키는 것은 부합하지 않는다는 것이 질적 연구의 주 담론이다. 질적 연구결과는 절대적으로 객관적이고 중립적인 관찰을 바탕으로 하는 것이 아니라 오히려 연구자가 내재하고 있는 주관성(subjectivity)이나 기존 경험을 완전히 배제한 채 연구를 수행하는 것이 불가능하다고 가정한다.

오히려 연구과정에서 연구자들의 위치, 선입견, 연구자와 참여자 간의 관계의 본질, 권력관계 등에 대한 연구자들의 해석과 이해의 변화 과정, 연구과정에서 발생한 문제들에 대한 논의 등을 투명하게 제시함으로써 '좋은 성찰적 실행'을 하는 것이 질적 연구의 진실성(trustworthiness)을 높이는 행동이라 평가한다(Gibbs, 2018). 따라서 Denzin & Lincolon(1998)이 제시한 '성찰적 설명으로 타당도(validity as reflecxive accounting)' 개념, 즉 연구과정에서 영향을 받을 수 있는 요인들에 대해 이해하고 최대한 성찰적 과정을 인지하고 보고하는 행위가 질적 연구결과의 타당도와 신뢰성 개념의 핵심이라 할 수 있다(Gibbs, 2018 재인용).

◆ 타당도와 신뢰도를 높이기 위한 전략

양적 연구에서 의미하는 타당도(validity)는 측정 도구나 연구 방법이 연구하는 현상이나 개념을 얼마나 정확하게 반영하고 효과적인지에 대한 정도를 나타낸다. 질적 연구에서 타당성에 대한 용어, 관점, 절차, 전략 등에 대해서는 많은 관점들이 있으나 본 장에서는 여러 연구자들의 타당성 향상을 위한 전략을 포괄하는 Merriam(2009)의 일곱 가지 전략을 중심으로 살펴보고자 한다. 첫 번째 전략은 삼각검증법(triagulation)이다. 이는 다양한 자료원, 방법, 이론 등으로부터 코드와 주제 등을 증명하는 근거를 찾아 연구결과에 대한 타당성을 제공하는 전략이다. 두 번째는 연구 참여자 확인법(member check)으로 연구결과, 수집된 자료 분석 과정 등에 대해 연구 참여자들에게 피드백을 얻어 연구분석과 결과에 대한 정확성과 신빙성을 판단할 수 있도록 하는 것이다. 세 번째는 장시간 관찰법(long−term ob−servation)으로 오랜 기간에 걸쳐 연구 장소 및 현상을 관찰하여 그 안에서의 맥락과 문화를 배움으로써 연구자의 왜곡으로 인한 편견, 잘못된 정보 등을 확인하는 전략이다. 네 번째는 동료 검토법(peer examination)으로 연구자가 수행하고 있는 연구주제, 방법론, 관련분야에 정통한 동료들을 선정하여 연구결과, 연구 분석 자료, 방법론, 해석, 연구문제 등에 관해 외부 검토를 요청하는 방법이다. 다섯 번째는 연구 참여자들을 연구의 전 과정(예: 연구설계, 연구문제 도출, 대상자 선정, 자료수집 선정, 연구결과 해석 등)에 관여하도록 하는 연구 참여자 관여법이다. 여섯 번째는 연구자의 편견 (researcher's bias) 공개법으로 연구의 시작부터 연구 전체에서 연구자의 편견, 가치, 경험 등에 대해 투명하게 공개하여 이러한 요소들이 연구 수행에 어떤 영향을 주었는지 자신의 위치를 독자가 이해할 수 있도록 하는 전략이다. 마지막은 외부 감사(audit) 전략으로 외부 자문가들이 연구 과정, 해석, 결과가 자료에 근거하여 구성이 잘 되었는지 등을 조사하여 타당성을 평가하도록 하는 것이다(유기웅 외, 2018; Creswell & Poth, 2018). 상기 타당성 전략은 <표 1>에 제시하였다.

〈표 1〉 주요 타당성 전략

타당성 전략	내용
삼각검증법	연구의 자료원, 연구 참여자, 연구 실시자, 이론 등을 다원화하여 정확한 증거를 확보하기 위함
연구 참여자 확인법	수집 자료분석 또는 연구결과에 대해서 연구 참여자들의 견해를 물어 연구의 정확성을 추구
장시간 관찰법	장기간에 걸쳐 관찰을 수행함으로써 타당성 높이는 방법
동료 검토법	연구주제, 연구방법, 관련분야에 식견이 있고 연구에 대해 자신의 의견을 충분히 제공할 수 있는 동료 3~5명을 선정하여 그들에게 연구 분석 자료, 연구결과에 대한 검토를 요청
연구 참여자 관여법	연구 참여자를 연구의 과정에 관여시킴
연구자 편견 공개법	연구자의 편견을 독자들에게 명확하게 알리는 방법
외부 감사	외부 감사자에 의해 연구의 타당성을 검토함

출처: 유기웅 외(2018, p. 398).

다음으로 양적 연구에서 신뢰도(reliability)는 측정 도구나 절차가 동일한 조건에서 반복 측정될 때 얼마나 안정적이고 일관성 있는 결과가 나오는지에 대한 정도를 나타낸다. 한편, 질적 연구에서는 신뢰성은 연구대상에 대해 얼마나 같은 연구결과를 얻어내는지에 대한 여부보다는 수집된 자료들을 바탕으로 얼마나 일관성 있는 결과를 찾을 수 있느냐의 문제로 본다(Merriam, 2009). 동일한 연구를 수행한다 하더라도 질적 연구에서는 연구자의 지나친 주관성, 피면담자와 연구자 간의 라포(rapport) 정도, 인터뷰 다시 환경, 피면담자의 컨디션 등 다양한 요인과 영향으로 인해 같은 결과를 내기는 어려울 수 있다(유기웅 외, 2018). 질적 연구에서 신뢰도를 높일 수 있는 전략은 타당성 전략과 동일하게 삼각검증법, 연구자 편견 공개법, 외부 감사 등을 활용할 수 있다. 무엇보다 중요한 것은 연구 시작부터 결과물을 도출하는 전 과정에 대한 투명한 설명과 연구 안에서 연구자의 위치성(positionality)를 잘 드러내는 데 있다 할 수 있다.

나가며

질적 연구는 하나의 문제를 연구하는데 많은 시간과 노력, 에너지가 요구되는 과정이다. 그렇기 때문에 현장과 연구 참여자들에 대한 애정 없이 단순히 '통계보다는 쉬울 것 같아서, 인터뷰 나열하는 것 쯤이야' 등 양적 연구에 대한 손쉬운 대체물로 간주해서는 결코 좋은 연구 성과를 얻을 수 없다. 질적 연구자는 "부단히 관찰하고 성찰하면서 그 존재의 핵심적인 성질을 찾고 찾아가는 잠정적 진행형의 과정을 통해 현상의 본질을 얻게" 되는 자이다(조용환, 2022, p.24). 연구자는 현장과 학문 세계 사이를 연결시키는 중간자로서 현장의 언어와 자신이 속한 학문세계 양쪽 언어에 능숙해야 하며 수집된 자료에 대한 끊임 없는 성찰과 분석을 기반으로 글쓰기를 통해 잘 표현해야 한다. 어떤 연구방법론과 연구기법을 사용한다 하더라도 연구자가 의미 있는 자료를 추출하여 통찰력 있는 해석할 수 없다면 질적 연구의 신뢰성과 질을 담보할 수 없다.

질적 연구자의 미션은 하나의 짜여진 규범을 만드는 것이 아닌 어떠한 현상에 대해 다원성에 공헌할 수 있도록 복잡성을 두드러지게 하는 것이다 (Glesne, 2016). 해석주의에 기반한 질적 연구는 하나의 진리(a truth)가 아닌 다양한 진리(multiple truths)를 인정하는 가운데 질적 연구자로서 자신이 찾은 진리에 더 깊은 의미를 부여하고 다원적인 진리를 만들어 나가는데 학문적 기여를 할 수 있어야 한다. 그 과정에서 질적 연구자는 양적 연구와 동반자적인 관계를 유지하며 '좋은 질적 연구자'가 되기 위해 부단히 훈련하고 노력해야 할 것이다.

참고문헌

곽삼근(2001). 기업체 여성 근무자의 자기개발방법 사례연구. *HRD연구(구 인력개발연구)*, *3*(1), 53-75.

김진우(2012). 질적연구의 자료수집방법에 대한 이해. 취약계층 아동·청소년 종단조사 III. 제1차 콜로키움 자료집. 한국청소년정책연구원.

김형희, 김기덕, 박지영(2011). 질적 연구의 타당도 담론에 관한 탐색적 연구: 주관성과 사회성의 긴장을 중심으로. *한국사회복지학*, *63*(2), 155-177.

김혜숙, 이영민(2011). 무형문화재 보유자의 경력형성 과정 탐색. *HRD연구(구 인력개발연구)*, *13*(4), 111-135.

노용진, 조은상(2006). 유한양행의 노사 협력적 인적자원개발 사례연구. *HRD연구(구 인력개발연구)*, *8*(1), 47-67.

신경주, 유기웅(2022). 독립근로자의 포트폴리오 경력개발과정 탐색. *HRD연구*, *24*(3), 101-135.

유기웅, 정종원, 김영석, 김한별(2018). 질적 연구방법의 이해(2판). 박영story.

이성엽(2009). 무형식 학습의 방법에 대한 사례연구. *HRD연구(구 인력개발연구)*, *11*(1), 1-51.

이수용, 장원섭(2013). 독립근로자의 경력개발 의미와 과정에 관한 질적 연구. *HRD연구(구 인력개발연구)*, *15*(4), 27-48.

정서린, 기영화(2011). 대학원 준고령 학습자의 경험을 활용한 학습 과정 탐색: 근거 이론을 중심으로. *HRD연구(구 인력개발연구)*, *13*(4), 137-170.

조용환. (2022). 제1장 질적 연구 전통별 접근. 조용환 외 (편), 질적연구의 다양한 전통과 접근 (pp. 13-76). 서울: 학지사.

표준국어대사전(2024.2.5.검색). https://ko.dict.naver.com/#/entry/koko/1514dc5362c74e78871900deb12eff6d

Creswell, J. W. (2017). 질적 연구의 30가지 노하우 (한유리 역). 박영story. (원서출판 2015)

Creswell, J. W., & Poth, C.N. (2021). 질적 연구방법론 다섯 가지 접근 (조흥식, 정선욱, 김진숙, 권지성 역). 학지사. (원서출판 2018).

Dictionary.com(2024.2.1.검색). https://www.dictionary.com/browse/quality

Gibbs, G. R. (2022). 질적 연구의 자료 분석 (김종훈, 조현희, 엄수정 역). 박영story. (원서출판

2018).

Glesne, C. (2017). 질적 연구자 되기(5판) (안혜준 역). 아카데미프레스. (원서출판 2016).

Maxwell, J. (2013). *Qualitative research design: An interactive approach*(3rd ed.). Walnut Creek, CA: Sage.

McGregor, S.L.T., & Murnane, J. A. (2010). Paradigm, methodology and method: Intellectual integrity in consumer scholarship. *International Journal of Consumer Studies, 34*(4), 419-427.

Merriam, S. B. (2009). *Qualitative research: A guide to design and implementation.* CA: Jossey-Bass.

Merriam, S. B., & Tisdell, E. J. (2015). *Qualitative Research: A Guide to Design and Implementation.* CA: Jossey-Bass.

Miles, M. B. & Huberman, A. M. (2009). 질적자료분석론 (박태영 외 역). 학지사. (원서출판 1994)

Patton, M. Q. (2002). *Qualitative research evaluation methods* (3rd ed.). Thousand Oaks, CA: Sage.

Yin, R. K. (2021). 질적 연구: 시작부터 완성까지 (박지연, 이숙향, 김남희 역). 학지사. (원서출판 2011).

근거이론 연구

유기웅(kryu@ssu.ac.kr)

유기웅은 고려대학교에서 학사학위를 받고, 미국 University of Georgia에서 인적자원개발 및 조직개발 전공으로 석사학위와 성인교육 전공으로 박사학위를 받았다. 인재개발, 코칭, 근거이론방법 등에 관심을 갖고 있으며, 최근 저서로는 〈평생교육론〉, 〈근거이론 방법의 체계적 접근〉, 〈질적연구방법의 이해〉 등이 있다. 현재 숭실대학교 평생교육학과 교수로 재직 중이다.

* 이 글은 유기웅(2022)의 「근거이론 방법의 체계적 접근: 논문작성 가이드」의
내용 일부를 재구성하여 작성하였음

근거이론 연구

유기웅

근거이론 방법과 생성되는 이론

근거이론 방법은 현실에 존재하는 사건, 현상 등으로부터 수집된 자료에 근거(grounded)를 두어 이론이 출현하도록(emerging) 하는 체계적인 지침이자 방법론적 체계이다. 근거이론의 창시자인 Glaser와 Strauss(1967)는 『The Discovery of Grounded Theory: Strategies for Qualitative Research』에서 기존의 연구가 가설을 설정하고 연역적 방법을 통해 기존의 이론을 검증하는 데 지나치게 치중하고 있다는 점에 문제를 제기하고 이론 생성 연구의 중요성, 특히 질적 데이터에 기반한 이론 생성에 관해 다음과 같이 설명하고 있다.

- 학문은 본래 새로운 이론을 생성하는 것에 더 큰 가치를 두어야 함
- 사회생활의 많은 분야를 다루는 이론이 턱없이 부족한 실정
- 유용한 이론을 생성하는 데는 '천재'가 필요하지 않음
- 해당 학문 분야에서 최고의 상은 '이론 검증'이 아니라 '이론 생성'을 한

사람에게 수여해야 함
- 기존 이론을 검증하도록 훈련받는 학생 지도는 옳지 않으며, 이런 방식으로 진행되는 논문 지도는 학생들의 능력과 창의성을 제한하고 있음
- 사회학 이론의 핵심 요소는 구조적 조건, 결과, 일탈, 규범, 과정, 양상, 체계 등의 질적 데이터에서 잘 발견됨
- 질적 연구를 통해 사회의 실질적인 분야와 관련된 연구 결과물을 얻는 데 도움
- 질적 연구는 경험적 상황의 어려움에서 필요한 정보와 내용을 얻을 수 있는 가장 적절하고 효율적인 방법임

일반적으로 이론은 어떠한 사건, 현상에 대해 체계적이고, 타당하고, 유용하고, 예측 가능한 설명을 제공하는 논리적 체계를 의미한다. 근거이론 방법을 통해 이론을 생성한다는 것은 어떠한 사건이나 현상에 대해 경험적 자료에 근거하여 추상성이 높은 개념을 만들고, 이 개념 간의 관계를 분석하여 설명력과 예측력이 통합된 하나의 논리적 체계를 만들어내는 것이다.

이론의 종류 또는 유형에 관해서는 학문 분야에 따라 다르게 설정하고 있다. 예를 들어, 추상성 또는 이론의 적용 범위의 정도에 따라 일반 이론(general theory), 거대 이론(grand theory), 중범위 이론(middle-range theory), 실천적 수준 이론(practice-level theory) 등으로 구분하기도 한다. 여기에서는 Glaser와 Strauss(1967)가 근거이론을 통하여 어떤 이론이 생성되는가(what theory is generated)에 관한 논의를 바탕으로 설명하고자 한다.

Glaser와 Strauss(1967)는 사회학 분야에서 데이터로부터 이론을 생성해내는 방법론이 결여되어 있다는 점을 지적하고, 비교분석(comparative analysis)을 통해 실체 이론(substantive theory)과 포멀 이론(formal theory)을 생성할 수 있다는 점을 강조하였다. 지속적인 비교분석을 통해 일반적으로 이론의 구성요소가 되는 개념과 범주를 생성하고 이들의 특징을

설명할 수 있게 되어 이론 생성의 방법으로 활용될 수 있다는 것이다. Glaser와 Strauss(1967)에 따르면, 실체 이론은 예를 들어, 환자 관리, 인종 관계, 전문성 개발, 청소년 비행 등 실질적이거나 경험적인 사회학 탐구 분야를 위해 개발된 이론을 의미한다. 실체 이론에서 생성되는 이론은 현실의 주어진 맥락적 상황을 강하게 반영하며, 추상성과 대표성이 포멀 이론과 거대 이론보다 상대적으로 낮다. 실체 이론은 축적적이고 변화 가능하며, 지속적으로 확장되거나 수정될 수 있다는 특징이 있다.

　포멀 이론은 예를 들어, 사회화, 권위와 권력, 사회적 이동성 등 형식화되거나 개념적인 사회학 탐구 분야를 위해 개발된 이론을 의미한다. 현실의 맥락적 상황을 넘어, 실체 이론에서 다루는 탐구 주제보다는 일반성과 추상성이 크며 다루는 개념의 범위가 넓다는 특징이 있다. 주로 이미 개발된 실체 이론을 토대로 연구가 시작되어 이론이 개발되기도 한다.

　실체 이론과 포멀 이론은 모두 중간 범위(middle－range)로 간주되는데, 일상생활의 작은 작업가설(minor working hypotheses)과 모든 것을 포함하는 거대 이론 사이에 위치한다(Glaser & Strauss, 1967). 따라서 근거이론에서 생성되는 이론은 실체적인 중간 범위 이론이라고 할 수 있다. Glaser와 Strauss(1967)는 근거이론 방법을 통해 포멀 이론까지 생성할 수 있다고 주장하고 있으나, 대부분의 경우 실체적이고 구체적인 영역에 한정된 문제를 설명하는 실체 이론이다(Charmaz, 2006; Merriam, 2009; Upquhart, 2013).

　요컨대, 연구자는 어떤 이론을 생성할 것인가에 관한 고려를 통해 근거이론 방법에 적합한 연구주제를 선정해야 한다. 근거이론 방법은 현실의 주어진 맥락적 상황을 반영하는 실체 이론 생성에 보다 적합하다. 따라서 근거이론 방법에 적합한 연구주제는 실체적이고 구체적인 영역을 반영하는 사건 또는 현상에서 발굴하는 것이 좋다.

근거이론 방법에 적합한 연구주제 선정을 위한 전제

근거이론 방법을 활용하여 연구를 진행하기 위해서는 먼저 근거이론 방법에 적합한 연구주제 선정이 필요하다. 연구주제를 선정하기에 앞서 다음의 몇 가지 사항을 살펴볼 필요가 있다.

◆ 존재론적 · 인식론적 관점

근거이론 방법에 적합한 주제를 선정하기 위해 첫 번째로 고려해야 할 사항은 연구방법론과 관련된 연구자의 존재론적 및 인식론적 관점이다. 연구방법론은 존재론(ontology)적 관점과 인식론(epistemology)적 관점과 깊은 연관이 있다. 근거이론 방법에 적합한 주제를 선정하는 데 있어, 연구자가 세계를 바라보는 관점과 자연과 사회 현상을 어떻게 탐구해야 하는지에 관한 인식론적 관점을 점검하고, 이러한 관점에 기반을 두어 주제를 선정하는 것이 좋다. 존재론적 관점과 인식론적 관점을 파악하는 것은 적절한 연구주제의 선정뿐만 아니라 해당 주제를 어떠한 방법으로 연구할 것인지를 정당화하는 토대를 제공하기 때문에 중요하다.

근거이론 방법을 포함한 질적 연구의 경우 연구자는 세계를 바라보는 관점이 보편적이고 절대불변하는 실재를 알 수 없는 세계로 가정하고, 실재는 세계를 경험하는 개인에 의해 구성된다는 관점을 취한다. 이러한 관점에서 연구자는 지식을 실재에 대한 개별적이고 상징적인 구성이며 객관적이지 않다는 입장으로 간주하고 연구를 진행하게 된다. 이러한 맥락에서 사회에서의 인간 행위는 자연 현상처럼 객관적으로 설명될 수 있는 것이 아닌, 행위자의 입장에서 이해하는 것이 중요하며, 같은 현상이라도 개개인에 따라 다르게 받아들여질 수 있다는 점을 전제로 한다.

◆상징적 상호작용주의 관점

근거이론 방법에 적합한 주제를 선정하기 위해 두 번째로 고려해야 할 사항은 연구주제로서의 사회 현상, 사건, 경험, 행동 등은 인간의 사회적 행동의 본질을 설명하고 있는 상징적 상호작용론적 관점의 적용에 있다. 사회학의 대표적인 이론 중 하나인 상징적 상호작용론(symbolic interactionism)은 근거이론의 인식론적 토대와 방법론적 지향성을 제공하는 핵심적인 접근방법이자 이론적 관점이다.

미국의 실용주의 철학에 바탕을 둔 상징적 상호작용론은 미국 시카고대학교의 사회심리학자인 George Herbert Mead(1863 – 1931)에 의해 이론적 토대가 만들어지게 되었으며, Mead의 후계자인 Herbert Blumer(1900 – 1987)에 의해 사회학의 대표적인 이론과 경험적 사회과학 방법론적 접근방법으로 정립되었다. 참고로 근거이론 방법의 창시자 중 한 명인 Anslem Strauss는 시카고대학교에서 Blumer로부터 상징적 상호작용론을 배웠으며, 질적 연구 및 근거이론의 방법론적 토대 형성에 영향을 미쳤다.

Blumer(1969)가 제시하고 있는 상징적 상호작용론의 기본 전제는 다음과 같다. 첫째, 사회는 상호작용하는 행위자들로 이루어져 있으며, 개인과 집단은 근본적으로 사회적 행동 안에 존재한다는 점이다. 둘째, 인간은 타인, 집단, 사회, 사건, 현상 등에 대하여 각자 지니고 있는 의미를 바탕으로 행동하고 상호작용하며, 이러한 상호작용으로부터 의미를 생성하고 해석한다는 것이다. 셋째, 인간의 이러한 사회적 행동과 집단적 생활은 사회나 집단의 구성원으로서 상호작용을 통해 연합행동을 형성해나간다는 것이다.

상징적 상호작용론은 사회 현상을 이해하는 데 도움을 주는 사회학의 이론이자 인간의 사회적 행동과 경험적인 세계를 탐구할 수 있는 방법론적인 토대를 제공하는 관점으로도 이해할 수 있다. Blumer(1969)는 이러한 관점을 '상징적 상호작용론의 방법론적 지향점'이라고 설명하였다. 상징적 상호작용론의 방법론적 지향점의 몇 가지 특징은 다음과 같이 정리할 수 있다. 첫째, 개인의 행위와 사회적 행위에 관한 연구는 현실, 즉 경험 세계로 돌아가서 접근해야 한다는 점이다. 예를 들어, 청소년들의 학교폭력에 관한 연구를 한다면, 학교폭력이라는 현상을 이해하기 위해 폭력을 경험하고 있는 청소년들의 실제 학교 현장으로 들어가야 한다는 것이다.

둘째, 인간의 이러한 경험 세계를 올바르게 탐구하기 위해서는 현지 조사, 관찰, 면담, 문서 등을 활용해야 한다는 점이다. 즉, 경험 세계를 정확하게 탐구하기 위해서는 실제로 어떻게 행동하는지, 왜 그렇게 행동하는지, 어떠한 의미로 해석하고 행동하는지, 어떠한 의미를 상대에게 주고 있는지를 행위자의 관점에서 이해하려는 노력이 필요하다는 것이다. 이러한 인간의 경험 세계를 이해하기 위해서는 질문지, 검사, 실험실 연구 등과 같은 계량적인 방법이 아닌 질적 연구방법을 채택해야 한다는 점을 Blumer는 강조하였다.

근거이론 방법은 연구수행을 위한 단순한 기법(technique)이나 방법(method) 수준이 아닌 하나의 연구방법론(methodology)으로서 상징적 상호작용론에 철학적 토대를 두고 있다(Harding, 1987; Milliken & Schreiber, 2001). 방법론으로서 근거이론 방법은 인식론적 관점, 방법, 기법 등이 상징적 상호작용론으로부터 유도된다. 근거이론 방법을 연구하는 일부 학자들 사이에서는 근거이론 방법을 상징적 상호작용론에 토대를 두고 있지 않더라도 수행할 수 있다고 주장하지만(Glaser, 1998), 이와 같은 접근은 근거이론 방법을 질적 연구와 근거이론 방법의 인식론적 지향성을 고려하지 않은 하나의 방법이나 기법 정도로만 간주하여 연구에 적용하고 있다고 볼 수 있다.

적합한 연구주제

근거이론 방법에 적합한 연구주제 선정을 위해 근거이론이 바탕을 두고 있는 존재론적·인식론적 관점, 상징적 상호작용주의 관점, 그리고 생성되는 이론에 관한 이해가 필요하다. 무엇보다 이러한 전제들과 연구주제 간에 정렬(alignment)이 되는 것이 중요하다. 근거이론 방법에 적합한 연구주제를 선정하는 데 있어 다음과 같은 사항을 고려하는 것이 필요하다.

◆ 잘 알려지지 않은 현상

근거이론에 적합한 주제는 첫째, 연구주제에 관해 알려진 것이 많이 없으며, 해당 사건 또는 현상에 대해 체계적이고, 타당하고, 유용하고, 예측 가능한 설명을 제공하는 논리적 체계인 이론 생성이 필요한 경우이다. 지금까지 많은 연구가 이루어져 왔지만, 끊임없이 변화하고 있는 사회의 다양한 현상을 설명하기 위한 이론은 턱없이 부족한 실정이다(Glaser & Strauss, 1967). 연구자가 관심 있어 하는 주제에 관해 알려진 것이 많이 없으며, 해당 사건 또는 현상에 대해 체계적이고, 타당하고, 유용하고, 예측 가능한 설명을 제공하는 이론 생성이 필요할 때 근거이론 방법이 적합할 수 있다.

◆ 복잡다단한 현상

근거이론에 적합한 주제는 둘째, 연구주제로서 다루고자 하는 사건 또는 현상이 복잡다단한 경우에 적합하다. 복잡다단(複雜多端) 하다는 것은 어떤 일이 얽히고설켜 갈피를 잡기 어려움을 의미한다. 복잡하다는 것은 단순하다는 것의 반대 개념이며, 단순한(simple) 하위 구성요소들이 상호작용을 하며 얽혀 있어 혼잡하게 된 상태를 의미한다.

단순한 사건 또는 현상은 연구라는 행위를 수행하지 않더라도 비교적 간단하게 이해할 수 있어 연구주제로서 적합하지 않다. 그러나 이러한 단순한 사건 또는 현상들이 상호작용을 하여 어떠한 복잡한 체계를 구성하게 된다면, 해당 현상을 쉽게 이해하기에는 어려움이 있을 수 있다. 따라서 연구라는 행위, 특정한 방법 또는 체계적인 접근을 통해 해당 현상을 이해하려는 접근이 필요하다. 요컨대, 근거이론 방법에 적합한 연구주제는 복수의 (multiple) 하위 구성요소들로 구성되어 있으며, 이들 하위 구성요소 간 상호작용을 하며 얽혀 있어 혼잡하게 된 사건 또는 현상이라고 볼 수 있다.

✦ 과정적 경험 궤적이 있는 현상

근거이론에 적합한 주제는 셋째, 연구주제로서 다루고자 하는 사건 또는 현상이 과정적 경험 궤적(trajectory)이 있는 경우에 적합하다. 여기에서 말하는 과정적 경험은 시간의 흐름에 따라 일정한 단계를 거치면서 변화하는 것을 의미한다. 경험의 궤적은 연구 참여자가 어떠한 사건 또는 현상(연구자가 초점을 두고 있는 중심현상)을 경험한 자취 또는 흔적을 말하는 것으로, 연구 참여자가 상호작용을 통해 이루어 온 흔적의 모음을 의미한다. 따라서 과정적 경험 궤적이 있는 현상이란 연구 참여자가 경험한 자취 또는 흔적이 시간의 흐름에 따라 일정한 단계를 거치면서 변화하는 현상을 의미한다.

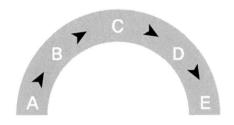

〈그림 1〉 Full trajectory 형태의 과정적 경험 궤적

<그림 1>에서 연구주제와 관련한 연구 참여자의 주요 경험 궤적을 가리킨다. 연구 참여자는 A, B, C, D, E라는 현상을 경험하게 되면서 A상태에서 E상태로의 변화를 경험하게 된다. 즉 A라는 경험궤적에서 발단되어, B, C, D를 거쳐 마침내 E라는 상태에 (잠정적)종료 상태에 다다르게 되었다는 것을 의미한다. 이는 단편적인 각각의 경험 궤적들로 구성된 하나의 완성된 경험 궤적(full trajectory)을 의미한다. 또한, 각각의 경험 궤적들은 동떨어지고 아무렇게나 나열되어 있는 것이 아니라 서로 긴밀한 관계를 이루고 있다.

요컨대, 근거이론에 적합한 주제는 연구 참여자가 경험한 사건 또는 현상이 과정적 경험 궤적이 있는 것으로서, 연구 참여자가 연구 주제와 관련하여 경험한 자취 또는 흔적을 시간의 흐름에 따라 일정한 단계를 거치면서 변화하는 특성이 있는 것이다. 단순히 다수의 단편적인 현상들의 모음이 아닌, 각각의 경험 궤적들이 하나의 full trajectory를 구성하고 있는 현상이라는 점에 주목해야 한다.

◆ 실체적인 중간 범위 현상

근거이론에 적합한 주제는 넷째, 연구주제로서 다루고 있는 현상의 범위가 실체적인 중간 범위 현상(substantive middle-range phenomenon)이라는 점이다. 여기에서 말하는 중간 범위 현상이란 연구주제로서 다루고자 하는 현상의 범위가 너무 광범위(wide-range)하거나 좁은 범위(narrow-range)가 아닌 중간 범위 정도를 의미한다.

근거이론 방법의 연구주제로서 적합하지 않은 광범위한 현상은 가령, '역사적 유물론적 관점에서의 저소득층의 인생에 관한 연구'라고 했을 때, 일반적으로 역사적 유물론은 거대 이론으로 간주되며, 저소득층의 인생이라는 현상은 그 대상과 범위가 워낙 넓고 다양하여 초점을 어디에 두느냐에 따라 달라질 수 있다. 또한 '인생에 관한 연구'에서 '인생'은 실체성이 모호한 현상에 해당한다.

한편, 현상의 범위가 너무 좁아 연구주제로서 적절하지 않은 주제는 '청소년의 B형 간염 예방접종 경험'이라고 가정했을 때, 'B형 간염 예방접종'이라는 현상 자체의 범위가 연구주제로서 너무 작고 단편적인 현상에 불과하다는 점이다. 즉, 일정한 단계를 거치면서 변화하는 현상이라기보다는 하나의 단편적인 이벤트에 지나지 않아 연구주제로서는 적합하지 않다. 요컨대, 연구자가 초점을 두고 있는 중심현상의 범위가 너무 광범위하거나 반대로 너무 작은 범위는 근거이론 연구의 주제로서 적합하지 않다.

연구 설계

대부분의 질적 연구에서 질적 연구와 구체적인 접근 방법에 관한 설명과 왜 해당 연구에서 질적 연구와 특정 접근 방법을 선정하게 되었는지를 설명하는 것으로 연구방법 섹션을 시작한다. 아마도 연구모형을 제시하는 양적 연구의 전통을 따르거나 또는 양적 연구에 비해 방법론적 측면에서 익숙하지 않은 방법이라는 전제가 깔려 있는 듯하다.

연구 설계(research design)에서는 질적 연구방법과 근거이론 방법에 관한 핵심적인 설명과 수행하고자 하는 연구의 목적을 달성하고 연구문제를 해결하는데 근거이론 방법이 왜 적합한 방법인지에 관해 설명한다.

▷ **(질적 연구 선정 이유)** 질적 연구를 선정한 이유에 관해 다음과 같은 측면에서 설명할 수 있다.

- 연구의 필요성, 연구의 목적, 연구 문제에 질적 연구가 적합함을 설명: 질적 연구가 행위자의 경험을 심층적으로 이해하기 위해 경험이 발생한 상황적 조건에 대한 가공이나 통제를 배제한 채 자연스러운 조건에서 총체적으로 접근하는 방법이라는 점을 강조
- 존재론적·인식론적 관점: 세계를 바라보는 관점이 보편적이고 절대불변하는 실재를 알 수 없는 세계로 가정하고, 실재는 세계를 경험하는 개인에 의해 구성된다는 관점을 취함. 지식을 실재에 대한 개별적이고 상징적인 구성이며 객관적이지 않다는 입장으로 간주한다는 입장을 설명. 따라서, 행위자가 경험한 현상은 자연현상처럼 객관적으로 설명될 수 있는 것이 아닌 행위자의 입장에서 이해해야 한다는 관점을 강조
- 귀납적 접근: 가설을 설정하여 이를 검증하는 접근이 아닌 수집된 자료를 바탕으로 자료들이 의미하는 바를 도출하여 현상의 의미가 무엇인

지를 심층적으로 이해하는 방법임을 설명
- 현장 활동(fieldwork): 사회적 현상의 본래의 모습을 자연스러운 상황에서 어떠한 처치를 하거나 통제하지 않고 풍부하고 왜곡 없는 자료를 통해 현상의 의미를 해석할 수 있는 방법임을 강조

▷ **(근거이론 방법 선정 이유)** 근거이론 방법을 선정한 이유에 관해 다음과 같은 측면에서 설명할 수 있다.

- 상징적 상호작용주의 관점: 개인의 행위와 사회적 행위에 관한 연구는 경험 현장에서 어떻게 행동하는지, 왜 그렇게 행동하는지, 어떠한 의미로 해석하고 행동하는지, 어떠한 의미를 상대에게 주고 있는지를 행위자의 관점에서 이해하려는 방법임을 설명
- 생성되는 이론: 연구주제를 다루는 이론이 부족하여 현실의 주어진 맥락적 상황을 반영하는 실체적 이론 생성이 필요하다는 점을 설명
- 과정적 경험 궤적이 있는 복잡다단한 현상: 복잡다단하며 과정적 경험 궤적이 있는 현상을 탐구하기에 적합한 방법임을 강조

특히 근거이론 방법에서 다양한 접근방법들이 있기 때문에 어떠한 근거이론 방법을 적용했는지를 명확하게 밝히는 것이 필요하다. 누구의, 어떠한 근거이론 방법을 적용했는지에 따라 자료의 수집 및 분석, 절차, 기법 등에서의 차이가 있기 때문이다.

연구 참여자 선정 원리

근거이론 방법에서 연구 참여자 선정의 기본 원리는 이론적 표집(theoretical sampling)과 이론적 포화(theoretical saturation)에 의한 의도적 표집(purposeful sampling)이다. 이는 연구자가 관심을 두고 있는 '중심현상'을 토대로 이론 생성에 가장 많은 도움을 줄 수 있는 대상, 즉 내 연구 문제에 가장 심도 있는 답을 해줄 수 있는 충분한 지식과 경험을 가지고 있는 대상은 누구인가를 의도적으로 선정하는 것을 말한다. 근거이론 연구에서는 모든 연구 참여자를 미리 정하지 않고 수집된 자료를 분석하여 이를 통해 이론 생성에 기여할 수 있는 대상자를 섭외하는 방식으로 진행한다. 대개 연구 참여자는 해당 현상을 경험한 사람, 즉 경험자 자신이 주 대상이지만, 경우에 따라서는 경험자의 주변인 또는 관련인도 연구 참여자로 포함될 수 있다.

이론적 표집이란 모든 연구자를 한꺼번에 선정하여 자료를 수집하고 이를 한꺼번에 분석하는 것이 아니라, 다음에 어떠한 자료를 어디에서 또는 누구로부터 수집할 것인가를 결정하기 위해 분석을 하고 표집을 번갈아하는 과정을 의미한다. 일종의 자료 수집과 분석과정에서 나타나는 개념, 범주, 관계성 등에 따른 의도적 표집이라고 볼 수 있다.

이론적 포화란 수집한 데이터로 충분하다고 판단하여 더 이상 추가적인 데이터 수집이 필요하지 않은 상태를 말한다. 새로운 표집을 통해 개념 또는 범주의 형성, 범주 간의 관계 파악 등 이론 생성에 도움이 되지 않는다고 연구자가 판단하는 상황을 뜻한다. 근거이론 방법에서는 원래 연구 참여자 수를 미리 정하지 않으며, 몇 명의 연구 참여자가 적당한지에 대해서도 명확하게 정해진 바는 없다. 이론적 표집이나 이론적 포화에서의 결정은 모두 연구자의 판단에 달려 있지만, 기존 연구나 전문가의 의견 등을 참고하여 연구 참여자 수를 결정하는 것이 좋다.

이론적 표집을 실시할 때 단순히 표집 대상에만 초점을 두기보다는 주목하고 있는 사건 또는 현상에 초점을 두어 표집을 하는 것이 좋다. 또한 표집 초기에는 가능한 많은 개념과 범주를 형성하는 것에 초점을 두고, 자료가 누적될수록 범주를 추상적으로 정교화하고 범주 간의 관계성 등을 분석하는 데 초점을 두도록 한다.

자료 분석 방법

  자료 분석의 대상은 인터뷰 자료, 관찰 자료(관찰 노트), 문서 자료 등이다. 대부분의 경우 텍스트화된 질적 자료를 통해 분석이 이루어지게 되며, 주로 인터뷰 자료를 전사(transcription)하여 녹취록을 작성한 후, 이 녹취록을 분석하는 과정으로 이해되고 있다.

◆ 반복적 비교분석법
  근거이론 방법에서 자료 분석의 기본 원리는 반복적 비교분석이다. 반복적 비교분석법(constant comparative method)의 원리에 따라 복잡하게 흩어져 있는 원자료(raw data)를 지속적인 비교 분석 과정을 통해 추상적인 개념과 범주를 만들어 내고, 관계성 분석, 이론적 통합 과정을 통해 이론을 생성해가게 된다. 반복적 비교분석법은 Glaser와 Strauss(1967)에 의해서 제시된 근거이론 방법의 자료 분석 기법으로 연구에서 초점을 두고 있는 현상과 형성되는 개념, 범주 간의 공통점, 유사점, 차이점 등을 비교하고 관계성을 분석하여 보다 추상적인(abstract) 범주로 정교화하여 이론을 생성해가는 과정이다.
  텍스트로 된 원자료(녹취록 등)는 있는 그대로의 형태로 연구 결과에 제시하지는 않는다. 원자료를 정제하고 가공하여 독자들이 현상을 깊이 있게 이해하고 이론을 이해할 수 있도록 자료 분석을 실시해야 한다. 현상-현상,

현상－개념(지표), 현상－범주(코드, 카테고리), 개념－개념, 개념－범주, 범주－범주 등의 지속적인 비교를 통해 추상성이 높은 개념과 범주를 만들어 내고 범주 간 관계성을 분석·통합하여 이론을 생성하게 된다. 반복적 비교분석은 모든 분석이 끝날 때까지 지속되는 활동이며, 이론적 표집의 진행과 포화를 통해 자료 수집을 종료하는 활동과도 밀접하게 맞물려 있다.

◆ 자료 분석의 단계

수집된 질적 자료는 기본적으로 반복적 비교분석의 원리에 따라 분석이 진행되지만, 이론을 생성하기까지의 분석 단계에는 약간의 차이가 있다. 즉 근거이론 방법의 특정 원리나 접근방법에 따라 분석의 절차가 달라질 수 있다. 크게 Glaser 방법과 Strauss 방법으로 구분할 수 있는데, Glaser 방법에서는 개방 코딩(open coding), 선택 코딩(selective coding), 이론 코딩(theoretical coding) 순서로, Strauss 방법에서는 개방 코딩, 축 코딩(axial coding), 선택 코딩 단계로 분석이 진행된다.

이외에도 구성주의적 접근방법을 제시한 Charmaz(2006)의 경우 초기 코딩(initial coding), 초점 코딩(focused coding) 또는 축 코딩, 이론 코딩 단계로 구분하였다. 이밖에도 비교적 최근 근거이론의 실용적인 가이드를 제시한 Urquhart(2013)는 개방 코딩, 선택 코딩, 이론 코딩의 단계로, Birks와 Mills(2015)는 1차 코딩(1st stage coding), 2차 코딩(2nd stage coding), 3차 코딩(3rd stage coding) 단계로 분석 단계를 제안하였다.

이들이 제시한 분석 과정은 약간의 차이가 있지만, 몇 가지 공통점이 있다. 첫째, 대부분의 경우 3단계 분석 과정을 거쳐 이론을 생성에 다다른다는 점이다. 둘째, 분석의 시작 단계는 명칭은 약간씩 다르지만 모두 개방 코딩(초기 코딩, 1차 코딩)으로 시작한다는 점이다. 셋째, 마지막 세 번째 단계에서 이론을 도출한다는 점이다.

어떠한 분석 절차를 거치든 간에 근거이론 방법을 통해 결과물로서 제시해야 할 것은 바로 이론이다. 일반적으로 이론은 어떠한 사건, 현상에 대해 체계적이고, 타당하고, 유용하고, 예측 가능한 설명을 제공하는 논리적 체계를 의미한다. 근거이론 방법을 통해 이론을 생성한다는 것은 어떠한 사건이나 현상에 대해 경험적 자료에 근거하여 추상성이 높은 개념을 만들고, 이 개념 간의 관계를 분석하여 설명력과 예측력이 통합된 하나의 논리적 체계를 만들어내는 것이다. 따라서 수집한 자료를 통해 어떻게 이론을 생성할 것인지는 이론이 가지고 있는 기본적인 특성이 명확하게 드러나도록 분석 단계를 구성하는 것이 핵심이다. 이론의 기본적인 개념을 통해서 알 수 있듯이, 이론의 기본적인 특성은 현상에 대한 설명력과 예측력이라고 볼 수 있다.

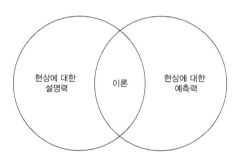

〈그림 2〉 생성되는 근거이론의 특성

요컨대, 근거이론 연구에서의 분석의 과정은 바로 첫째, 현상을 체계적이고 타당하게 설명해줄 수 있는 설명력을 지닌 이론의 형성, 둘째, 현상에 대한 체계적인 이해를 바탕으로 예측력 있는 논리적 체계를 형성하는 것에 초점을 두어야 한다. 이러한 논리에 따라 분석 단계를 <그림 3>과 같이 '현상 이해 분석' 단계(1단계), '범주 관계성 분석' 단계(2단계), '이론 통합 분석' 단계(3단계)의 3단계로 제시하고자 한다.

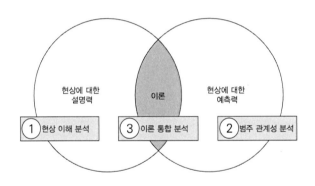

① 현상 이해 분석 ➡ ② 범주 관계성 분석 ➡ ③ 이론 통합 분석

〈그림 3〉 근거이론 분석의 3단계

<그림 4>는 근거이론을 통해 생성되는 이론의 특성과 3단계 분석의 관계를 보여주고 있다. 1단계 현상 이해 분석은 '현상에 대한 체계적인 설명력'에 주로 초점을 맞추고 있으며, 2단계 범주 관계성 분석은 '현상에 대한 예측력' 분석을 위한 과정이다. 3단계 이론 통합 분석은 '현상에 대한 설명력'과 '현상에 대한 예측력'에 초점이 맞추어져 있는 분석 과정이다.

현상에 대한
설명력   이론   현상에 대한
                                      예측력

① 현상 이해 분석   ③ 이론 통합 분석   ② 범주 관계성 분석

〈그림 4〉 근거이론 분석의 3단계와 생성되는 이론

한편 많은 근거이론 방법의 분석 단계에서 사용하고 있는 코딩(coding)이라는 용어는 사용하지 않는 것으로 하였다. 엄밀히 얘기하면 코딩은 분석의 과정에서 어떠한 자료나 대상에 대해 의미 있는 표현(단어 또는 어구) 등을 부여하는 것을 의미한다. 근거이론 연구의 모든 분석 단계에서 의미 있는 단어나 어구 등을 부여하지는 않는다. 주로 1단계에서 추상성이 높은 의미 덩어리로 자료를 묶어 개념화 또는 범주화하는 과정을 코딩 작업이라고

부를 수 있다. 범주 간의 관계성을 분석하거나 이론을 생성하는 분석 단계에서 코딩이라는 용어를 사용하는 것은 잘 맞지 않다. 여기에서는 코딩이라는 용어보다 일반적인 개념인 분석(analysis)을 사용하기로 한다.

◆ 현상 이해 분석 단계

자료 분석의 첫 번째 단계이며, 근거이론 방법에서 공식적인 분석의 시작이다. '현상 이해 분석'이란 수집되어 흩어져 있는 자료를 반복적 비교분석을 통해 추상성이 있는 의미 덩어리로 묶어 내어 개념과 범주를 도출하고 이에 대한 해석을 통해 해당 현상을 체계적이고 심층적으로 이해하는 분석 과정을 의미한다. Glaser나 Strauss의 방법, 기타 근거이론 방법에서 공통적으로 제시하고 있는 개방 코딩(open coding) 단계라고 볼 수 있다.

여기에서 '현상'은 연구에서 다루고 있는 중심현상(연구주제)을 의미하여, '이해'는 연구를 통해 생성하고자 하는 이론을 통해서 얻게 되는 앎을 의미한다. 즉 현상 이해 분석을 통해 현상에 대한 설명력 있는 이해를 하게 된다. 현상에 대한 설명력 있는 이해는 근거이론 연구를 통해 생성되는 이론이 지니고 있는 첫 번째 특성이다. '현상 이해 분석'에서의 주요 과업은 다음과 같다.

- 줄 단위, 문장 또는 문단 단위 읽기 분석을 통해 개념 도출하기
- 도출된 개념을 토대로 범주 도출하기
- 도출된 개념, 범주에 관한 설명과 해석

'현상 이해 분석'을 통해 얻게 되는 직접적인 결과물은 '개념'과 '범주'다. '개념(concept)'은 어떠한 사건 또는 현상에 이름이 붙여진 것으로, 자료 내에서 의미심장한 사건, 물체, 행위, 상호작용 등에 추상적으로 의미를 부여하여 명명(labeling)한 것을 말한다. 예를 들어, 녹취록에서 "저는 나이에 대해서 할 말이 진짜 많아요. 저는 나이를 잘 안 밝힙니다. 제가 나이가 어리거든요. 그래서 나이를 웬만하면 얘기를 안 해요. 나이를 얘기하면 그때부터

말이 짧아지면서, 네가 아직 어려서 몰라서 그래…"라는 부분을 '나이에 의한 차별', '연령차별의 폐해', 또는 '어리다고 무시당함' 등으로 개념화할 수 있다. 자료를 분석하는 과정에서 어떠한 사건 또는 물체라도 다른 방식으로 명명될 수 있으며, 대상에 내재된 특징, 속성, 맥락 등을 파악하여 이를 대표할 수 있는 이름을 부여하는 것이 중요하다.

개념화 작업은 단순하게 원자료에서 단어나 어구 등을 끄집어내어 내용을 줄임 형태로 만드는 과정이 아니다. 개념화 작업은 연구자가 자료를 읽고 분석하는 과정에서 머릿속에 떠오르는 추상적이고 대표성 있는 의미로 명명하는 과정이다. 하지만 때로는 기존 문헌을 참고할 수도 있으며, 연구 참여자가 응답한 용어나 어구 등을 그대로 개념으로 사용하기도 한다(인비보 코드, in-vivo code). 전술하였듯이 분석하는 사람에 따라 다른 방식으로 개념화가 될 수 있으나 대상에 내재되어 있는 특징, 속성, 그리고 해당 현상이 벌어진 맥락이 잘 드러나도록 해야 한다. 기존 문헌과 인비보 코드를 지나치게 많이 사용하는 것은 좋지 않으며, 연구자의 창의성과 주제에 대한 민감성 또는 통찰력을 활용하여 개념화를 진행하는 것이 좋다.

'범주(category)'는 동일한 특성을 가진 부류를 의미하는데, 개념화를 통해 도출된 개념을 동일한 성질을 갖는 부류로 묶어내어 대표성이 있는 의미를 부여하여 명명한 것을 말한다. 예를 들어, '나이에 의한 차별', '연령차별의 폐해', '어리다고 무시당함' 등의 개념을 대표할 수 있는 '연령주의에 의한 불평등한 권력관계 인지'이라는 범주로 무리 지을 수 있다. 범주는 개념화를 통해 도출되어 축적된 복수의 개념들을 그룹화(grouping)하여 추상성과 대표성이 있는 범주로 명명하는 작업이므로, 순서상 개념화 작업이 끝난 후 실시한다.

범주화 작업은 개념화 작업과 마찬가지로 연구자가 자료를 읽고 도출된 개념들을 분석하는 과정에서 머릿속에 떠오르는 추상적이고 대표성 있게 명명하는 과정이다. 하지만 때로는 기존 문헌을 참고할 수도 있으며, 연구 참여자가 응답한 용어나 어구 등을 그대로 범주명으로 사용하기도 한다(인비보 코드, in-vivo code). 분석하는 사람에 따라 다른 방식으로 범주화가 될 수 있으나 도출된 개념들과 대상에 내재되어 있는 특징, 속성, 그리고 해당 현상이 벌어진 맥락이 잘 드러나도록 해야 한다.

개념과 동일하게 범주의 경우에도 특정 범주가 의미하는 바가 무엇인지, 왜 이렇게 범주화를 하였는지, 어떤 맥락에서 이렇게 범주화하였는지, 다른 개념 또는 범주와 어떤 차이점과 공통점이 있는지 등에 관해 분석적 노트를 작성하도록 한다. 분석 메모는 일반적으로 연구의 결과물로 공개하지는 않는다.

◆ 범주 관계성 분석 단계

자료 분석의 두 번째 단계이다. '범주 관계성 분석'이란 '현상 이해 분석' 단계를 통해 도출된 범주들 간의 관계성을 분석하고 이에 대한 해석을 통해 현상에 대한 체계적인 이해를 강화하고 예측력 있는 이론을 생성하는 데 필요한 논리적 체계를 구축하는 과정을 의미한다. 이론은 연구의 객체의 속성을 집단화 한 개념 간의 관계를 기술하거나 설명한 것을 의미한다(채서일, 2013). Giddens와 Sutton(2017)에 따르면 사회적 현상은 별다른 이유 없이 무작위로 일어나지 않기 때문에 자연과학에서와 마찬가지로 사회과학에서 연구하고자 하는 모든 현상은 원인이 존재한다는 전제에서 출발하며, 사회과학 연구의 주된 임무는 이러한 인과관계를 밝히는 것이라는 점을 강조하였다.

근거이론을 통해 생성하는 이론이 현상을 체계적으로 설명하고 예측할 목적으로 현상 간의 관계를 논리적으로 설명하는 체계를 제시한다는 점에서 관계성에 대한 분석은 이론 형성에 있어 빼놓을 수 없는 중요한 과정이다. 이 단계는 Strauss와 Corbin(1998)이 제시한 축 코딩(axial coding) 과정과 유사하다. 축 코딩에서는 개방 코딩에서 도출된 하나의 범주를 축으로 하여 어떻게 다른 범주들이 서로 교차하고 연결되는지를 패러다임(paradigm)이라는 일정한 틀에 따라 분석하여 범주들 간의 관계성을 분석한다. Strauss와 Corbin(1998)이 제안한 축 코딩 방법에 대해 Glaser(1992)는 근거이론의 핵

심원리인 '귀납'과 '출현'에 충실하지 않고 '강제', '억지로 끼워 맞추는 방식'
이라고 비판하면서 복잡하고 부자연스러운 Strauss와 Corbin 방식보다는 자
신의 방식이 자연스럽고 간결하다는 점을 주장하였다.

　자료 분석의 1단계인 '현상 이해 분석'에서 도출된 범주들 간의 관계를 체
계적으로 분석하기 위해 관계성을 분석하는 개념적 틀(frame)은 유용하게
활용될 수 있다. 특히 '현상 이해 분석'에서 도출된 범주는 특성상 여러 개의
범주들로 이루어져 있고 나열식으로 되어 있어 이들 간의 관계성을 분석하
기란 여간 쉽지 않다. 이러한 취지에서 Strauss와 Corbin(1998)이 제안한 패
러다임 틀은 복잡다단한 현상을 보다 체계적이고 구조적으로 분석하여 현상
에 대한 이해도를 높이고 유사한 현상에 대한 예측을 도와줄 수 있는 개념
적 분석 틀이라는 점에서 의의가 있다. 물론 연구자가 범주들 간의 관계성
분석에 능란하다면 이렇게 주어진 틀은 필요가 없을 수도 있다. 하지만 실
제 연구에서 다루고 있는 현상과 '현상 이해 분석'으로 도출된 범주들이 단
순하지 않고 복잡하다는 점에서 이들 범주들 간의 체계적인 관계성 분석을
도와주는 일종의 틀은 연구자들에게 도움을 줄 수 있다. '범주 관계성 분석'
에서의 주요 과업은 다음과 같다.

- 관계성 분석 틀에 따라 인과적 관계 분석
- 과정적 관계 분석
- 미시적－거시적 관계 분석

　첫째, '관계성 분석 틀'은 '현상 이해 분석'을 통해 도출된 범주 간의 인과
적 관계를 분석하기 위한 개념적 틀을 의미한다. 전술하였듯이, Giddens와
Sutton(2017)에 따르면 사회적 현상은 별다른 이유 없이 무작위로 일어나지
않기 때문에 자연과학에서와 마찬가지로 사회과학에서 연구하고자 하는 모
든 현상은 원인이 존재한다는 전제에서 출발하며, 사회과학 연구의 주된 임
무는 이러한 인과관계를 밝히는 것이라는 점을 강조하였다. 인과관계가 중

요한 이유는 과학의 목적이 일반 현상에서 인과관계를 분석하는 것이기도 하지만 인과관계에 기반한 지식과 이론의 형성은 과학에 있어 상당한 가치가 있기 때문이다(채서일, 2013). 따라서, '관계성 분석 틀'의 주요 뼈대는 연구대상으로서의 사회적 현상의 인과관계를 밝히는 것이다. 연구대상으로서의 사회적 현상은 연구에서 초점을 두고 있는 중심 현상으로서 연구의 주제이기도 하다.

근거이론 방법에서 바라보는 사회는 상호작용하는 행위자들로 이루어져 있으며, 개인과 집단은 근본적으로 사회적 행동 안에 존재한다는 점이다. 인간은 타인, 집단, 사회, 사건, 현상 등에 대하여 각자 지니고 있는 의미를 바탕으로 행동하고 상호작용하며, 이러한 상호작용으로부터 의미를 생성하고 해석한다는 것이다. 인간의 이러한 사회적 행동과 집단적 생활은 사회나 집단의 구성원으로서 상호작용을 통해 연합행동을 형성해나간다는 것이다.

근거이론의 이러한 기본 전제는 연구대상으로서의 사회적 현상은 인간의 사회적 행위와 상호작용을 통해 만들어진다는 점이다. 따라서 인과관계는 단순히 자연적으로 일어나는 현상이 아니라 사회적 주체로서 인간이 문제 상황에 행동(actions)과 상호작용(interactions)을 통해 개입하여 성립된 관계라는 점이다.

〈그림 5〉 인과관계와 행동/상호작용

근거이론 방법에서 연구대상으로서의 사회적 현상은 특정한 상황과 맥락에서 발생한다는 점을 전제로 한다. 특정 현상이 발생하는 데 있어 작용하는 상황적 조건들을 무엇이며, 어떻게 개입하였는지를 분석하는 것은 해당 현상을 심층적으로 이해하고 앞으로 이와 유사한 현상을 예측하는 데 있어 도움을 줄 수 있다. 여기에서 말하는 상황적 조건(situational conditions)은 원인, 행동/상호작용, 결과 등이 일어나는 데 관여가 되어 있는 상태, 요소, 조건 등을 말하는 것으로, 인과적 관계가 발생하는 데 관여가 되는 다양한 조건, 상태, 환경적 요소, 배경적 조건, 구조적 조건 등을 포함한다.

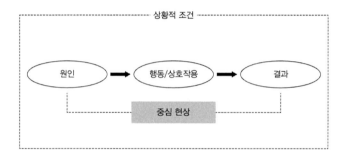

〈그림 6〉 관계성 분석의 틀

요컨대, 관계성 분석을 위한 틀은 <그림 6>과 같이 설정할 수 있다. '현상 이해 분석' 단계에서 도출된 범주를 토대로 행위자의 행동과 상호작용이 개입되어 있는 인과적 관계를 분석하고, 이러한 관계에 관여가 되어 있는 상황적 조건을 파악하여 설명함으로써 현상에 대한 이해도를 보다 높이고 유사한 현상을 예측하도록 돕는 일종의 분석적·개념적 틀(analytical and conceptual framework)이다.

<그림 7>은 '현상 이해 분석' 단계에서 도출된 범주들이 관계성 분석 틀에 적용된 예시이다. 검은색으로 되어 있는 도형은 범주를 나타내는데, 예를 들어, 원인으로 분석된 범주는 사각형과 원이며, 행동/상호작용은 오각형

과 하트 모양, 결과는 별 모양과 삼각형, 그리고 상황적 조건으로는 다각형
과 도넛 모양 등이다.

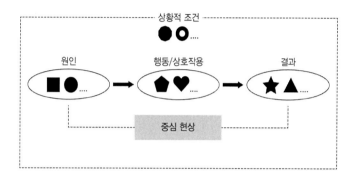

〈그림 7〉 관계성 분석의 틀의 활용

둘째, 과정적 관계 분석이다. 관계성 분석 단계에서 진행되는 과정적 관
계(process relationship) 분석은 '현상 이해 분석' 단계에서 도출된 범주들
을 과정적 경험 궤적성(trajectory)에 기반하여 시간의 흐름에 따라 일정한
변화 단계를 거치면서 변화하는 상태를 설명하는 것을 의미한다. 2장의 연
구주제 장에서도 언급하였듯이, 여기에서 발하는 과정적 경험 궤적이란 연
구 참여자가 경험한 자취 또는 흔적이 시간의 흐름에 따라 일정한 단계를
거치면서 변화하는 현상을 의미한다.

연구대상으로서의 사회적 현상의 과정적 관계를 분석한다는 것은 이론 구
축에 있어 본질적인 작업이며, 과정이 없는 이론은 필수 요소를 결여한 것
과 같다(Strauss & Corbin, 1998). 어떠한 현상 또는 사건의 과정을 분석하
는 것은 해당 현상을 깊이 있게 이해하거나 예측하는 데 있어 중요하게 작
용한다. 무엇보다도 근거이론 방법에서 초점을 다루고 있는 현상은 하나의
단편적인 시점이나 순간에 발생하는 것이라기보다는 일정한 시공간에서 주

어진 맥락과 상황적 특성의 영향을 받으면서 행동과 상호작용을 통해 발생한 현상이다. 따라서, 과정을 분석한다는 것은 연구대상으로서의 사회적 현상에 대한 포괄적인 이해와 그 이유나 원인을 설명하는 데 도움을 줄 수 있어, 이론의 형성, 즉 현상에 대한 심층적 이해와 예측력을 높이는 데 기여하게 된다.

<그림 8>은 '현상 이해 분석' 단계에서 도출된 범주들을 활용한 과정적 관계 분석을 나타내고 있다. 검은색으로 되어 있는 도형은 범주를 나타내며, 연구 참여자가 경험한 현상이 시간의 흐름에 따라 첫 번째 단계에서 발단이 되어, 다음 단계를 거쳐 마침내 마지막 단계에 다다르게 되어 과정적 관계를 형성하고 있다는 점을 의미한다.

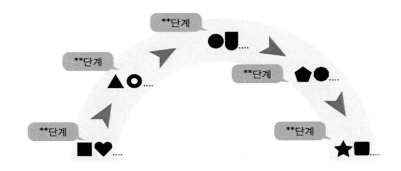

〈그림 8〉 과정적 관계 분석

셋째, 미시적−거시적 관계 분석이다. 관계성 분석 단계에서 진행되는 미시적−거시적 관계(micro−macro relationship) 분석은 '현상 이해 분석' 단계에서 도출된 범주들을 미시성 및 거시성 차원에 기반하여 개인적 차원으로부터 사회적 단위 전체까지 연계하여 사회적 현상을 설명하는 것을 의미한다. 미시적이라 함은 개인적 차원에서의 행위, 상태, 경험을 지칭하는 것이고, 거시적이라 함은 사회적 단위 전체와 관련되어 있는 행위, 상태, 관계등을 지칭한다.

미시-거시 연계는 모든 사회학적 이론들이 염두에 두고 있는 현상이며(이재열, 1996), 사회현상을 완전하게 이해하기 위해서는 미시적-거시적사회관계 및 행위를 연계하여 분석하는 것이 중요하다(장경섭, 1994). 사회구성원으로서 개인은 행위자로서 미시적 수준에서 개인 행위의 결과는 거시적으로 사회 전체에 영향을 미치게 된다. 사회 구성원으로서의 개인은 또한특정한 사회적 제도, 규범, 문화, 종교 등 사회 구조적인 요인에 의해 영향을 받는 존재이기도 하다. 따라서 미시적-거시적 관계를 분석한다는 것은사회현상을 온전하게 이해하기 위해 필요하며, 해당 현상에 관한 원인과 결과를 설명하는 데 도움을 줄 수 있어, 이론의 형성, 즉 현상에 대한 심층적이해와 예측력을 높이는 데 기여하게 된다.

<그림 9>는 '현상 이해 분석' 단계에서 도출된 범주들을 활용한 미시적-거시적 관계 분석을 나타내고 있다. 검은색으로 되어 있는 도형은 범주를나타내며, 개인적 차원에서의 행위와 사회 구성원 간 상호작용을 통해 그룹, 조직, 커뮤니티, 국가, 국제적 차원에 어떻게 연계되어 있다는 점에 초점을두어 분석한다.

요컨대, '현상 이해 분석' 단계에서 도출된 범주 간의 관계성을 분석하는것이 목적이다. 먼저 인과적 관계를 분석하고, 과정적 관계, 그리고 미시적-거시적 관계를 분석하여 결과를 설명한다. '현상 이해 분석' 단계에서와마찬가지로 분석 메모 적기를 통해 범주 간 관계에 관한 연구자의 분석적논리를 명확하게 하도록 한다.

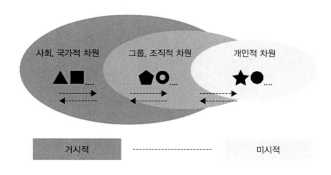

사회, 국가적 차원   그룹, 조직적 차원   개인적 차원

거시적   미시적

〈그림 9〉 미시적-거시적 관계 분석

◆ 이론 통합 분석 단계

자료 분석의 세 번째 단계이다. '이론 통합 분석'이란 '현상 이해 분석'과 '범주 관계성 분석' 단계를 통해 도출된 결과를 통합하여 이론을 생성하는 과정을 의미한다. Glaser나 Strauss의 방법, 기타 근거이론 방법에서 제시하고 있는 선택 코딩, 이론 코딩, 또는 3차 코딩 단계라고 볼 수 있다. 이 단계에서는 1단계와 2단계 분석의 결과를 토대로 연구 전체의 현상을 대표할 수 있는 핵심 범주(core category)의 도출, 이론 생성, 그리고 이론을 검증하는 과정으로 이루어진다.

첫째, 핵심 범주의 선정이다. '현상 이해 분석'과 '범주 관계성 분석' 단계를 거치면서 현상에 대한 이해와 범주 간의 관계가 명확해지게 되고, 연구자의 머릿속에 떠오르는 하나의 핵심적인 개념이 나타나게 된다. 핵심 범주는 연구에서 도출된 모든 개념과 범주를 대변하고 통합되어 있는 연구 전체의 핵심 범주로 해당 연구가 무엇인지를 추상적이고 응축적으로 설명하고 있는 개념이다(Strauss & Corbin, 1998).

핵심 범주는 '현상 이해 분석' 단계에서 도출된 범주 중에 하나를 선택한다기보다는 '현상 이해 분석'과 '범주 관계성 분석' 단계를 통해 생성되는 이론에 주목하여 추상성이 가장 높은 새로운 범주 하나를 만들어 내는 것이 좋다. 연구 전체를 대변하는 범주이므로 이 범주의 의미에 관한 충분한 설명이 뒷받침되어 자료에서 모순되는 사례나 대체 사례 등에 대해서도 설명할 수 있어야 한다. 핵심 범주의 선정 기준은 다음과 같다(Strauss & Corbin, 1998).

- 중심적이며 다른 범주가 연관되어 있어야 함
- 충분히 추상적이어야 함
- 자료에 빈번하게 등장하고 있어야 함
- 이론적 깊이와 설명적 힘을 지녀야 함

핵심 범주는 간단하면서 함축적인 단어 또는 어구를 사용하는 것이 좋은데, 단어를 너무 많이 사용하거나 길게 늘여 쓰는 문장 형태는 좋지 않다. 치매 노인을 돌보는 간호사의 간호 경험 과정 연구(김미영, 2001)에서의 핵심 범주는 "감싸 안음", 교사들의 디지털교과서 사용 경험에 관한 연구(송연옥, 변호승, 2012)에서의 핵심 범주는 "혁신의 고비 넘기", 결혼초기 부부의 적응과정에서 학습경험 탐색 연구(김한별, 2012)의 핵심 범주는 "진정한 배우자 되기" 등이 좋은 예이다.

둘째, 이론 생성이다. 도출된 핵심 범주를 중심으로 연구 결과를 정리하여 근거이론을 제안하는 단계이다. 다양한 방법으로 이론을 제시할 수 있으나, 시각화된 이론적 모형을 제시하고 이를 설명하는 방식이 일반적이다. 시각화된 이론적 모형은 주로 자연과학(natural sciences)에서 흔하게 볼 수 있지만, 최근 들어 사회학 또는 사회과학(social sciences) 분야에서도 유용하게 활용되고 있다(Swedberg, 2016). 시각화된 이론적 모형의 형태는 크게 이론화 작업 스케치(theorizing work sketches), 이론화 다이어그램(theorizing diagrams), 이론 그림(theory pictures)으로 구분할 수 있다(Swedberg, 2016). 시각화된 이론적 모형을 만들기 위한 절차는 다음과 같다.

- 연구 결과를 표현할 수 있는 다양한 이론적 스케치 작성
- 이론의 핵심적인 내용을 다이어그램 형태로 제시
- 이론적 스케치와 다이어그램을 통합하여 하나의 이론적 모형으로 통합하여 제시

<그림 10>은 이론을 생성하는 과정에서 작성된 스케치와 다이어그램을 토대로 시각화된 이론적 모형으로 발전시키는 예시이다. 이론적 모형은 연구 결과를 추상적이고 논리적으로 표현하는 실체로서 너무 많은 도형, 선, 화살표 등이 포함되어 복잡하게 보여져서는 안 된다. 이론적 모형을 제시하고 난 후 이론에 관한 설명을 상세하게 기술하도록 한다.

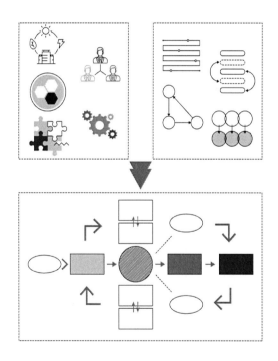

〈그림 10〉 시각화된 이론적 모형 작성 과정 예시

셋째, 분석의 최종 작업은 이론 검증이다. 생성된 이론이 하나의 실체적 이론으로서 타당한지에 관해 확인하는 과정이다. Strauss와 Corbin(1998)이 제안한 방법을 토대로 이론 검증의 방법을 통해 이론의 현상 설명력과 예측력을 확인하는 방법은 다음과 같다.

- 연구 참여자들로부터 수집된 원자료를 이론적 모형에 적용하여 설명할 수 있는지를 확인
- 약간 명의 연구 참여자들에게 생성된 이론적 모형과 설명을 제시하고 타당성을 확인
- 잘 들어맞지 않거나 모순되는 현상에 대한 설명을 통해 이론의 적용 범위 및 설명력 강화
- 다수의 현상, 사례, 상황에 적용하여 전이성(transferability) 확인

요컨대, '현상 이해 분석'과 '범주 관계성 분석' 단계에서 도출된 결과를 토대로 이론을 생성하는 것이 목적이다. 핵심 범주를 선정하고, 이론을 생성하며 생성된 이론을 검증하는 절차를 거치도록 한다.

연구의 윤리성, 타당성, 신뢰성

◆연구의 윤리성

연구자는 근거이론 연구의 전 과정에서 올바르고 현명한 윤리적 판단으로 연구를 설계하고 진행해야 한다. 올바른 윤리적 판단을 하기 위해서는 연구 상황에서 직면하게 되는 다양한 윤리적 이슈와 이에 따른 윤리적 가이드라인을 숙지하고 준수해야 한다. 첫째, 근거이론 방법의 경우 연구 참여자가 인간(human subjects)이라는 점에 유념하여 연구 참여자에 대한 보호 차원

에서 다음과 같은 사항을 고려해야 한다(유기웅 외, 2018).

- 자발적 연구 참여에 대한 동의 획득(연구 참여 동의서 형태)
- 연구 참여자의 권리 및 보호에 관한 사항 알리기(익명성 보호 등)
- 연구의 목적, 연구 방법, 연구 절차, 연구 결과 활용 등에 관한 사항 알리기
- 연구 참여에서의 위험성에 관한 사항 알리기
- 육체적, 정신적 상처 또는 존엄성에 미치는 영향을 최소화하기 위한 방향 강구(불쾌감, 불편함, 트라우마 재발, 창피함 등 최소화)

　특히 최근에는 인간을 대상으로 하는 연구의 경우 피험자의 권리와 안전을 보호하기 위해 연구 및 실험기관 내에서 운영하는 기관윤리심사위원회(Institutional Review Board, IRB)를 운영하고 있는데, 이 위원회에서 정한 규정과 가이드라인에 따라 연구를 진행하는 것이 안전하다.

　둘째, 자료 분석에 있어서의 윤리성 문제이다. 근거이론 방법의 특성상 연구자의 주관적인 판단이 자료의 분석에 적지 않은 영향을 미칠 수 있다. '현상 이해 분석' 단계에서 개념과 범주의 선정, '범주 관계성 분석' 단계에서 다양한 관계성의 설정, 그리고 '이론 통합 분석' 단계에서 핵심 범주의 선정과 통합된 이론의 생성의 모든 분석 과정에서 연구자로서의 기본적인 자질과 올바른 윤리의식이 요구된다. 수집된 원자료를 '나 이외에 다른 사람이 보지 못한다'라는 생각으로 원자료를 조작하거나, 미리 정해 놓은 특정한 결과로 이끌어가려는 '짜 맞추기'식의 분석은 절대 해서는 안 될 일이다. 이러한 '유혹'을 통제하기 위해 연구 결과에 대한 '연구 참여자 확인법(member checking)'을 활용하거나, 연구 진행 절차와 자료 분석의 과정을 상세히 기록하여 공개하는 '감사 추적법(audit trail)'을 활용하는 것도 좋다.

┌─────────────────────────────┐
│   연구의 윤리성 확보   │
└─────────────────────────────┘

- ▶ 연구 참여자 보호와 권리에 관한 사항
  - • 연구 참여 동의서 획득
  - • 익명성, 프라이버시 보장
  - • IRB 가이드라인, 규정 준수
- ▶ 자료 분석에서의 윤리성
  - • 조작 또는 짜 맞추기식 분석 금물
  - • '연구 참여자 확인법', '감사 추적법' 등의 활용

◆ 연구의 타당성

근거이론 방법에서의 타당성(validity)이란 연구에서 생성하려는 이론에 근거하여 해당 현상에 대한 체계적인 이해를 바탕으로 예측력 있는 이론을 충실하게 생성하였는가를 의미한다. 근거이론에서 타당성을 판단하는 주요 요소는 이론적 표집에 의해 타당한 연구 참여자의 선정, 현장조사의 엄격성, 자료 수집에 있어서의 다각화(triangulation), 체계이고 엄격한 분석(systematic and rigorous analysis), 풍부하고 상세한 결과의 기술(rich and thick de-scription), 그리고 생성된 이론이 하나의 실체적 이론으로서 타당한지를 확인하는 전략 등이 포함된다. 생성된 이론이 특정한 사회현상을 설명하고 예측할 수 있는지는 근거이론의 전이성(transferability)이라고 할 수 있다. 즉 생성된 이론을 다수의 현상, 사례, 상황에 적용하여 전이성을 확인하도록 한다.

┌─────────────────────────────┐
│   타당성 제고 전략   │
└─────────────────────────────┘

- ▶ 이론적 표집에 의한 타당한 연구 참여자 선정
- ▶ 엄격하고 다각화된 현장조사를 통한 자료 수집

- 심층 인터뷰
- 장시간 관찰
- 풍부하고 다양한 관련 문서
▶ 풍부하고 상세한 결과의 기술
▶ 생성된 이론의 검증
- 원자료를 생성된 이론적 모형에 적용하여 설명
- 연구 참여자 확인법
- 이론적 모형에 잘 들어맞지 않거나 모순되는 현상에 대한 설명
- 다수의 현상, 사례, 상황 등에 적용하여 전이성 확인

◆ 연구의 신뢰성

근거이론 방법에서의 신뢰성(reliability)이란 연구에서 생성하려는 이론에 근거하여 얼마만큼 일관성(consistency) 있는 결과를 도출하는가를 의미한다. 하지만 근거이론 연구에서는 인터뷰, 관찰 등에 대한 동일한 데이터와 분석 결과를 얻기가 곤란하고 양적 연구에 비해 표준화된 자료 수집 및 분석, 그리고 결과 기술의 적용이 어렵다는 특성이 있다.

근거이론에서 신뢰성을 판단하는 주요 요소는 체계적인 연구 방법의 적용과 체계이고 엄격한 분석(systematic and rigorous analysis) 등이 포함된다. 무엇보다도 분석을 진행하는 과정에서 생성되는 이론에 초점을 두어 연구자가 아닌 다른 사람이 분석한다면 과연 같은 분석 결과와 이론을 만들어 낼수 있을 것인가에 대해 의식적으로 지각하며 주의를 기울여야 한다. 또한 감사 추적기법(audit trail)을 활용하여 연구의 수행과정 전체를 기록문서의 형태로 작성할 수도 있다. 이를 통해 연구자가 아닌 제3자가 연구 수행의 행적을 추적하여 연구의 진행과정을 명확히 파악할 수 있도록 함으로써 결과를 도출하는 데 있어서의 엄격성과 신빙성을 확보할 수 있다(유기웅 외, 2018).

신뢰성 제고 전략
▶ 체계적이고 엄격한 분석 ▶ 감사 추적(audit trail)

참고문헌

김미영(2001). 치매노인을 돌보는 간호사의 경험과정. *임상간호연구지, 5*, 163-173.

김한별(2012). 결혼초기 부부의 적응과정에서 학습경험 탐색: 근거이론 접근. *교육문제연구, 44*, 1-35.

송연옥, 변호승(2012). 교사들의 디지털교과서 사용 경험에 관한 근거이론적 접근. *교육공학연구, 28*(2), 231-262.

유기웅(2022). *근거이론 방법의 체계적 접근: 논문작성 가이드.* 박영스토리.

유기웅, 정종원, 김영석, 김한별(2018). *질적 연구방법의 이해.* 박영스토리.

이재열(1996). 구조와 행위의 이중성과 미시-거시 연계분석의 방법론. *한국사회학회 사회학대회 논문집*, 177-202.

장경섭(1994). 개혁사회주의의 미시적 기초. *사회교육과 정책연구, 16*(2), 25-60.

채서일((2013). *사회과학조사방법론*(3판). 비앤엠북스.

Birks, M., & Mills, J. (2015). *근거이론의 실천*(공은숙, 이정덕 공역). 정담미디어. (원서출판 2015).

Blumer, H. (1969). *Symbolic interactionism: Perspective and method.* Prentice-Hall.

Charmaz, K. (2006). *Constructing grounded theory.* Sage.

Giddens, A., & Sutton, P. W. (2017). *Sociology* (8th ed.). Policy Press.

Glaser, B. G. (1998). *Doing grounded theory: Issues and discussions.* Sociology Press.

Glaser, B. G. (1992). *Basics of grounded theory analysis: Emergence vs. forcing.* Sociology Press.

Glaser, B. G., & Strauss, A. L. (1967). *The discovery of grounded theory: Strategies for qualitative research.* Aldine de Gruyter.

Harding, S. (1987). Introduction: Is there a feminist model? In S. Harding (Ed.), *Feminism and methodology* (pp. 1-14). Indiana University Press.

Merriam, S. B. (2009). *Qualitative research: A guide to design and implementation.* Jossey-Bass.

Milliken, P. J., & Schreiber, R. S. (2001). Can you "do" grounded theory without symbolic interactionism? In R. S. Schreiber & P. N. Stern (Eds.), *Using grounded theory in nursing* (pp. 177-191). Springer.

Strauss, A., & Corbin, J. (1998). *Basics of qualitative research: Techniques and procedures for developing grounded theory.* Sage.

Swedberg, R. (2016). Can you visualize theory?: On the use of visual thinking in theory pictures, theorizing diagrams, and visual sketches. *Sociological Theory, 34*(3), 250-275.

Urquhart, C. (2013). *Grounded theory for qualitative research: A practical guide.* Sage.

지식의
통합과 확장

04

문헌연구

이재영(jaelee@ewha.ac.kr)

이재영은 이화여자대학교에서 교육공학 전공으로 학사와 석사를 취득하고 미국 펜실베니아주립대학교(The Pennsylvania State University)에서 HRD/OD 전공으로 박사학위를 취득하였다. 현재 이화여자대학교 사범대학 교육공학과 조교수로 재직 중이며, 조직개발, 경력개발, 수행공학 등을 강의하며 연구하고 있다.

문헌연구

이재영

들어가며

문헌고찰은 학위논문이나 학술논문의 일부로 작성되기도 하며, 문헌고찰 그 자체가 독립된 한 편의 논문(stand-alone review article)으로 출판되기도 한다. 전자의 경우 문헌고찰은 연구의 맥락과 범위를 제시하고 해당 연구가 기존 지식 체계와 어떻게 연결되어 있는지를 보여주어 연구의 이론적 토대를 마련하는 기능을 한다(Rocco & Plakhotnik, 2009; Rudestam & Newton, 2014). 반면 독립된 논문으로서의 문헌고찰은 방대한 선행연구로부터 관련된 지식을 체계적으로 종합하여 새로운 지식을 창출하고 학계에 새로운 관점이나 연구 방향을 제시한다(Callahan, 2010; Efron & Ravid, 2019).

인적자원개발 분야에서는 기존의 지식을 토대로 새로운 이론을 도출하고 학계의 연구 동향을 파악하여 연구 방향을 제시하는 독립 논문으로서의 문헌고찰을 중요하게 생각하며 국내외 주요 학술지에서는 매년 일정 편수의 문헌고찰 연구가 출판되고 있다. 본 장에서는 이러한 독립된 논문으로서의 문헌고찰 연구의 중요성과, 인적자원개발 분야에서 자주 활용되는 세 가지 문헌고찰 유형에 대해 살펴보고 향후 인적자원개발 분야 연구자들이 문헌고찰 연구를 수행할 때 참고할 수 있는 지침을 제안하여 문헌고찰 연구에 관심이 있는 연구자들에게 도움이 되고자 한다.

문헌고찰의 중요성

지식은 수많은 선행연구의 산물이며 지속적으로 발전되고 확장되며 수정된다. 따라서 기존의 연구를 주의깊게 살펴보는 문헌연구는 인적자원개발 분야의 지식 범위와 깊이를 확인하고 연구가 부족한 부분을 발견할 수 있다는 점에서 매우 중요하다. 독립된 논문으로서의 문헌고찰은 오랜 기간 동안 축적된 방대한 연구 결과를 한 편의 논문에 응축하여 특정 주제에 대한 통합적인 정보를 제공하며, 이러한 노력은 인력개발 분야의 지식기반을 공고히 하여 이론 발전에 기여한다(예: Lee et al., 2020; Shuck, 2011). 이렇게 문헌고찰은 선행 연구 결과물들을 종합하여 제시하기 때문에 개별 실증연구보다 훨씬 범위가 넓고 추상적인 연구 문제를 다룰 수 있으며(Baumeister & Leary, 1997), 축적된 연구 결과를 전체적인 시각에서 조망할 수 있다 (Booth et al., 2012). 또한 누가 어떤 연구를 수행하였는지, 개별 연구가 인적자원개발 분야에 어떻게 기여했는지, 그리고 연구들 사이의 역학 관계는 어떠한지도 알 수 있다(Green et al., 2006). 따라서 문헌고찰 논문을 읽으면 여러 편의 논문을 읽지 않고도 해당 주제에 대해 잘 정리된 정보와 구조화된 지식을 신속하게 습득할 수 있으며, 후속 연구에 대한 아이디어를 얻을 수 있다. 뿐만 아니라 문헌고찰은 이론 개발에도 유용하며(Snyder, 2019), 지금까지 수행된 연구에 대한 통합적인 지식을 토대로 현재 지식 체계에서 미흡하거나 중요한 지식의 공백(gap)을 발견하고 향후 어떤 연구가 필요한

지 새로운 연구 방향을 제시한다는 점에서 인적자원개발 분야에 시사하는 바가 크다(Callahan, 2014; Paul & Criado, 2020; Rowe, 2014).

문헌고찰 유형

문헌고찰 연구는 다양한 방법으로 수행할 수 있으며(Grant & Booth, 2009; Paré et al., 2015; Paul & Criado, 2020), 어떤 방법을 적용할 것인가에 대한 의사결정은 연구자의 연구 문제에 따라 결정되어야 한다. 인적자원개발 분야 연구자들은 다양한 방법을 적용한 문헌고찰 연구를 끊임없이 발표하고 있는데, 본 장에서는 그 중에서도 인적자원개발 분야에서 연구자들이 비교적 자주 활용하는 방법인 통합적 문헌고찰(integrative literature review), 체계적 문헌고찰(systematic literature review), 주제범위 문헌고찰(scoping literature review)을 중심으로 살펴보고자 한다.

◆ 체계적 문헌고찰(Systematic Literature Review)

체계적 문헌고찰은 1980년대 후반 의학분야에서 임상과 관련한 증거기반 의사결정을 위해 사용되기 시작하였으며, 이후 심리, 교육 등 사회과학 전반으로 전파되었다(Davis et al., 2014; Evans & Benefield, 2001; Xiao & Watson, 2019). 체계적 문헌고찰이란 특정 연구 문제에 대한 답을 하기 위해 사전에 명시된 기준에 부합하는 모든 경험적 증거를 종합하는 방법으로(Lasserson et al., 2019) 증거기반 연구 결과(evidence-based results)를 종합하여 통계적으로 분석하는 메타분석(Meta-analysis)의 사전 과정이기도 하다(Borenstein et al., 2009). 따라서 체계적 문헌고찰과 메타분석은 종종 함께 진행되지만 연구자들은 통계적 메타분석을 생략하고 체계적 문헌고찰만 수행하기도 하며 인적자원개발 분야에서도 체계적 문헌고찰은 자주 활용되는 방법이다.

체계적 문헌고찰에서 '체계적(systematic)'이라는 단어에는 명확하고, 객관적이며, 표준화되어 있으며, 구조적이고, 재생 가능하다는 의미가 포함되어 있다(Booth et al., 2012). 체계적 문헌 고찰은 사전에 어떤 연구를 포함하고 제외할 것인지 명확한 기준을 수립해야 하는데 이는 연구의 객관성과 엄격성을 확보하기 위한 중요한 작업이며 이러한 과정은 향후 다른 연구자들이 연구를 재현할 수 있도록 한다. 체계적 문헌고찰은 프로세스의 특성상 명확하고 비교적 좁은 범위의 연구문제에 대한 답을 하기에 적합한 방법이다. 이런 측면에서 체계적 문헌고찰 연구는 문헌을 선택하는 과정이 다른 문헌고찰 연구에 비해 매우 엄격하며 실제로도 최종적으로 문헌고찰에 포함되는 연구물의 수준이 다른 문헌고찰 방법에 비해 높은 편이다. Chapman(2021)은 사회과학 분야에서 연구자들이 체계적 문헌고찰 방법을 적용할 때 반복적으로 발생하는 오류가 회색문헌(gray literature)을 포함하는 것이라고 지적하였는데, 체계적 문헌고찰은 사전에 정한 엄격한 선별 기준에 따라 문헌의 품질과 신뢰성을 평가하기 때문에 회색문헌은 선별 과정에서 제외 대상이 된다. 그러나 이러한 엄격성은 문헌고찰에 활용할 수 있는 연구의 수가 매우 제한될 수 있다는 단점이 있다.

체계적 문헌고찰 방법을 적용할 때는 연구자가 따라야 할 엄격한 지침이 존재한다. 이러한 지침은 주로 체계적 문헌고찰 연구의 수준을 높이기 위하여 연구자들과 관련 전문가들이 제안하는 지침으로 정기적으로 수정 및 보완된다. 대표적인 지침으로는 Cochrane Handbook for Systematic Reviews of Interventions와 PRISMA(Preferred Preporting Items for Systematic Reviews and Meta-Analyses)가 있는데, 사회과학 분야에서는 PRISMA의 활용빈도가 높으며(Chapman, 2021), 인적자원개발 분야에서도 체계적 문헌고찰연구에 PRISMA 지침을 준용한 논문이 많다. Cochrane Handbook에 따르면 체계적 문헌고찰은 개인이 아닌 해당 분야의 전문지식이 있는 최소 2명 이상의 연구팀이 문헌고찰 연구를 수행할 것을 제안한다(Lasserson et al., 2019). 이는 문헌고찰을 위한 논문 선별, 데이터 추출 등의 작업을 최소 두 명의 연구자들이 독립적으로 수행하여 오류의 가능성을 최소화하기 위함 이다. 또한 PRISMA에서는 문헌을 선별할 때 사전에 엄격한 기준을 설정하 고 적용해야 하며 연구자들은 그 기준을 논문에서 자세히 보고해야 한다고 정해두었다. 또한 연구자들은 문헌을 검색했던 데이터베이스와 웹사이트 등 을 보고하고, 가장 마지막으로 검색한 날짜와 검색에 사용한 키워드, 그리고 검색을 위해 사용했던 필터 기능 등도 자세히 기술해야 한다.

체계적 문헌고찰 방법은 위에서도 언급하였듯이 메타분석과 함께 자주 활 용되는 방법이다. 국내에서는 장미화와 탁진국(2019)이 코칭과 조직유효성 의 관계에 대한 체계적 문헌고찰을 수행하였으며 동시에 메타분석도 진행하 였다. 체계적 문헌 고찰에는 전문가를 통해 연구의 질(quality)이 검증된 128편의 양적, 질적 연구가 활용되었으며, 이어진 메타분석에는 68편의 양적 연구가 사용되었다. 이 논문에서 연구자들은 체계적 문헌고찰을 위해 PRISMA 지침을 적용하였다고 보고하였다. 해외에서는 Lee et al.(2022)이 일 몰입 (work engagement)과 일 중독(workaholism)에 대한 개념을 구분하기 위 하여 46편의 양적연구를 대상으로 체계적 문헌고찰과 메타분석 (Meta−CFA)을 실시하였다. 논문에는 특정 지침을 적용하였다고 직접적으 로 보고하지는 않았으나 문헌 선별과정을 자세히 보여주는 도표와 전문가로 구성된 3인의 연구팀, 그리고 구체적인 문헌 선별 조건 보고 등은 PRISMA 지침과 일치한다. 연구자들은 체계적 문헌고찰을 통해 선행연구에서 사용한 일 몰입과 일 중독의 정의와 구성요소 및 측정도구를 살펴보고 메타분석을 통해 두 변인 간의 상관과 요인 구조를 확인하였다. Thomas et al.(2023)은 메타분석 없이 체계적 문헌고찰만 수행하였는데 연구자들은 인적자원개발 분야에서 연구된 게이미피케이션 관련 주제를 확인하고 향후 연구 방향을 제 시하였다. 이들 역시 PRISMA 지침을 준용하여 논문을 선별하는 과정을 도표 로 나타내었으며 문헌 검색과 선별에 대한 구체적이고 자세한 내용(예: search and review protocol, inclusion and exclusion criteria)을 보고하였다.

◆ 통합적 문헌고찰(Integrative Literature Review)

통합적 문헌고찰은 2005년 Richard Torraco 교수가 Human Resource Development Review에 "Writing integrative literature reviews: Guidelines and examples"라는 에세이를 Instructor's Corner에 게재한 이후 인적자원 개발 분야 연구자들이 가장 많이 적용하는 문헌연구 방법이 되었다. 통합적 문헌고찰이란 특정 주제와 관련한 대표적인 문헌을 검토하고 종합함으로써 해당 주제에 대한 새로운 체계와 시각이나 관점을 생성하는 연구의 한 형태이다(Torraco, 2005). Callahan(2014)은 좋은 문헌고찰 연구는 간결하고(concise) 명확하며(clear), 때로는 비판적이면서(critical) 설득력이 있고(convincing) 분야의 이론 발전에 공헌하는(contributive) 연구라고 설명하였는데 이는 통합적 문헌고찰의 특성을 잘 설명하고 있다. 통합적 문헌고찰은 단순히 선행연구를 요약하고 정리하여 보고하는 것이 아니라 기존 연구를 비판적으로 분석하고 연구자의 통찰력을 통해 새로운 지식을 창출하고 이론 발전을 촉진한다. 또한 통합적 문헌고찰은 현재 지식 체계 중 미흡한 부분을 발견하고 추가적인 연구를 제안하는 역할뿐만 아니라 기존과는 다른 개념적 분류(taxonomy)나 대안적 이론 모델 혹은 개념적 프레임워크(Conceptual Framework)를 만들 수 있으며 메타이론 개발의 기초가 될 수도 있다(Torraco, 2005).

통합적 문헌고찰은 앞서 소개한 체계적 문헌고찰과 몇 가지 공통점과 차이점이 있는데, 우선 공통점으로는 연구자가 논문을 작성할 때 연구방법에 대해 충분하고 명확하게 설명을 해야 한다는 것이다. Toracco(2005)는 통합적 문헌고찰을 작성할 때 연구자가 어떤 절차를 통해 문헌을 검색하고 선별하였는지 상세히 기술할 것을 제안하였다. 통합적 문헌고찰에서는 체계적 문헌고찰에서와 같이 한 명의 연구자가 단독으로 문헌을 검토하는 것을 반대하는 입장은 아니지만 적어도 문헌을 검토한 사람이 한 명이라면 이를 밝히고 어떤 방식과 절차를 거쳐 선행연구들을 검토했는지 구체적으로 작성해야 한다. 뿐만 아니라 체계적 문헌고찰에서 요구하는 것과 마찬가지로 통합적 문헌고찰 역시 연구자가 문헌 검색을 위해 활용한 데이터베이스, 검색 날짜, 검색에 활용한 키워드 등을 밝혀야 한다.

한편 통합적 문헌고찰과 체계적 문헌고찰의 가장 큰 차이점은 문헌고찰을 위해 선별한 논문의 특성이다(Kutcher & LeBaron, 2022; Whittemore & Knafl, 2005). 메타연구에 뿌리를 두는 체계적 문헌고찰은 주로 양적연구를 분석대상으로 한정하지만 체계적 문헌고찰에서는 실증연구뿐만 아니라 질적연구와 이론연구 등 다양한 연구방법에 열려있으며 이러한 유연성은 연구주제에 대한 이해의 깊이를 더하는 데 도움이 된다. 뿐만 아니라 통합적 문헌고찰에서는 동료평가를 거친 논문뿐만 아니라 다양한 출처의 문헌을 포함할 수 있는데, 경우에 따라서는 기관에서 발표한 보고서와 같이 정식 학술지에 출판되지 않은 회색문헌(grey literature)을 포함하기도 한다(Kutcher & LeBaron, 2022).

통합적 문헌고찰 방법은 인적자원개발 분야 연구자들이 가장 빈번하게 활용하는 문헌연구 방법으로 분야의 이론 발전에 기여하고 있다. 인적자원개발 분야의 대표적 통합적 문헌고찰 연구로는 Shuck(2011)의 직원몰입(Employee Engagement)과 관련한 연구가 있다. Shuck은 직원몰입이 경영학, 심리학, 사회학 등과 같이 다양한 학문 분야에서 독립적으로 이루어져 연구자들과 실무자들이 개념을 정립하는데 혼란스러움을 느끼고 있다고 보고 다양한 분야의 직원몰입 연구를 종합하여 정리하였다. 그는 직원몰입에 대한 213편의 선행연구를 네 가지 유형으로 범주화하였으며 각 유형별로 직원몰입은 어떻게 정의되고 각 유형에 속하는 연구들이 이론적으로 어떤 역할과 기여를 했는지 정리하였다. 또 다른 통합적 문헌고찰 연구로는 Lee와 Lee(2024)의 피플 애널리틱스(People Analytics)에 대한 문헌고찰 연구가 있다. 연구자들은 인적자원개발 분야에서 비교적 새로운 주제인 피플 애널리틱스에 대한 통합적 문헌고찰 연구를 실시하여 피플 애널리틱스 연구가 그동안 인적자원(HR) 분야에서 어떻게 이루어졌는지 살펴보고 이를 바탕으로 인적자원개발 분야의 연구와 실무에 어떻게 적용하고 활용할 것인지 제

안하였다. 또한 향후 인적자원개발 연구자들이 관심을 가지고 연구를 수행

해야 할 방향을 제시하였다. 국내에서는 이재영과 백평구(2022)가 인적자원

개발 분야에서 다양성, 형평성, 포용성을 의미하는 DEI(Diversity, Equity,

& Inclusion) 연구 동향과 향후 연구 방향을 제시하기 위하여 통합적 문헌

고찰을 실시하였다. 연구자들은 기존의 문헌을 종합적으로 검토하고 주제에

대한 새로운 관점을 형성하기 위하여 통합적 문헌고찰 방법을 사용하였으며

이를 위해 Torraco(2005)가 제시한 절차를 준용하였다고 밝히고 있다. 또한

김한슬 외(2021)는 핵심자기평가(Core Self-Evaluation)이라는 변인에 대

하여 국내외 연구를 대상으로 통합적 문헌고찰을 수행하였는데, 연구자들은

문헌고찰 결과로 핵심자기평가 관련 연구들을 종합하여 관련 변인들에 대한

개념모형을 제시하였다. 이 논문 역시 연구방법에 Torraco(2005)가 제시한

지침을 적용한 것으로 보고하였다.

◆ 주제범위 문헌고찰(Scoping Literature Review)

주제범위 문헌고찰은 연구 주제에 대한 개념, 선행연구 유형 및 연구 공백에

대한 전체적인 구조를 보여주기 위한(mapping) 연구방법이다(Colquhoune et

al., 2014). 주제범위 문헌고찰은 다른 문헌고찰 방법과 마찬가지로 연구 주

제에 대해 선행연구가 어떻게 수행되어 왔는지 그 흐름을 살펴보거나 현재

지식 체계의 갭(gap)을 발견하여 향후 연구 방향을 제시하고자 할 때 적용

할 수 있다(Munn et al., 2018; Xiao & Watson, 2019). 그러나 주제범위 문

헌고찰은 선행연구 결과를 종합하거나 평가하지 않으며 분석 대상 논문을

선별할 때 체계적 문헌연구 수준의 엄격한 기준을 적용하지 않기 때문에 비

교적 짧은 시간 내에 많은 양의 선행연구를 검토할 수 있다. 뿐만 아니라 검

토 범위에 포함되는 문헌에는 회색문헌, 인터뷰 보고서, 매뉴얼 등과 같이

다양한 형태의 문헌을 포함할 수 있다(Cacchione, 2016; Peterson et al.,

2017). 주제범위 문헌고찰은 다양하고 방대한 문헌의 범위, 특성, 분포 등을

살펴보기 때문에 연구주제의 범위가 넓고 선행연구가 다양한 연구 방법을

적용하고 있을 때 유용하며(Arksey & O'Malley, 2005) 선행연구의 잠재적인 범위와 규모를 파악할 수 있다는 장점이 있다(Arksey & O'Malley, 2005; Levac et al., 2010; Munn et al., 2018). 이러한 특징으로 인해 주제범위 문헌고찰은 체계적 문헌연구를 수행하기 전 탐색적 분석을 위한 단계로도 활용할 수 있다(Munn et al., 2018).

주제범위 문헌고찰은 다른 문헌고찰 방법에 비해 문헌 선별 기준이 엄격하지 않아 보다 다양한 관점과 많은 정보를 연구에 포함할 수 있다는 장점이 있지만 이는 연구의 신뢰도나 타당도에 영향을 줄 수 있어 주제범위 문헌고찰의 한계점이 되기도 한다(Verdejo et al., 2021). 그러나 Peterson et al.(2017)은 주제범위 문헌고찰이 체계적 문헌고찰 보다 단순히 덜 엄격한 버전의 문헌고찰 연구로 생각하면 안되며, 각각의 문헌고찰 방법은 연구가 지향하는 바와 그 목적이 다르다는 것을 인식하고 자신의 연구 목적에 부합하는 방법을 사용해야 한다고 조언하였다. 주제범위 문헌고찰에 관심있는 연구자들은 Arksey와 O'Malley(2005) 또는 Levac et al.(2010)가 제시한 연구관련 지침을 확인하면 도움을 받을 수 있다.

국내에서 주제범위 문헌고찰 연구는 간호학 분야에서 활발하게 출판되고 있으며 기타 사회학, 교육학 분야에서도 종종 연구 결과를 확인할 수 있다. 인적자원개발 분야에서는 주제범위 문헌고찰을 다른 문헌고찰 방법 만큼 활발하게 활용하고 있지는 않았으나 최근 일부 연구가 주제범위 문헌고찰을 적용한 것을 확인하였다. 국내에서는 김승진 외(2022)가 고등교육 분야에서 블록체인 기술 활용의 특성과 범위, 그리고 기술 활용을 위해 해결되어야 할 문제와 쟁점을 탐색하기 위하여 주제범위 문헌고찰을 활용하였다. 연구자들은 블록체인이라는 복잡하고 불분명하며 교육 분야에서는 새로운 영역인 주제에 대해 문헌고찰을 실시하기 위하여 주제범위 고찰을 적용했다고 밝히고 있다. 해외에서는 Brown et al.(2019)이 인적자원개발 분야에서 성과관리 연구가 인적자원 분야에 기여한 바에 대해 주제범위 문헌고찰을 시행하였으며 Han과 Stieha(2020)는 인적자원개발 분야에서 성장마인드셋

(Growth Mindset)과 관련한 결과변인들에 대해 알아보기 위하여 주제범위 문헌고찰을 수행하였다. Han과 Stieha는 주제범위 문헌고찰을 위해 여러 회에 걸친 구조화된 검색을 하였으며 체계적 문헌고찰과 달리 분석에 활용한 문헌에 대한 질적 평가를 하지 않았음을 밝혔다. Yoon et al.(2023)은 주제범위 문헌고찰과 토픽모델링을 통해 인적자원개발 분야에서 피플 애널리틱스(People Analytics)의 연구 현황과 향후 연구 방향을 제시하였다.

　위에서 살펴본 세 가지 문헌고찰 연구방법을 종합해 보면, 문헌고찰 연구는 연구주제와 밀접한 선행연구를 선별하고 분석하여 연구 문제에 대한 답을 제시한다는 공통점이 있다. 또한 연구의 신뢰도와 타당도를 높이기 위하여 연구자는 어떤 유형의 문헌고찰을 적용하더라도 연구 과정(문헌검색에 사용한 데이터베이스, 검색날짜, 검색에 사용한 키워드 등)에 대해서 투명하게 보고해야 한다. 그러나 세 가지 문헌고찰 연구방법은 연구주제의 범위나 연구를 수행하는 구체적인 방법 측면에서 일부 차이가 존재한다(<표 1> 참조). 우선 통합적 문헌고찰이나 주제범위 문헌고찰은 일반적이고 범위가 넓은 연구문제에 적합한 반면, 체계적 문헌고찰은 매우 구체적이고 명확한 연구문제를 다룬다. 따라서 통합적 문헌고찰과 주제범위 문헌고찰이 되도록 다양하고 많은 선행연구를 포함하는 반면, 체계적 문헌고찰은 연구문제와 직접적으로 관련이 있고 전문가에 의해 검증된 선행연구만 선별하여 사전에 정해진 방식으로 문헌에서 데이터를 수집하고 분석한다. 또한 체계적, 통합적, 주제범위 문헌고찰은 연구를 통해 추구하는 바가 다르다. 체계적 문헌고찰이 구체적인 연구 질문에 대해 선행연구들의 증거를 종합하여 평가하는 것이 목적이라면 통합적 문헌고찰은 일반적인 연구문제에 대해 다양한 선행연구를 종합하여 주제에 대한 깊은 이해와 통찰을 제공하기 위해 수행된다. 주제범위 문헌고찰은 연구목적이 특정 주제에 대한 선행연구 영역의 범위나 특징을 이해하는 것이라면 적합한 방법이다. 이렇게 각각의 문헌고찰 연구 유형은 다른 목적을 추구하기 때문에 연구자는 자신의 연구 목적에 부합하는 방법을 적용하여야 한다.

<표 1> 문헌고찰 유형별 차이점

	체계적 문헌고찰	통합적 문헌고찰	주제범위 문헌고찰
연구문제	구체적	일반적	개괄적
연구목적	선행연구들의 증거를 종합하여 평가	선행연구를 종합하여 주제에 대해 깊은 이해	특정 주제에 대한 선행연구 영역의 범위나 개요 제공
선행연구 검색전략	표준화된 방법으로 검색하며 엄격한 기준에 따라 선별	유연한 방법으로 검색	유연한 방법으로 검색
선행연구 평가	질(quality)관리에 매우 엄격	질보다는 다양한 연구를 포함하는데 노력	평가하지 않음
작성지침	PRISMA Cochrane Handbook	Torraco(2005; 2016)	Arksey & O'Malley, (2005) Levac et al.(2010)

다음으로 선행연구 검색전략과 선별과정을 비교해 보면 체계적 문헌고찰이 통합적 문헌고찰이나 주제범위 문헌고찰에 비해 가장 엄격한 방법을 적용하고 있다. 체계적 문헌고찰은 표준화된 방법으로 문헌을 검색하며 사전에 연구자들 간의 합의를 통해 분석을 위해 문헌을 선별할 때 포함하거나 제외할 기준을 수립하고 이를 철저하게 적용하는데 구체적인 내용은 PRISMA 혹은 Cochrane Handbook에 자세히 소개되어 있다. 관련하여 Arksey와 O'Malley(2005)는 이러한 엄격한 기준을 적용하지 않은 문헌고찰 연구에는 체계적 문헌고찰이라는 제목을 붙여서는 안된다고 주장하였다. 통합적 문헌고찰과 주제범위 문헌고찰은 체계적 문헌고찰보다 유연한 방법으로 문헌을 검색하지만 검색 과정에 대해서는 투명하게 보고해야 한다.

앞서 제시한 체계적 문헌고찰, 통합적 문헌고찰, 주제범위 문헌고찰 외에도 문헌고찰에는 다양한 유형이 존재하며(예: 비판적 고찰 Critical Review, 서술적 고찰 Narrative Review, 혼합연구 고찰 Mixed Studies Review, 구조적 고찰 Structured Review 등) 경우에 따라서는 이러한 연구방법을 혼합한 하이브리드 문헌고찰(Hybrid Review, Xiao & Watson, 2019)도 사용할 수 있다. 따라서 문헌고찰 연구에 관심이 있는 연구자는 위에서 소개된 세 가지 유형 외에도 더 많은 문헌고찰 유형에 대해 충분히 탐색해보고 자신의 연구 문제에 가장 적합한 문헌고찰 방법을 선택하고 적용해야 할 것이다.

문헌고찰 연구 가이드

지금까지 문헌고찰 연구의 중요성과 인적자원개발 분야에서 자주 사용하는 세 가지 문헌고찰 유형에 대해 살펴보았다. 본 장에서는 문헌고찰 연구를 수행할 때 인적자원개발 분야 연구자들이 참고할 수 있는 내용을 아래와 같이 제시하고자 한다.

◆ 연구주제 선정

문헌고찰 연구에 관심이 있는 연구자라면 연구를 시작하기에 앞서 같은 주제로 다른 연구자가 최근 문헌고찰 연구를 출판하지 않았는지 확인해야 한다(Paul & Criado, 2020). 이미 같은 주제로 문헌연구가 최근에 출판되었다면 현실적으로 비슷한 내용의 문헌고찰 연구가 다시 출판될 가능성은 매우 낮으며 이는 연구자 개인으로서도 시간과 노력 낭비이기 때문이다. 또한 문헌고찰 연구를 본격적으로 시작하기 전에 탐색적 논문 검색을 통해 문헌연구를 수행하기에 선행연구가 양적으로 충분히 존재하는가에 대한 확인도 필요하다. 선행연구가 지나치게 부족한 주제는 문헌고찰 연구를 수행하기 적절하지 않을 수도 있기 때문이다.

◆ 문헌고찰 유형 선정

연구자가 문헌고찰을 수행할 연구주제와 구체적인 연구문제를 도출하였다면 다양한 문헌고찰 유형 중 어떤 유형이 가장 적절한가에 대한 의사결정

을 내려야 한다. 앞서 살펴본 것처럼 연구주제의 범위나 연구 문제에 따라
적합한 문헌고찰 방법은 달라지며 연구자는 문헌고찰 방법들 간의 특징과
차이를 정확하게 이해하고 선택해야 한다. 만약 연구자가 기존의 연구를 종
합하여 연구가 진행되어 온 흐름을 정리하고 그동안 연구가 미흡한 부분을
발견하여 향후 연구 방향을 제시한다면 이는 체계적 문헌고찰보다는 통합적
문헌고찰이 더 적합한 방법일 것이다. 또한 최근 기술의 발전이나 사회적
변화 등으로 연구자와 실무자들이 많은 관심을 가지고 있지만 해당 주제에
대해 충분한 선행연구가 되어 있지 않은 경우, 각종 연구소와 기관에서 발
간한 보고서와 같은 회색문헌을 포함하여 신속하게 해당 주제의 연구 범위
와 내용을 보여주고자 할 때는 통합적 문헌고찰보다는 주제범위 문헌고찰이
더 나은 선택일 수 있다.

출판된 문헌고찰 중 일부는 연구자들이 문헌고찰 유형의 차이를 제대로
이해하지 못하여 실제로 사용한 방법과 연구자가 사용했다고 보고한 방법이
일치하지 않는 경우도 있다. Paré et al.(2015)는 정보시스템 분야 저널에
실린 139편의 문헌고찰 논문을 분석한 결과 일부 연구자들이 문헌 선별과정
에서 체계적 문헌 고찰이 요구하는 엄격한 기준을 적용하지 않았음에도 불
구하고 체계적 문헌 고찰 방법을 적용했다고 보고한 오류를 발견하였다. 인
적자원개발 분야에서는 Rezaei와 Beyerlein(2018)이 자신들의 연구에 체계
적 문헌고찰이라는 제목을 붙였지만 본문에서는 Torraco(2005)가 제시한
통합적 문헌고찰 방법에 대한 정의와 방법을 적용하였는데, 연구자들은 이
러한 오류를 사전에 방지하기 위해 자신이 적용하고자 하는 연구방법에 대
한 정확한 지식과 이해가 필요하다.

✦ 논문검색 및 선별

논문 검색 및 선별단계는 연구자가 선택한 문헌고찰 유형에 따라 달라질
수 있다. 특히 엄격한 기준을 중심으로 문헌 검색 및 선별을 요구하는 체계
적 문헌고찰 방법의 경우, PRISMA 등의 지침을 참고하여 그 기준에 부합하

도록 해야 한다. 통합적 문헌고찰과 주제범위 문헌고찰의 경우 논문 검색과
선별 과정에 있어 체계적 문헌고찰 방법보다는 유연하게 접근할 수 있지만
결국 문헌고찰 연구에서 분석할 논문의 양과 질은 최종 연구 결과물에 영향
을 미치기 때문에 신중해야 한다. HRDR 부편집장이었던 Lyle Yorks는 문
헌연구에서 분석할 논문을 검색하고 선별하는 과정은 양적 연구에서 표본을
표집하는 과정과 유사하다고 언급하였는데 이는 문헌연구에서 최종 분석에
포함되는 선행연구가 연구의 타당성과 밀접한 관련이 있기 때문이다.

◆ 문헌고찰 논문작성

문헌고찰 연구를 수행한 경우에는 논문 제목에 문헌고찰 연구라는 것을
명확하게 밝히는 것이 좋다. 가급적이면 구체적으로 어떤 유형의 문헌고찰을
수행하였는지 밝히고 만약 제목에서 이를 밝히는 것이 여의치 않다면 초록
(Abstract)이나 주제어(Keyword)에 이를 포함하는 것이 좋다. HRD연구, 인
적자원개발연구, 기업교육과 인재연구 등 인적자원개발 분야 학술지에 출판
된 문헌고찰 연구 중 일부는 논문 제목에 '문헌고찰' 혹은 '문헌연구'를 포함
하지 않은 경우가 많다. 그러나 연구자가 제목에 문헌고찰 유형까지도 명확
하게 나타내면 독자들은 어떠한 의도로 문헌고찰이 수행되었는지 빠르고 쉽
게 이해할 수 있으며 다른 연구자들 역시 문헌을 검색할 때 데이터베이스에
서 검색의 정확도를 높일 수 있다(Paul & Criado, 2020; Paré et al., 2015).

Callahan(2010)은 연구자들이 문헌연구를 수행한 방법에 대해 최종적으
로 보고할 때는 논문검색 및 선별과정에서 누가(who), 언제(when), 어디서
(where) 문헌을 검색했는지, 어떤 키워드 조합을 사용하였는지(how), 그
결과 어떤 논문이 검색되었는지(what)를 상세하고 투명하게 기록해야 한다
고 조언하였다. 또한 최종적으로 문헌고찰을 위해 선택한 논문은 어떤 기준
으로 왜 선택하였는지(why) 그 이유를 간략하게 기술해야 한다고도 하였는
데, 이는 다른 연구자들이 필요에 따라 연구를 재연할 수 있게 하며 연구의
신뢰성 또한 향상되기 때문이다.

결론

　지금까지 문헌고찰 연구의 중요성과 문헌고찰 유형, 그리고 문헌고찰 논문 연구 가이드에 대해 알아보았다. 문헌고찰 방법은 끊임없이 진화하고 있으며, 인적자원개발 분야에서도 문헌고찰 연구 수준을 높이기 위한 노력이 지속되고 있다(Rocco et al., 2023; Torraco, 2016). 수준 높은 문헌고찰 연구는 독자들에게 새로운 관점과 지식을 제공하며 연구자 스스로도 많은 학습이 되는 방법이다. 또한 인적자원개발 분야의 이론적 발전과 연구 방법의 다양화에도 기여하는 만큼 인적자원개발 연구자들은 문헌고찰 연구를 적극적으로 활용하여 우수한 문헌고찰 논문을 지속적으로 발표하고 인적자원개발 분야 이론 발전에 기여해야 할 것이다.

참고문헌

김승진, 신인수, 장환영(2022). 고등교육 분야 블록체인 기술활용 가능성 및 쟁점: 주제범위 고찰(Scoping Review) 및 심층 면담을 중심으로. *HRD 연구, 24*(4), 35-63.

김한슬, 이재영, 홍소정, 이윤수(2021). 핵심자기평가(Core Self-Evaluation) 통합적 문헌고찰: 국내외 양적 연구를 중심으로. *평생교육·HRD연구, 17*(3), 25-58.

이재영, 백평구(2022). 국내 인적자원개발 분야의 DEI 연구 동향과 연구 방향. *인적자원개발연구, 25*(4), 89-119.

이재은, 조영아(2019). 도전적 직무경험 (Challenging Job Experience)에 대한 체계적 고찰과 통합모형 개발. *HRD 연구, 21*(3), 133-163.

장미화, 탁진국(2019). 국내 코칭과 조직유효성의 관계: 체계적 문헌고찰 및 메타분석. *HRD 연구, 21*(3), 189-219.

Arksey, H., & O'Malley, L. (2005). Scoping studies: Towards a methodological framework. *International Journal of Social Research Methodology, 8*(1), 19-32.

Baumeister, R. F., & Leary, M. R. (1997). Writing narrative literature reviews. *Review of General Psychology, 1*(3), 311-320.

Boooth, A., Papaioannou, D., & Sutton, A. (2012). *Systematic Approaches to a Successful Literature Review*. Sage.

Borenstein, M., Hedges, L. V., Higgins, J. P. T., & Rothstein, H. R. (2009). *Introduction to Meta-Analysis*. Wiley.

Brown, T. C., O'Kane, P., Mazumdar, B., & McCracken, M. (2019). Performance management: A scoping review of the literature and an agenda for future research. *Human Resource Development Review, 18*(1), 47-82.

Cacchione, P. Z. (2016). The evolving methodology of scoping reviews. *Clinical Nursing Research, 25*(2), 115-119.

Callahan, J. L. (2010). Constructing a manuscript: Distinguishing integrative literature reviews and conceptual and theory articles. *Human Resource Development Review, 9*(3), 300-304.

Callahan, J. L. (2014). Writing literature reviews: A reprise and update. *Human Resource Development Review, 13*(3), 271-275.

Chapman, K. (2021). Characteristics of systematic reviews in the social sciences. *The Journal of Academic Librarianship, 47*(5), 102396.

Colquhoun, H. L., Levac, D., O'Brien, K. K., Straus, S., Tricco, A. C., Perrier, L., & Moher, D. (2014). Scoping reviews: Time for clarity in definition, methods, and reporting. *Journal of Clinical Epidemiology, 67*(12), 1291-1294.

Davis, J., Mengersen, K., Bennett, S., & Mazerolle, L. (2014). Viewing systematic reviews and meta-analysis in social research through different lenses. *SpringerPlus, 3*(1), 1-9.

Efron, S. E., & Ravid, R. (2018). *Writing the Literature Review: A practical Guide.* Guilford Publications.

Evans, J., & Benefield, P. (2001). Systematic reviews of educational research: Does the medical model fit? *British Educational Research Journal, 27*(5), 527-541.

Grant, M. J., & Booth, A. (2009). A typology of reviews: An analysis of 14 review types and associated methodologies. *Health Information & Libraries Journal, 26*(2), 91-108.

Green, B. N., Johnson, C. D., & Adams, A. (2006). Writing narrative literature reviews for peer-reviewed journals: Secrets of the trade. *Journal of Chiropractic Medicine, 5*(3), 101-117.

Han, S. J., & Stieha, V. (2020). Growth mindset for human resource development: A scoping review of the literature with recommended interventions. *Human Resource Development Review, 19*(3), 309-331.

Kutcher, A. M., & LeBaron, V. T. (2022). A simple guide for completing an integrative review using an example article. *Journal of Professional Nursing, 40*, 13-19.

Lasserson, T., Thomas, J. & Higgins, J, (2019). Starting a review. In J. Higgins, J. Chandler, M. Cumpston, T. Li, M. J. Page, & V. A. Welch (Eds.), *Cochrane handbook for systematic reviews of interventions core methods* (pp. 3-12). Wiley.

Lee, J. Y., & Lee, Y. (2024). Integrative literature review on people analytics and implications from the perspective of human resource development. *Human*

Resource Development Review, 23(1), 58-87.

Lee, Y., Lee, J. Y., & Lee, J. (2022). The relationship between work engagement and workaholism: A systematic review and meta-analysis. *European Journal of Training and Development, 46*(9), 996-1028.

Lee, J. Y., Rocco, T. S., & Shuck, B. (2020). What is a resource: Toward a taxonomy of resources for employee engagement. *Human Resource Development Review, 19*(1), 5-38.

Levac, D., Colquhoun, H., & O'brien, K. K. (2010). Scoping studies: Advancing the methodology. *Implementation Science, 5,* 1-9.

Munn, Z., Peters, M. D., Stern, C., Tufanaru, C., McArthur, A., & Aromataris, E. (2018). Systematic review or scoping review? Guidance for authors when choosing between a systematic or scoping review approach. *BMC Medical Research Methodology, 18,* 1-7.

Shuck, B. (2011). Integrative literature review: Four emerging perspectives of employee engagement: An integrative literature review. *Human Resource Development Review, 10*(3), 304-328

Snyder, H. (2019). Literature review as a research methodology: An overview and guidelines. *Journal of Business Research, 104,* 333-339.

Paré, G., Trudel, M. C., Jaana, M., & Kitsiou, S. (2015). Synthesizing information systems knowledge: A typology of literature reviews. *Information & Management, 52*(2), 183-199.

Paul, J., & Criado, A. R. (2020). The art of writing literature review: What do we know and what do we need to know? *International Business Review, 29*(4), 101717.

Peterson, J., Pearce, P. F., Ferguson, L. A., & Langford, C. A. (2017). Understanding scoping reviews: Definition, purpose, and process. *Journal of the American Association of Nurse Practitioners, 29*(1), 12-16.

Rezaei, F., & Beyerlein, M. (2018). Talent development: A systematic literature review of empirical studies. *European Journal of Training and Development, 42*(1/2), 75-90.

Rocco, T. S., & Plakhotnik, M. S. (2009). Literature reviews, conceptual frameworks, and theoretical frameworks: Terms, functions, and distinctions. *Human*

Resource Development Review, 8(1), 120-130.

Rocco, T. S., Plakhotnik, M. S., McGill, C. M., Huyler, D., & Collins, J. C. (2023). Conducting and writing a structured literature review in human resource development. *Human Resource Development Review, 22*(1), 104-125.

Rowe, F. (2014). What literature review is not: Diversity, boundaries and recommendations. *European Journal of Information Systems, 23*(3), 241-255.

Rudestam, K. E., & Newton, R. R. (2014). *Surviving Your Dissertation: A Comprehensive Guide to Content and Process.* Sage.

Thomas, N. J., Baral, R., & Crocco, O. S. (2022). Gamification for HRD: Systematic review and future research directions. *Human Resource Development Review, 21*(2), 198-224.

Torraco, R. J. (2005). Writing integrative literature reviews: Guidelines and examples. *Human Resource Development Review, 4*(3), 356-367.

Torraco, R. J. (2016). Writing integrative literature reviews: Using the past and present to explore the future, *Human Resource Development Review, 15*(4), 404-428.

Verdejo, C., Tapia-Benavente, L., Schuller-Martínez, B., Vergara-Merino, L., Vargas-Peirano, M., & Silva-Dreyer, A. M. (2021). *What you need to know about scoping reviews. Medwave, 21*(2), e8144.

Whittemore, R., & Knafl, K. (2005). The integrative review: Updated methodology. *Journal of Advanced Nursing, 52*(5), 546-553.

Xiao, Y., & Watson, M. (2019). Guidance on conducting a systematic literature review. *Journal of Planning Education and Research, 39*(1), 93-112.

Yoon, S. W., Han, S. H., & Chae, C. (2024). People analytics and human resource development-research landscape and future needs based on bibliometrics and scoping review. *Human Resource Development Review, 23*(1), 30-57.

메타분석

이윤수(leoyunsoolee@gmail.com)

이윤수는 펜실베니아 주립대학교에서 HRD 전공으로 박사학위를 취득하였고, 현재 한양대학교 교육공학과에서 연구 및 강의를 하고 있다. 주요 연구 관심 분야는 경력개발, HRD, People Analytics, 조직행동 등이다.

메타분석

이윤수

메타분석의 정의

메타분석은 어떤 연구 질문에 대한 포괄적인 결론을 도출하기 위해 여러 독립적인 기존 연구 결과들을 체계적으로 평가 및 결합하는 통계분석이다. 메타분석은 연구 질문의 답에 가장 근사한 종합적인 추정치를 제공해주고, 연구 결과를 비교하는 데 용이하다(Borenstein et al., 2009, 2021). 예를 들어, 연구자가 비인격적 감독과 이직의도의 관계가 궁금하다고 가정한다면, 메타분석은 두 변수를 활용한 선행 연구들의 결과를 종합해 비인격적 감독과 이직의도의 관계를 효과크기 값으로 제시해준다. 그리고 비인격적 감독과 이직의도의 관계를 비인격적 감독과 조직 시민 행동과 같은 다른 관계들과 직접적인 비교를 가능하게 해준다.

메타분석의 필요성

메타분석(Meta-analysis)은 임상의학에서 치료의 효과나 유병률 평가 등을 위해 널리 사용되어 왔다. 예를 들어, A형 독감에 대해 타미 플루 치료제가 효과가 있는지 연구 문제를 설정했다고 가정해보자. 연구자는 잘 설계된 실험을 직접 수행할 수 있다. 그러나 세상에 완벽한 실험은 없다. 그래서 A형 독감에 대한 타미 플루의 치료 효과에 대한 선행 연구의 결과를 종합해 결론을 내릴 수 있는데, 이것이 메타분석의 접근법이다. 선행 연구들을 살펴본 결과, 아동, 여성, 청년, 남성 노인 등 특정 집단에 초점을 둔 연구들이 있었다면, 메타분석은 이를 종합해 연구 결론을 도출할 수 있다. 개별 연구의 결과보다 전 연령대나 성별로 일반화시킬 수 있는 강력한 결론을 도출할 수 있다는 것이 메타분석의 장점이다.

메타분석의 절차

메타분석의 절차는 합의된 것은 없지만 대개 다음과 같은 단계를 따른다. 첫째, 연구 문제를 설정한다. 이누리 외(2021)의 메타연구를 예로 들면, 연구자들은 비인격적 감독이 다른 변수들과 어떤 관계가 있는지 종합적으로 검토하는 것을 연구 문제로 삼았다. HRD 분야에서는 실험 연구가 많지 않고, 연구 문제가 주로 변수 간의 관계를 주로 다룬다. 둘째, 관련 연구를 수집한다. 체계적인 검색 전략을 사용하여 연구 문제와 관련된 선행연구들을 찾고 수집한다. 해외 논문의 경우 ProQuest(www.proquest.com)나 Web of Science(www.webofscience.com/wos), 국내 논문의 경우 RISS(학술연구정보서비스, www.riss.kr), KCI(한국학술지인용색인, www.kci.go.kr) 등의 검색 엔진에서 연구 문제와 직결된 키워드를 사용해 검색한다. 셋째, 연구의 질 평가 및 데이터를 추출한다. 검색된 자료가 연구 문제와 관련이 있는지, 연구문제를 해결하는 데 도움이 되는지, 연구 퀄리티가 어떤지 등을 평가해 연구 범위를 좁히고, 최종 리스트로부터 표본 크기, 상관계수 등 메타분석에 필요한 정보를 추출한다. 이누리 외(2021)에서 연구의 질 평가한 내용을 요약 발췌하면 다음과 같다.

비인격적 감독에 관한 국내 실증 연구를 식별하기 위해 2021년 2월 학술연구정보서비스(RISS)와 한국학술지인용색인(KCI)에서 '비인격적 감독'을 키워드로 학위논문(105편) 및 국내 학술지 논문(131편)을 검색하였다. 메타 분석에 포함될 논문을 선정하기 위해 다음 네 가지 기준을 적용하였다. 첫째, 실증 연구로 제한하였고(문헌 분석 8편 제외), 학위논문과 학술지 논문이 동일한 데이터를 사용한 경우 학술지 논문만 포함시켰다. 그러나 동일한 데이터를 사용하더라도 내용이 중복되지 않은 24편의 경우 연구 대상에 포함하였다. 둘째, 본 연구의 목적과 범위는 한국의 일터 및 조직에서 일어나는 비인격적 감독을 탐구하는 데 있으므로 외국인 노동자나 학생과 같이 한국인 근로자를 대상으로 하지 않은 연구는 제외하였다(학위논문 21편, 학술지 논문 9편 제외). 셋째, 비인격적 감독 측정도구를 사용하였으나 조직 내 상사가 아니라 고객이나 동료의 비인격적 행동을 측정한 연구(학위논문 2편, 학술지 논문 3편)나 비인격적 감독을 직접 연구하지 않은 연구(학위논문 8편)는 제외되었다. 넷째, 변인 간 상관관계를 보고하지 않았거나 '비인격적 감독'을 특정 변인의 하위요소로 보아 직접적으로 상관계수를 알 수 없는 연구들이 제외되었다(학위논문 6편, 학술지 논문 13편 제외). 최종적으로 132편(학위논문 52편, 학술지 논문 80편)의 연구가 메타 분석에 사용되었다.

그런데 개별 연구로부터 정보를 수집하는 과정에서 변수명이 일치하지 않는 경우를 더러 볼 수 있다. 주도적 성격이나 주도성 같은 경우는 비슷한 변수라는 것을 쉽게 알아차릴 수 있고, 조작된 정의나 측정을 위해 사용된 도구가 동일한지 여부 등을 점검하여 같은 변수인지 아닌지 판단할 수 있다. 중요한 것은 연구자가 어떤 변수들을 같은 변수로 판단했는지에 대한 정확한 정보나 근거를 제시할 수 있어야 한다는 것이다. 최명빈 외(2019)에서 제시한 코딩 정보의 내용을 요약 발췌하면 다음과 같다.

> 경력성공과 관련하여 연구 내 사용된 개념 및 정의를 참고하여 유사용어들은 동일한 변수로 취급하였다. 예를 들어, 프로틴 경력태도, 프로티언 경력태도, 프로티언 경력, 프로틴 경력지향은 모두 프로티언 경력태도로 코딩되었다. 주도적 성격과 주도성도 주도성으로 통일하였고, 정치적 행동성향, 정치행동, 정치적 기술 또한 정치적 행동성향으로 통일하였다. 일-가정 갈등과 가정-일 갈등은 모두 일 가정 갈등으로 통일하였다. 동료지원, 경력개발지원, 조직 경력지원, 상사의 지원, 교육훈련 개발 기회, 공식지원, 비공식지원 등은 모두 조직지원으로 통일하였다.

한편, 개념적으로 연구자가 하위개념들을 묶어서 변수로 코딩하고 메타분석을 실시할 수도 있다. 예를 들어, 주관적 경력성공에 대한 연구들을 찾아보니 많은 연구에서 경력만족과 직무만족을 주관적 경력성공의 구성요소로 연구했다고 가정해보자. 연구자는 물론 경력만족과 직무만족을 각각의 변수로 보고 메타분석을 실시할 수도 있고, 두 변수를 결합해 주관적 경력성공과의 메타분석을 수행할 수 있다. 후자의 경우 선행연구의 경향성을 의사결정에 대한 근거로 제시할 수 있다. 코딩과 관련해서는 각각의 상관관계를 Fisher's z점수로 변환한 뒤 평균하고, 그 평균을 다시 상관계수로 변환한 값을 사용하면 된다(Strube, 1988). 끝으로 연구 재현성을 위해 선정 기준과 정확한 논문 수를 포함하는 것이 중요한데, 이를 시각화한 예시는 다음과 같다.

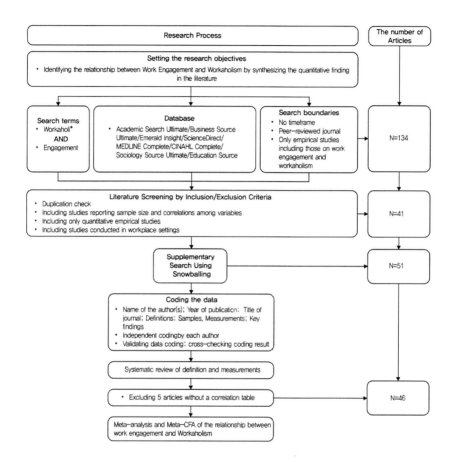

〈그림 1〉 메타분석 문헌 선정 절차

출처: Lee et al., 2022, p. 999.

넷째, 데이터를 분석하고 결과를 해석한다. 메타분석은 CMA(Comprehensive Meta Analysis)나 R이 많이 활용되고, 결과 해석은 예시 논문의 결과 일부를 활용하고자 한다. <표 1>은 메타분석 논문을 보면 흔히 볼 수 있는 결과표 중 하나로, 변수에는 주요 변수인 비인격적 감독과 함께 연구된 변수들이 나열된다. 각 행은 비인격적 감독과 이직 의도, 조직 시민 행동, 조직 몰입과의 관계에 대한 메타분석 결과를 제시하고 있다.

〈표 1〉 메타분석 결과 예시

변수	k	N	r	Hedge's g	S.E.	CIL	CIU	Z	Q	I^2
이직 의도	26	7,450	.433	.964	.07	.82	1.11	13.34***	190.35***	87.78
조직 시민 행동	20	5,807	-.302	-.636	.08	-.79	-.48	-8.18***	144.60***	87.78
조직 몰입	20	7,531	-351	-.822	.17	-1.15	-.50	-4.98***	773.61***	97.54
직무 만족	16	4,685	-.238	-.493	.11	-.70	-.29	-4.66***	174.22***	92.14

k는 연구물 수를 의미한다. 비인격적 감독과 이직 의도에 관한 실증 연구는 총 26편임을 의미한다. 비인격적 감독과 조직시민행동, 비인격적 감독과 조직 몰입에 관한 실증 연구는 각 20편씩이 있음을 알 수 있다. 수학적으로 메타분석은 k가 3편이어도 추정이 되나 너무 작은 k는 아직 메타연구를 수행하기에 해당 연구의 실증 증거들이 충분히 쌓이지 못함을 나타낸다.

N은 표본 크기를 의미한다. 총 k개의 연구에서 사용된 표본 수(n)를 모두 더한 값이다. 비인격적 감독과 이직 의도에 관한 실증 연구 26편에서 샘플 수를 모두 합하면 총 7,540명이었다는 의미이다.

r은 상관계수를 의미한다. 비인격적 감독과 이직의도에 관한 실증연구 26편에서 보고된 두 변수 간 상관계수를 모두 종합하면 .433이라는 의미이다. 이는 산술평균한 것은 아니고, 통계 프로그램이 샘플 수를 고려하여 추정한 평균값으로 이해하면 되겠다. 해석은 일반적인 상관계수 해석처럼 하면 되는데, '비인격적 감독과 이직의도의 관계는 통계적으로 유의한 정(+)적 관련이 있다' 정도로 해석할 수 있다.

Hedge's g는 효과 크기 중 하나다. 메타분석에서 효과 크기(effect size)는 두 변수 간의 관계 또는 그룹 간 차이의 강도 또는 크기를 정량적으로 측정한 것으로 다양한 환경에서 수행된 연구 결과를 비교하는 데 표준화된 방법을 제공한다. 여기서 표준화된 방법이라 함은 효과 크기는 측정도구에 상관없이 효과의 크기를 측정한 것이기 때문에 다양한 측정도구를 사용한 연구 결과들을 비교할 수 있음을 시사한다. HRD 분야에서 효과 크기는 주로 상관관계에 기반을 둔 Fisher's z, Cohen's d, Hedges' g가 사용된다. 특히, Hedge's g는 보정계수 사용해 표본 크기가 작을 때 발생하는 편향을 줄인다는 장점이 있다. 효과 크기는 Cohen(1988)의 기준에 따라 0.2 이하면 작은 효과 크기, 0.5는 중간, 0.8 이상이면 큰 효과 크기로 해석된다. 그러나 이는 하나의 가이드라인이지 절대적인 해석 기준은 아니다. 예를 들어, 효과 크기가 0.65라면 효과크기가 중간인지 큰지를 해석하기가 곤란하다. 중요한 것은 효과 크기의 값이 클수록 연구 결과가 실질적인 중요성이 있다는 것을 의미한다는 것이다.

S.E.는 표준오차(Standard Error)를 의미한다.

CIL과 CIU는 효과 크기의 유의성 검증을 위한 신뢰구간 하한값(Confidence Interval Lower)과 상한값(Confidence Interval)을 의미한다. 일반적으로 95% 신뢰구간의 하한값과 상한값을 보고한다. 26편의 이직의도와 비인격적 감독에 관한 실증연구의 효과 크기인 Hedge's g가 .964로 95% 신뢰구간인 .82와 1.11 사이에 위치하기 때문에 이 값은 통계적으로 유의하다고 해석할 수 있다.

Z는 Z값을 의미한다. 26편의 이직의도와 비인격적 감독에 관한 실증연구의 효과 크기인 Hedge's g가 통계적으로 유의한지에 대한 검정 통계량을 나타내며, Z값은 13.34로 통계적으로 유의함을 알 수 있다. 신뢰구간(CI)으로 추정하든 검정통계량(Z)으로 추정하든 효과 크기가 통계적으로 유의하다고 해석할 수 있다.

Q는 Cochrane's Q를 의미하는데, 연구 간 이질성을 검정한 통계량이다. Q 검정의 영가설은 모든 연구에서 효과가 동일하다는 것으로, Q 값이 크면 이질성이 있음을 의미한다. Q 값은 연구 수가 적으면 검정력이 낮고, 연구

크기가 다를 때 카이제곱 분포를 따르지 않는다는 제한점이 있어 I^2과 같은 지수를 추가적으로 참고하는 것이 권장된다.

I^2은 Higgins I^2로, 우연이 아닌 이질성으로 인한 연구 전반의 전체 변동 비율을 나타낸다. 연구 결과 간의 이질성을 정량화한 척도로, I^2은 0에서 100 사이의 값을 갖는데, 값이 낮을수록 이질성이 없음을 나타낸다. 주로 25는 낮은 이질성, 50은 중간 정도의 이질성, 75는 높은 이질성으로 해석된다. 그러나 I^2 또한 연구 수가 부족하면 검정력이 떨어지고 해석이 편향될 수 있어 절대적으로 신뢰해서는 곤란하다.

분석 모형

메타분석 연구를 읽다보면, 고정 효과 모형(fixed effect model)과 무선 효과 모형(random effect model)이라는 말이 나온다. 고정 효과 모형은 개별 연구에서 효과 크기의 차이는 실제 효과의 차이가 아니라 단순히 표집의 오류로 인한 것으로 가정하는 반면, 무선 효과 모형은 개별 연구에서 효과 크기는 다르기 때문에 효과 크기의 차이는 체계적으로 발생한다고 가정한다 (Borenstein et al., 2009, 2021). 예를 들어, A형 독감 치료제 타미 플루는 개별 연구 대상과 무관하게 노인이든 어린이든 효과가 있다고 가정하고, 이 경우 고정 효과 모형이 적용된다. 그런데 HRD 분야에서 다루는 변수는 대개 연구마다 상이할 수 있는데, 예를 들어, 직무만족의 경우 내가 어떤 산업군의 조직에 속해 있는지, 조직문화는 어떠한지, 급여 수준의 평균은 어떠한지에 따라 다를 수 있다. 이러한 이질성이 두드러지는 경우 무선 효과 모형을 선택하는 것이 좋고, 그 근거로 Q 값이나 I^2 값을 참고하기도 한다.

출판 편향

　출판 편향(Publication bias)은 출판된 연구물이 메타분석에 포함될 가능성이 높기 때문에 메타분석 결과가 진실에서 체계적으로 벗어난 결론을 초래하는 것을 의미한다(Borenstein et al., 2009, 2021). 양적 연구에서 통계적으로 유의한 결과를 담은 연구물이 그렇지 않은 연구물보다 출판될 가능성이 높기 때문에, 정확한 효과 크기를 추정하기 위해서 통계적으로 유의하지 않은 연구물들도 함께 고려되는 것이 좋다. 하지만 메타분석은 애초에 출판된 연구물의 결과만 종합될 가능성이 높기 때문에 출판 편향이 발생하는 것이다. 따라서 출판 편향은 지나치게 낙관적인 결론이 나올 가능성이 높고, 출판 편향의 영향을 평가하는 것은 메타분석에서 필수적이다.

　출판 편향을 탐지하는 방법에는 Funnel plots, Orwin의 안정성 계수, Egger의 절편 검증 등이 있다(이누리 외, 2021; 최명빈 외, 2019). Funnel plots는 아래 그림과 같이 생긴 도표를 의미하는데, 비대칭성을 통해 출판 편향을 시각적으로 확인할 수 있다. 출판 편향이 없다면 깔대기 축을 중심으로 점들의 분포가 대칭에 가까울 것으로 기대된다. 그러나 비대칭성이 두드러지지 않을 경우 출판 편향을 주관적으로 판단해야 한다는 점에서 설득력이 부족할 수 있다.

　Orwin의 안정성 계수(Orwin's fail-safe N)는 출판 편향의 잠재적 영향으로부터 연구 결과의 견고성을 평가하는 검정이다(Borenstein et al., 2009, 2021). 이 검정은 연구 결과가 얼마나 견고한지를 현재 연구 결과를 기각시키기 위해 필요한 누락된 연구 수를 추정함으로써 보여준다. 예를 들어, 비인격적 감독과 이직 의도의 관계가 통계적으로 관련이 없다는 결론에 다다르기 위해서 분석된 26편의 연구 이외에 두 변수의 관계가 관련이 없다는 연구가 몇 편이나 추가되어야 하는지를 계산해준다. 비인격적 감독과 이직 의도의 효과크기는 정(+)적으로 매우 크고 유의하기 때문에 아마도 수백

편 이상의 연구가 추가되어야 한다는 계산이 도출될 것이다. 이처럼 분석에 사용된 연구물의 수보다 훨씬 많은 연구물이 추가되어야 현재 유의한 효과크기가 유의해지지 않는다면 이 경우 출판 편향은 없다고 판단한다. 마지막으로 Egger의 절편 검증은 정확성을 독립변수로, 표준화된 효과크기를 종속변수로 한 회귀분석으로, 절편이 유의하면 출판편향이 있는 것으로 해석한다(이누리 외, 2021; 최명빈 외, 2019).

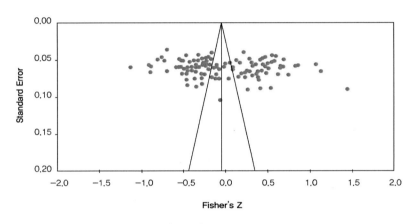

〈그림 2〉 Funnel plot

출처: 이누리 외, 2021, p. 178.

메타 회귀분석

메타 회귀분석은 각 연구의 효과크기에 미치는 선행요인을 분석하는 방법이다. 개별 연구의 효과크기들은 대동소이할 수도 있지만 반대로 굉장히 이질적일 수도 있는데, 그러한 차이의 원인이 특정될 수 있는지 확인하는 방법이다. 예를 들어, 비인격적 감독과 이직의도의 관계는 성별에 따라 차이가 있는데, 특히 여성이 비인격적 감독을 경험할 경우 이직의도가 더 높을 것이라는 가설을 설정했다고 생각해보자. 이 경우 k개의 개별 연구의 샘플들에서 여성 샘플의 비율을 바탕으로 여성 성비라는 변수를 만들 수 있고, 여성 성비를 독립변수로 메타 회귀분석을 실시할 수 있다. 메타 회귀분석의 결과는 일반적인 회귀분석의 결과처럼 해석하면 된다.

메타 SEM

메타분석의 결과를 데이터로 삼아 구조방정식을 분석하는 것이다. 메타 SEM의 장점은 구조방정식모델처럼 다양하고 자유롭게 모델링이 가능하고, 결측치를 처리하는 데도 탁월하다는 것이다. HRD 분야에서 널리 활용되는 DLOQ(Dimensions of Learning Organization Questionnaire)라는 학습조직 도구는 7개 하위요인으로 구성되어 있다. 연구자가 이 7개 하위요인 구조가 적절한지 궁금하다면 연구자는 요인분석을 실시할 수 있을 것이다. 그러나 개별 연구는 완벽하지 못하고, 그 결과를 일반화하기 어렵다. 연구자는 메타분석처럼 DLOQ를 사용한 여러 개별 연구들로부터 상관계수를 수집해 메타분석을 수행할 수 있고, 이러한 방법을 메타 CFA라고 부른다(Ju et al., 2021 참고). 메타 CFA는 <그림 3>과 같이 다양한 요인구조를 비교할 수 있고, 모델 적합도를 계산할 수도 있으며, 탐색적 요인분석과 확인적 요인분석 모두 가능하다.

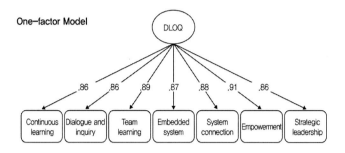

Model	x^2	df	RMSEA[95% CI]	TLI	CFI	SRMR
One-factor Model	437.49***	5	0.053[0.049, 0.057]	0.85	0.92	0.18
Two-factor Model 1	40.90***	4	0.017[0.013, 0.022]	0.98	0.99	0.05
Two-factor Model 2	273.33***	4	0.047[0.042, 0.051]	0.88	0.95	0.14
Two-factor Model 3	395.95***	4	0.056[0.052, 0.061]	0.83	0.93	0.17

Notes: k=30, N=31,105. Two-factor Model 1 consists of workaholism(working excessively and working compulsively) and work engagement(vigor, dedication, and absorption). Two-factor Model 2 consists of workaholism(absorption, excessively compulsively) and work engagement(vigor, dedication, absorption), and absorption double-loaded for each component. Two-factor Model 3 consists of workaholism(absorption, excessively compulsively) and work engagement(vigor, dedication), with absorption loaded onto workaholism, not work engagement. ***p< 0.001

〈그림 3〉 메타 요인분석 예시

출처: Ju et al., 2021, p. 20, Lee et al., 2022, p. 1006.

메타 SEM도 마찬가지다. 예를 들어, 연구자가 팀의 다양성이 팀의 성과에 미치는 영향에서 팀의 갈등의 매개효과가 궁금하다고 가정해보자. 연구자는 위와 같은 이유로 개별 연구보다는 다양성, 갈등, 성과와 관련된 선행연구들로부터 상관관계 바탕으로 메타 SEM 분석을 수행하는 것을 선택할수 있다(Yoo et al., 2021 참고). <그림 4>의 예시는 구조방정식에서 일반적으로 볼 수 있는 매개모형이다. 그런데 연구자들은 이 모형을 분석하기위해 데이터를 직접 수집하는 대신 관련 연구 48개로부터 9,400명의 응답데이터를 활용해 메타 경로분석을 실시하였다. 개별 경로계수뿐만 아니라매개효과도 추정되었음을 알 수 있고, 연구자는 조절효과 등 다양한 대안모델들을 분석할 수 있다.

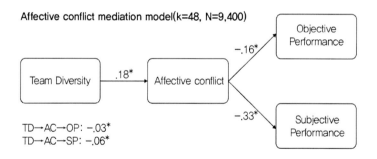

〈그림 4〉 메타 SEM 예시

출처: Yoo et al., 2022, p. 16.

맺음말

　지금까지 메타분석의 정의, 필요성, 절차, 해석 방법 등에 대해 살펴보았다. 끝으로 메타분석을 강의할 때마다 학생들에게 당부하는 말들로 글을 마무리하고자 한다. 첫 번째는 메타분석이 가능한 수준인지 가늠하고 시작해야 한다는 것이다. 선행연구가 너무 적은데 무리해서 메타분석을 할 경우 그 노력을 인정받기 어렵고, 반대로 선행연구가 너무 많다면 많은 시간과 노력이 요구될 것이다. 그러면 몇 편의 선행연구가 있을 때가 적당한지 궁금할 텐데, 아쉽게도 그러한 기준은 없다. 다만 귀납적으로 그동안 내가 연구했던 메타연구들을 살펴보면, 최종적으로 분석에 사용된 선행 연구의 수가 대략적으로 50여 편 이상이었던 것 같다. 그러나 처음 한두 번의 검색만으로는 최종 분석에 사용될 선행 연구의 수를 예단하기 어렵기 때문에 일차적으로 솔팅(sorting) 작업에 공수를 들여야만 비로소 메타분석 가능 여부를 판단할 수 있음을 주지할 필요가 있다.

　두 번째는 최근에 관련 주제로 선행 메타연구가 있었는지 확인해야 한다. 메타연구는 동일한 주제로 분석할 경우 비슷한 결과가 도출될 수밖에 없고, 이 경우 학문적인 차별점을 부각시키기 어렵다. 노력은 노력대로 하고 논문은 빛을 발하지 못할 수 있는 것이다. 마지막으로 측정도구에 대해 미리 살펴봐야 한다. 개념적으로는 많이 연구되었지만 정작 측정도구가 부재하면 메타분석의 재료가 되는 양적연구가 거의 없을 수 있다. 소수의 대표적인 측정도구가 있다면 측정도구별 차이를 분석할 수 있겠지만 극단적으로 연구자마다 제각각 측정을 하고 있는 경우는 메타분석 결과 자체를 신뢰하기 어렵게 만든다.

참고문헌

이누리, 이진, 이윤수(2021). 비인격적 감독에 관한 메타 분석: 국내 실증 연구를 중심으로, *HRD연구, 23*(4), 169-202.

최명빈, 조대연, 이윤수(2019). 기업 근로자의 경력성공에 관한 메타 연구. *기업교육과 인재연구, 21*(1), 1-22.

Borenstein, M., Hedges, L. V., Higgins, J. P., & Rothstein, H. R. (2009). Introduction to meta-analysis. John Wiley & Sons.

Borenstein, M., Hedges, L. V., Higgins, J. P., & Rothstein, H. R. (2021). Introduction to meta-analysis. John Wiley & Sons.

Cheung, M. W. L. (2015). Meta-analysis: A structural equation modeling approach. Chichester: John Wiley & Sons.

Cohen, J. (1988). Statistical power analysis for the behavioral sciences. Hillsdale: Erlbaum.

Ju, B., Lee, Y., Park, S., & Yoon, S. W. (2021). A meta-analytic review of the relationship between learning organization and organizational performance and employee attitudes: using the dimensions of learning organization questionnaire. *Human Resource Development Review, 20*(2), 207-251.

Lee, Y., Lee, J. Y., & Lee, J. (2022). The relationship between work engagement and workaholism: a systematic review and meta-analysis. *European Journal of Training and Development, 46*(9), 996-1028.

Yoo, S., Lee, J., & Lee, Y. (2021). Entrepreneurial team conflict and cohesion: Meta-structural equation modeling. *Entrepreneurship Research Journal*, Advance online publication, https://doi.org/10.1515/erj-2020-0501

실행 및
응용 연구

05

역량모델링 연구

박용호는 현재 인천대학교 창의인재개발학과 교수다. 고려대학교에서 학사와 석사 학위를 받았고 미국 펜실베이니아주립대학교에서 인적자원개발 전공으로 박사 학위를 받았다. 역량분석, 직무분석, 일의 의미, 소명의식 등의 주제를 연구하고 강의한다. 옮긴 책으로 『HRD 관점에서 본 경력개발』(2019, 피와이메이트), 지은 책으로 『역량, 할 수 있게 하는 힘』(2023, 학이시습)이 있다.

역량모델링 연구

박용호

인적자원개발학 연구는 조직 내 개인의 성장과 조직 내 인적자원의 개발과 개선을 주요 연구 주제로 삼는다. 개인의 능력향상과 이를 통한 개인 및 조직의 성과 향상에 미치는 요인에 대한 탐색이 주된 연구과제다. 이러한 맥락에서 인적자원개발학 분야 연구가 주로 다루어온 주제 중 하나가 역량이다. 1990년대 역량을 구체적으로 도출하는 과정이 정립되면서 더욱 실천적으로 역량에 대한 관심이 높아졌다. 국내 기업은 1990년대 후반부터 역량을 기반으로 교육체계를 수립하는 등 다양한 분야에 역량을 활용하기 시작했다. 역량에 대한 학술적 관심은 이러한 실천적 관심의 증대에 기초한다. 특히 역량모델을 개발하고 이를 검증하는 연구인 역량모델링 연구는 2010년대 이후 인적자원개발학에서 꾸준히 발표되고 있다. 이번 장은 역량의 개념과 역량모델링의 절차 등을 살펴보고, 역량모델링에 기초한 연구가 지닌 특징을 살펴본다. 또한 연구목적 설정, 연구방법, 연구결과 등을 기술할 때 구체적으로 무엇을 고려해야 하는지 설명한다.

역량, 역량모델, 역량모델링

사회과학에서 다루어지는 개념은 모두 다양한 관점에 근거하여 여러 의미로 해석될 수 있다. 역량이라는 개념도 마찬가지다. 학교교육, 직업교육, 평생교육, 인적자원개발, 인적자원관리, 조직심리학 등의 분야에서 폭넓게 논의되면서 역량에 대한 다양한 논의가 지난 30여 년간 우리 사회에 존재했다. 현재는 서로 다른 개념을 역량이라는 하나의 용어로 설명하고자 하면서 혼란스러운 상황이다. 특히 해외의 문헌을 번역하면서 이러한 혼란은 가중되었다.

역량의 정의를 둘러싼 논의를 종합적으로 분석하면 몇 가지 공통 요소를 발견한다. 이를 살펴보면 무엇이 역량인지를 파악하는 데 도움을 얻게 된다. Boyatzis(1982)는 탁월한 업무수행에 원인이 되는 개인의 내재된 특성이라고 역량을 정의했다. Parry(1998)는 업무 수행에 영향을 주는 개인의 지식, 기술, 태도의 집합체로 규정했다. Bartram(2004)은 개인이 원하는 결과나 성과를 얻기 위해 취하는 행동 특성으로 역량을 설명한다. Campion과 동료들(2011)은 업무에서 우수한 성과를 내는 데 필요한 지식, 기술, 능력의 조합을 역량으로 보았다.

역량 정의에 관한 다양한 자료를 종합적으로 분석하면 세 가지 공통점을 발견하게 된다. 첫째, 역량은 다양한 요소들의 '조합' 또는 '집합'으로 구성된다는 점이다. 이는 여러 특성이 결합하여 역량을 형성한다는 사실을 시사한다. 둘째, 개인의 특성이 역량의 기반을 이룬다는 점이다. 개인 내부에 존재하는 특성이 역량이라는 점이다. 셋째, 역량은 성과를 만드는 능력이다. 개인의 단순한 특성이나 성향이 아닌 긍정적 결과를 이끄는 힘이 역량이라고 기존 연구는 주장한다. 이렇게 역량 정의에서 확인된 세 가지 주요 공통 요소를 통합해보면, 역량은 '개인의 긍정적 행동 결과에 영향을 주는 내적 요인의 결합체'로 정의할 수 있다(박용호, 2023). 역량을 구분하는 기준은 바로 여기에 있다. 개인이 수행하는 일은 역량이 될 수 없으나 그 과업을 수행하는 과정에서 나타나는 개인의 내적 특성은 역량이다.

역량의 정의를 이해하는 것만큼이나 역량모델과 역량모델링을 구분하는 것도 필요하다. 요약하면 역량모델링이라는 절차를 통해 도출된 결과물이 역량모델이라고 할 수 있다. 역량모델링은 과정이고 역량모델은 결과물이다. 조직이 특정 목표를 달성하기 위한 역량을 체계적으로 식별하고 도출하는 과정이 역량모델링이다. 역량모델링은 조직 내 업무 성과를 극대화할 수 있는 행동 특성을 체계적으로 수집하고 정리하는 과정이다. 아울러 특정 역할에서 긍정적 업무성과를 촉진하는 데 기여하는 역량을 확인하고 체계화하는 과정이다.

역량모델링을 통해 도출되는 역량모델은 복수의 역량으로 구성된다. 역량모델을 구성하는 정보에는 각 역량의 명칭, 정의, 행동지표, 그리고 해당 역량과 연관된 지식, 기술, 태도 등의 정보가 포함된다. 역량모델링 과정에서는 조직 내·외부의 변화하는 요구와 도전에 대응하기 위한 역량이 무엇인지 확인한다. 확인된 역량을 바탕으로 개인의 역량 개발과 조직의 전략적 목표 달성을 위한 기반이 마련된다. 이 과정은 조직의 경쟁력 강화와 지속 가능한 발전을 위해 필수적이며 역량모델은 이러한 노력의 중심에 있다.

역량모델링에 근거하여 연구를 수행할 때 대부분은 특정 직무 혹은 직급이 요구하는 역량이 무엇인지를 파악하고 이와 관련된 구체적 정보를 확인하는 데 그 목적을 둔다. 이는 역량모델링의 결과물이 궁극적으로 역량모델이기 때문이다. 그리고 대부분의 역량모델링 연구는 연구방법에 역량모델링 절차를 제시하고 있다. 연구모형을 설정하고 변인 사이의 관계를 파악하려는 연구 등과는 차이가 있다. 역량모델을 개발하기 위한 체계적인 접근방법이 역량모델링이다.

역량모델링 연구 특징

역량모델링 연구는 다음과 같은 세 가지 특징을 지닌다. 첫째, 역량모델링 연구는 혼합연구의 형태를 취한다. 이는 역량모델링 연구가 정성적 접근과 정량적 접근을 동시에 취하고 있다는 말이다. 대부분의 역량모델링 연구는 1:1 인터뷰, 포커스그룹 인터뷰, 그리고 사례연구 등을 통해 정성적 방법론을 활용하여 역량에 대한 개인의 경험과 인식을 파악하고자 한다. 이러한 정성적 접근을 통해 역량의 다차원적 측면을 탐색한다. 이와 대조적으로 주로 설문조사를 통해 자료수집을 하고 이를 기반으로 개인 배경변인별 역량에 대한 인식 차이 확인, 역량별 요구도 확인 등이 이루어지기도 한다. 정량적 접근을 취하기도 하는 것이다. 모든 연구는 아니지만 대부분의 역량모델링에 근거한 학술연구는 데이터의 수집과 분석에서 이러한 정성적 접근과 정량적 접근을 동시에 활용한다. 혼합연구 방식의 채택을 통해 역량모델링 연구의 신뢰도와 타당도는 제고될 수 있다. 정성적 분석으로 얻은 시사점과 정량적 분석 결과를 통해 확인한 객관적 데이터를 결합함으로써, 연구자는 역량에 대해 다면적 이해를 할 수 있게 된다. 이를 통해 역량과 관련된 문제에 대해 실질적이고 구체적인 권고사항을 도출할 수 있게 된다.

둘째, 역량모델링 연구는 개발연구다. 역량모델링을 기반으로 한 연구는 개발연구의 범주에 속한다. 이는 특정 직무 혹은 직급에 필요한 역량을 규명하고 이를 체계적으로 분석하여 새로운 모델을 제시하기 때문이다. 기존 이론이 제시한 모델을 검증하거나 변인별 관계를 파악하는 연구와는 차이를 나타낸다. 역량모델링 연구는 이전에는 존재하지 않았던 새로운 것을 제시하고 이를 기반으로 현실적 문제를 해결하도록 돕는 것을 목적으로 한다.

역량모델링 연구는 새로운 모델 개발을 통해 기존 지식을 확장하고, 조직이 지닌 실질적 문제를 해결하려는 목적에 근거하여 수행되는 경우가 많다. 이는 연구 결과로 도출된 새로운 역량모델이 조직의 성과 향상, 직원의 역량 개발, 그리고 교육 프로그램의 효과성 증진 등에 직접적으로 기여하기 때문이다. 일터의 문제를 해결하려는 목적에 기반하여 새로운 모델을 개발하는 실천적 연구자들이 주로 역량모델링 연구를 수행하는 이유가 바로 여기에 있다.

셋째, 역량모델링 연구는 실제 현장에 적용하기에 용이한 연구다. 인적자원개발학의 다른 연구 유형과 비교해 보아도 역량모델링을 기반으로 한 연구는 그 실용성에 있어 주목할 만한 가치를 지닌다. 역량모델링을 통해 도출되는 역량모델은 구체적 행동지표와 지식 및 기술 등 관련 정보를 제공함으로써, 조직 내 인적자원개발과 인적자원관리 영역에 실질적으로 기여한다. 조직과 개인이 변화하는 경영환경 속에서 경쟁력을 유지하고 발전시키기 위한 실질적 기반을 제공한다.

역량모델링 연구는 특히 교육·훈련 및 경력개발 분야에서 다양한 실천적 시사점을 제공한다. 연구 결과로 도출된 역량모델에 기반하여 조직은 개인 경력경로를 설계하고 필요한 교육·훈련 프로그램을 계획할 수 있다. 역량기반 평가시스템을 도입하여 개인의 성장과 성과를 객관적으로 측정하고, 이에 기반한 보상과 승진 체계를 구축할 수도 있다. 이러한 접근은 개인의 역량개발을 촉진하고, 조직의 생산성과 효율성을 제고하는 데 기여한다. 역량모델을 활용한 교육 프로그램의 설계와 평가기준의 설정은 자기개발과 관련하여 구성원에게 동기를 부여하고, 조직 차원의 목표 달성에 긍정적 영향을 미친다.

이와 더불어 역량모델링 연구는 조직 외부에도 중요한 실용적 시사점을 제공한다. 역량모델은 산업 및 시장의 변화를 반영하여 지속적으로 갱신되어야 한다. 이 과정에서 기업과 교육 기관과의 협력의 중요성이 증대된다. 현업에서 요구하는 실질적 역량을 교육 과정에 반영하여 학습자가 노동시장으로 진출할 때 효과적으로 직무에 적용하도록 역할을 하는 것이 교육기관에서 역량을 활용하는 이유다. 한때 교육당국이 대학을 평가할 때 역량기반의 교육과정 운영을 중요한 평가요소로 고려한 근거가 바로 여기에 있다.

역량모델링 연구는 이처럼 교육과 일터 현장 사이의 격차를 줄이고, 인재양성 과정의 실질적 가치를 높이는 데 기여한다.

역량모델링 절차

　역량모델링 연구는 역량모델링 절차에 근거한다. 여러 연구자들이 제시한 절차를 종합하면 보편적 역량모델링의 프로세스는 다음의 그림과 같이 6개의 단계로 구분할 수 있다(박용호, 2023). 이들 절차를 모두 수행하면 새로운 역량모델이 개발된다. 만약 기존 역량모델을 수정 혹은 보완하는 경우라면 5단계와 6단계의 절차만을 거쳐 현 역량모델의 타당성만을 검토할 수 있다.

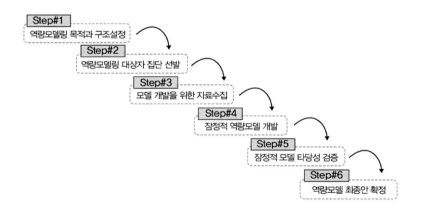

〈그림 1〉 역량모델링 절차

　역량모델링 첫 번째 단계는 역량모델링의 목적 및 구조를 결정하는 단계다. 역량모델링을 통해 도출된 결과를 어디에 활용할 것인지를 이 단계에서 결정한다. 역량모델은 대표적으로 인사평가나 교육·훈련에 활용된다. 평가에 활용하기 위해서는 역량별 행동지표에 대한 정보가 보다 구체적으로 제시되어야 한다. 필요에 따라 행동지표를 수준별로 구분하여 제시하기도 한다. 교육·훈련에 활용하려면 역량별 혹은 행동지표별 관련 지식, 기술 등의 정보도 필요하다. 이러한 지식 및 기술이 교육·훈련의 내용이 되기 때문이다. 누구를 대상으로 어떤 종류의 역량을 도출할 것인지를 결정하는 것도 첫 번째 단계에서 할 일이다. 특정한 직무 수행자가 대상이 될 수도 있고, 특정한 직급에 속한 사람들이 대상이 될 수도 있다. 직무를 수행하기 위해 필요한 역량이 무엇인지를 파악해야 할 수도 있고, 리더로서 갖추어야 하는 역량이 무엇인지를 파악해야 할 수도 있다.

두 번째 단계는 자료수집의 대상을 결정하는 단계다. 학교교육이나 직업교육 분야에서 사용하는 역량의 정의와는 달리, 인적자원개발학에서 역량은 성공적 업무성과를 나타내는 개인의 내적 특성으로 규정된다(박용호, 2023). 따라서 업무성과가 높은 개인을 선별하고 자료수집이 가능한 대상을 파악하여 실제 성공적 업무성과를 나타내는 데 영향을 준 개인의 행동사례를 수집하는 일이 역량모델링에서는 핵심이 된다. 그 사례를 수집하기 위해 업무성과가 높은 개인을 선발하는 일이 두 번째 단계에서 이루어진다. 고성과자의 선발은 매출액 등 객관적 지표에 근거할 수 있다. 그러나 객관적 지표의 사용이 어려운 경우에는 평판 등을 활용하기도 한다.

세 번째 단계는 자료수집 단계다. 자료수집은 다양한 방법을 통해 이루어진다. 선행연구를 활용하기도 하고, 고성과자를 대상으로 행동사건면접이나 초점집단면접 등을 통해 자료를 수집하기도 한다. 선행연구에 대한 분석은 2차 자료에 대한 분석이다. 선행연구 분석을 통해 역량모델링의 기초자료가 수집된다. 관련 학술연구, 조직 내 인재상이나 기존 역량모델 자료, 조직 외부 타 기관의 자료 등에 대한 분석이 선행연구 분석 단계에서 수행될 수 있다. 역량모델링을 수행하는 사람이 직접 자료를 수집하기 위해서는 행동사건면접이나 초점집단면접을 활용한다. 행동사건면접은 고성과자를 대상으로

1:1로 수행하는 인터뷰다. 흔히 BEI(behavioral event interview)라고도 불린다. 업무 현장에서 어떤 행동을 하는지에 초점을 맞추어 구체적 정보를 수집할 때 사용한다. 고성과자들을 집단으로 구성하여 인터뷰를 진행하는 초점집단면접(focus group interview, FGI)도 자료수집에서 활발히 사용된다. 참여자들의 상호작용을 활용하는 방법인 초점집단면접은 5명에서 6명 사이 혹은 그 이상의 참여자를 대상으로 한다. 업무에서 성공적 결과를 얻기 위해 어떤 행동을 하는지에 대한 정보를 다수의 참여자로부터 효율적으로 수집하는 방법이다.

　네 번째 단계는 잠정적(tentative) 역량모델을 개발하는 단계다. 역량모델의 초안을 만드는 단계가 바로 이 네 번째 단계다. 잠정적 역량모델을 개발한다는 말은 특정 직무나 직책을 수행할 때 필요한 역량이 무엇인지 규명한다는 것이다. 또한 각 역량별 역량명, 역량정의, 행동지표를 도출함을 의미한다. 역량모델링 프로세스에서 이 네 번째 단계가 가장 질적으로 큰 변화를 나타낸다. 새롭게 무언가를 만드는 작업을 비로소 수행하기 때문이다. 잠정적 역량모델을 개발할 때에는 활용가능성에 초점을 두어야 한다. 역량의 개수가 너무 많거나, 행동지표가 없는 역량은 활용가능성이 높은 역량모델이라고 보기 어렵다. 역량모델의 핵심은 긍정적 업무성과에 기여하는 특징적 행동에 있다. 이러한 행동들은 행동지표로 도출되는데 역량모델의 구성요소 중 가장 중요한 것이 행동지표다.

　다섯 번째 단계는 잠정적 역량모델에 대한 타당성 검증단계다. 타당성 검증은 다시 두 단계로 세분화 될 수 있다. 먼저 잠정적 역량모델에 대해 소수의 집단으로부터 정보를 수집하여 타당성을 검증하는 단계다. 행동사건면접이나 초점집단면접에서 만났던 고성과자들이 타당성 검증에 참여할 수 있다. 비슷한 업무 수행수준을 나타내는 사람이나 상사, 그리고 교수나 연구자 등 해당 분야의 전문가들도 이러한 타당성 검증에 참여할 수 있다. 소수의 집단으로부터 정보를 수집할 때에는 도출된 잠정적 역량모델에 대해 의견을 제시하도록 하거나 각 행동지표별 타당하다고 생각하는 정도를 수치로 제시하도록 하여 의견을 수집한다. 즉, 질적인 방법이나 양적인 방법을 모두 사용한다. 그 다음으로는 비교적 많은 사람들을 참여시켜 잠정적 역량모델에 대한 타당성을 검증할 수 있다. 이 단계에는 주로 설문의 방법이 활용된다. 최종적으로 역량모델에 대한 수정 및 보완을 위해 이러한 절차를 거치지만 동시에 응답자들의 배경변인에 따른 차이나 교육요구도 등과 관련된 정보를 수집하기 위해 다수의 참여자를 대상으로 설문을 활용하여 자료를 수집한다.

끝으로 마지막 여섯 번째 단계는 최종 역량모델을 확정하는 단계다. 잠정적 역량모델을 개발할 때에도 고려해야 하지만, 너무 많은 수의 역량이나 행동지표를 하나의 모델 안에 제시하는 것은 활용 가능성이 떨어지는 역량모델을 개발하는 것이라는 점을 기억해야 한다. 더불어 각 행동지표는 가급적 하나의 행동으로 표현되어야 한다는 점도 기억해야 한다. 또한 앞서 역량모델링의 목적에서도 언급했으나 교육·훈련에 역량모델을 활용하고자 할 때에는 각 역량과 관련된 지식 및 기술과 관련된 정보도 최종 역량모델에서 제시할 수 있어야 한다.

연구문제 설정 및 선행연구 분석

인적자원개발분야의 역량모델링 연구는 대부분 특정 직급이나 직무 수행자들에게 어떤 역량이 요구되는지를 연구문제로 삼는다. 역량모델링을 통해 역량모델을 개발하는 것이 연구의 주된 내용이기에 이러한 연구문제 설정은 자연스럽다. 이와 더불어 역량모델링 연구는 개발된 역량모델을 구성하는 각 역량별 교육요구도나 우선순위가 어떠한지를 파악하고자 연구를 수행하기도 한다. 교육요구도 등이 배경변인에 따라 어떻게 달라지는지를 연구문제로 설정하기도 한다.

예를 들어, 이러닝 교수설계자의 역량모델을 개발한 류광모와 김보은

(2023)은 연구문제로 '이러닝 교수설계자의 역량모델은 무엇인가?'와 '이러닝 교수설계자의 경력에 따라 가장 필요로 하는 역량은 무엇인가?'를 설정하여 연구를 수행했다. 이찬 등(2023)도 대학 행정직 직무공통역량을 도출하는 것과 대학 행정직 직무공통역량의 우선순위를 파악하는 것을 연구문제로 설정했다. 박용호 등(2014)은 '기업의 사내강사에게 필요한 역량은 무엇인가?', '사내강사 직무역량에 대한 교육요구도는 어떠한가?', '사내강사 직무역량에 대한 교육요구도는 전임강사와 비전임강사 사이에서 어떤 차이를 보이는가?' 등의 연구문제를 기반으로 기업 내 사내강사의 역량모델을 개발하는 연구를 수행했다.

역량모델링 연구는 살펴본 바와 같이 역량별 교육요구도와 배경 변인별 교육요구도 등의 파악을 목적으로 하기도 하지만 가장 기본적인 목적은 특정 직무 혹은 직급에게 요구되는 역량이 무엇인지를 파악하는 것이다. 이러한 기본적인 목적을 달성하려면 먼저 어떤 역량을 대상으로 할 것인지를 연구자가 결정해야 한다. 역량모델링 연구의 수행 시 연구문제를 설정할 경우 특히 역량모델을 구성하는 대표적인 세 가지 종류의 역량군(공통, 리더십, 직무) 중 어떤 역량을 대상으로 할 것인지를 사전에 설정할 필요가 있다.

역량모델링 연구의 선행연구 분석은 주로 연구대상이 되는 직무에 대한 탐색 결과가 중심이 된다. 연구대상에 대한 탐색은 해당 직무를 수행하는 인력은 국내 몇 명이나 되는지, 이들이 수행하고 있는 업무는 어떠한 구체적인 과업으로 구성되는지, 해당 직무와 관련된 기존 연구 결과는 어떠한지가 중심이 된다.

대체로 해당 직무에 대한 역량모델링 연구가 부재하기 때문에 역량모델을 개발하는 연구가 수행된다. 따라서 역량모델링 연구는 선행연구 분석에서 해당 직무에 요구되는 역량이 무엇인지를 명시적으로 밝히는 것에 한계가 있다. 오히려 해당 직무가 어떤 구체적인 과업으로 이루어졌는지, 해당 직무 수행자는 조직 내에서 어떤 역할을 하는지 등과 관련된 내용이 선행연구 분석에서 제시된다. 연구모형을 설정하고 이를 검증하는 인적자원개발학의 다른 대다수의 연구와는 이 점에서 차이를 보인다.

선행연구 분석에서 역량 혹은 역량모델링 등에 대한 선행연구 분석을 제시하는 방식에 대해서는 유의할 점이 있다. 인적자원개발학 학술연구에서 역량의 정의나 역량모델링의 절차 등은 이미 오랜 기간 소개되고 논의되었다. 특히 역량의 정의 및 역량모델링 프로세스와 관련하여 McClelland(1973), Spencer와 Spencer(1993), Lucia와 Lepsinger(1999) 등의 연구는 지난 30여 년간 많은 연구에서 반복적으로 소개되었다. 선행연구 분석의 목적을 고려하고 인적자원개발학 분야의 축적된 연구 등을 고려한다면 이제는 굳이 하나의 독립된 절을 할애하여 많이 알려진 역량의 정의나 역량모델링 프로세스를 제시할 필요는 크지 않다. 최근에 새롭게 논의가 되는 역량모델링의 방법이나 역량의 정의 등은 구체적으로 다루어질 필요가 있겠지만 마치 교과서에서 소개될 것 같은 내용을 선행연구 분석에 포함시킬 필요는 없다. 일부 내용을 서론이나 연구방법에서 제시하는 것으로 충분할 수 있다.

역량모델링 연구에서 선행연구 분석의 비중은 상대적으로 다른 연구에 비해 높지 않다. 이는 새로운 역량모델을 개발하는 연구의 특성이 반영된 경향이다. 선행연구를 바탕으로 변인 사이의 관계를 탐색하고 이를 기반으로 연구모형을 설정하여 그 타당성을 확인하는 연구에서는 각 변인에 대한 탐색과 함께 변인 사이의 관계 탐색이 중요하다. 그러나 역량모델링 연구의 선행연구분석은 연구대상 관련 탐색적 정보의 제시 등에 머무를 때가 많다. 선행연구 분석이 필요 없는 것은 결코 아니지만 상대적인 비중의 차이는 엄연히 현실적으로 존재한다.

역량모델링의 절차를 감안할 때 대체적으로 학술연구 혹은 학위논문의 1장과 2장에 해당하는 연구문제 설정 및 선행연구 분석은 역량모델링 절차 중 1단계인 역량모델링 목적과 구조설정 단계와 관련되어 있다. 누구를 대상으로 어떤 종류의 역량모델을 개발할 것인지를 결정하는 단계는 연구의 기획단계와 연관되어 있다. 이는 연구의 필요성이나 연구목적의 방향을 설정하는 데 도움을 준다.

연구방법

역량모델링 연구 3장에 해당하는 연구방법은 크게 연구절차, 연구참여자, 자료수집방법, 자료분석방법 등의 내용으로 구성된다. 연구목적이나 대상의 특성 등에 따라 차이가 있지만 연구방법은 대체적으로 이 네 요소를 설명하는 일에 초점을 맞춘다. 역량모델링 연구는 다른 유형의 연구보다 세부적 정보를 더 많이 제시한다. 역량모델링이라는 절차에 근거한 연구라는 특징 때문이다. 하지만, 아무리 구체적으로 역량모델링 절차에 대한 정보를 제시한다고 해도 자료수집이나 분석방법 모두를 설명할 수는 없다. 역량모델링 연구의 연구방법을 작성하는 데 있어서 가장 어려운 점이 여기에 있다. 연구를 읽는 독자가 절차를 이해하도록 최대한 연구자가 명확히 기술하는 것이 중요하다. 역량모델링 연구의 연구방법은 다음의 설명과 같이 주로 연구절차, 연구참여자, 자료수집방법, 자료분석방법으로 구성된다.

첫째, 연구절차는 역량모델링 절차에 근거하여 제시한다. 연구방법에서 제시되는 연구절차는 자료수집, 잠정적 역량모델개발, 잠정적 역량모델 타당화, 최종모델 완성 등의 연구의 프로세스를 설명한다. 구체적 연구의 절차와 역량모델링의 각 단계별 세부내용이나 방법을 제시한다. 일부 역량모델링 연구는 이러한 연구의 절차를 그림으로 제시하여 가독성을 높이기도 한다(김진모 외, 2018; 방재현, 정철영, 2012; 한상국, 박용호, 2017).

둘째, 연구참여자는 역량모델링 연구의 특성을 반영하여 기술된다. 업무성과가 높은 고성과자를 선정하여 이들의 행동특성을 파악하는 것이 대체적인 역량모델링의 접근이다. 따라서 행동사건면접이나 초점집단면접 참여자들이 누구인지 연구방법에서 설명한다. 또한 잠정적 역량모델이 도출된 이후 이에 대한 타당성 검증에 참여하는 사람들에 대한 정보가 제공된다. 도출된 역량모델에 대한 타당성 검증을 위해 참여하는 10여 명 정도의 전문가에 대한 배경변인 등의 정보도 제공된다. 이와 더불어 교육요구도 등을 파악하기 위해 실시하는 설문에 참여하는 직무 수행자들에 대한 정보가 제시된다. 한 가지 유의할 점은 역량모델링 연구의 연구대상은 관련 직무 직무 수행자인데, 연구참여자 섹션에서는 주로 연구를 수행하는 과정에 참여한 연구참여자의 정보를 제공한다는 점이다. 예를 들어, 자동차영업사원의 역량모델 개발연구를 수행한다고 하면, 연구대상은 자동차 영업사원이지만 이들의 상사, 고객 등이 연구에 참여할 수 있다. 즉, 연구대상과 연구참여자가 일부 다를 수 있다는 점을 유의해야 한다. 이에 다수의 연구는 연구대상이라는 용어보다 연구참여자라는 용어를 사용한다(윤항숙, 박용호, 2022)

셋째, 자료수집방법 섹션에서는 역량모델링 연구에서 실제 자료를 수집하는 방법을 설명한다. 역량모델링 연구가 성과를 창출하는데 긍정적 영향을 미치는 행동을 수집하는 방법의 제시가 초점이 된다. 역량모델링 연구가 개발연구라는 점에서 1차 자료의 수집은 특히 중요하다. 대표적 자료수집의 방법으로 행동사건면접과 초점집단면접이 있다. 행동사건면접에 대해서는 활용한 질문이나, 실제 면접이 수행된 날짜, 평균적으로 어느 정도의 시간을 할애하여 행동사건면접이 이루어졌는지 등을 설명한다. 초점집단면접에 대해서도 어떠한 질문 등을 기초로 초점집단면접이 이루어졌는지를 설명한다. 잠정적 역량모델이 개발되고 난 후에는 이에 대한 타당성 검증을 위해 소수의 전문가를 대상으로 설문 등이 활용되는데 이에 대한 자료수집 방법도 제시된다. 설문을 활용했을 경우 문항구성은 어떻게 하였으며 각 문항에 대한 정보를 몇 점 척도로 수집했는지 등을 설명한다. 교육요구도 등을 확인하기 위해 다수의 직무수행자를 대상으로 설문을 실시하는 경우에는 해당 설문의 구성이나 설문 진행방식, 각 문항의 구성과 활용된 척도 등에 대한 정보도 제시된다.

넷째, 자료분석방법 섹션은 행동사건면접과 초점집단면접을 어떻게 분석했는지, 타당성 검토 혹은 교육요구도 분석을 위한 설문을 어떻게 분석했는지를 제시한다. 타당성 검토의 경우 소수 전문가로부터 의견을 수렴하여 타당한 문항을 선별하는 작업을 거치는데 CVR(content validity ratio) 등이 활용된다. 교육요구도 설문에 대해서는 집단별 비교분석 방법이나 Borich 요구도 분석 방법 등이 활용된다. 이러한 양적접근은 상대적으로 명확히 분석의 절차를 제시할 수 있다. 그러나 행동사건면접이나 초점집단면접의 경우에는 수집된 자료를 어떻게 활용하여 잠정적 역량모델을 개발하였는지를 모두 설명하기란 매우 어렵다. 즉, 특징적 행동을 추출하고 이를 반복적으로 범주화하는 과정을 거쳐 잠정적 역량모델이 도출되는 과정은 질적인 접근을 활용하는데, 이 모든 절차의 결과를 제시하는 것이 불가능에 가깝다. 연구자는 행동사건면접, 초점집단면접, 그리고 선행연구 분석 등 여러 방법을 통해 수집된 자료를 어떻게 활용하여 역량모델을 구성하였는지 가능한 범위 안에서 최대한 제시함으로써 독자들에게 그 과정을 명확히 설명할 필요가 있다.

역량모델링 연구의 경우 절차에 근거한 연구다. 그런데 실제 수행된 역량모델링에 따라 연구를 기술할 경우 연구방법(연구참여자, 자료수집방법, 분석절차)과 연구결과(잠정적 역량모델, 최종 역량모델, 타당화 설문을 통한 데이터 분석 결과)를 순차적으로 제시해야 하는 어려움이 있다. 즉, 앞서 언급한 역량모델링 절차에 근거하면 3단계 자료수집 단계와 5단계 타당성 검증 단계는 연구방법에서 제시해야 하는 정보를 산출한다. 잠정적 역량모델을 도출하는 4단계와 최종 역량모델을 도출하는 6단계는 연구결과에 기술할 수밖에 없는 정보를 만들어 낸다. 만약 수행된 연구 절차를 그대로 제시한다면 연구방법과 연구결과, 그리고 또 다시 연구방법과 연구결과를 반복하여 제시해야 한다. 이렇게 연구를 작성한다면 기존 학술연구의 체계와는 부합하지 않게 된다. 따라서 절차, 대상, 자료수집방법, 자료분석방법을 3장에 함께 제시하고 연구결과는 4장에 모아서 제시하는 방식을 역량모델링 연구는 취한다. 일부 학위논문의 경우는 절차에 따라 연구방법과 결과를 순차적으로 제시하는 경우도 있으나 학술지 발표 연구는 지면의 한계와 기존 연구와의 일관성 등을 감안하여 연구방법과 연구결과를 통합적으로 제시한다는 특징이 있다.

위의 네 가지 연구절차를 모두 제시하고 있는 연구의 예로 유예인과 유기웅(2023)의 평생학습동아리 리더의 리더십 역량모델 개발 연구를 들 수 있다. 이 연구는 3장에 해당하는 연구방법에서 연구절차와 연구대상(행동사건면접 참여자, 초점집단면접 참여자, 타당성 검증 델파이 참여자), 자료수집방법(행동사건면접 자료수집, 초점집단면접 자료수집, 델파이조사 자료수집), 자료분석방법(행동사건면접 및 초점집단면접 자료분석, 델파이 조사 자료분석) 등을 구체적으로 제시한다. 이 연구도 실제 역량모델링 절차가 아닌 연구방법을 구성하는 영역 중심으로 내용을 제시하고 있다. 대부분의 역량모델링 연구는 어떤 절차에 따라, 누구를 대상으로, 어떻게 자료를 수집하며, 이를 어떻게 분석하였는지를 종합적으로 3장에서 보여준다. 앞서 설명한 역량모델링 절차에 근거하여 볼 때 대상자를 선발하는 2단계, 자료를 수집하는 3단계 그리고 잠정적 역량모델에 대한 타당성을 검증하는 5단계 일부 내용이 연구방법에서 제시된다.

연구결과 및 결론

역량모델링 연구의 연구결과는 대체로 잠정적 역량모델 제시, 잠정적 모델에 대한 타당성 검토, 최종 역량모델 제시 등으로 구성된다. 연구방법은 누구를 대상으로 자료를 수집하고, 어떠한 도구나 질문을 기초로 자료를 수집하며, 수집된 자료를 어떻게 분석하는지를 다룬다. 이에 비해 연구결과는 말 그대로 연구의 결과를 제시한다.

첫째, 잠정적 역량모델이 연구결과에서 제시된다. 다수의 역량에 대한 정보의 종합이 역량모델이다. 즉, 역량모델을 구성하는 여러 역량의 이름, 정의, 행동지표와 관련된 정보가 잠정적 역량모델에는 포함되어야 한다. 역량모델이 제시하는 정보 중 가장 중요한 정보는 행동지표다(박용호, 2023). 역량모델링 연구에서는 잠정적 역량모델을 제시하거나 최종 역량모델을 제시할 때 최소 한 번은 행동지표에 대한 정보를 제시해야 한다. 간혹 잠정적 역량모델을 제시하지 않는 경우도 있으나 가급적 세부적인 절차를 제시한다는 측면에서 본다면 중간단계의 결과물인 잠정적 역량모델을 연구에서 제시할 필요가 있다.

둘째, 잠정적 역량모델에 대한 타당성 검증 결과가 제시된다. 역량모델링 연구에서 양적인 분석이 이루어지는 단계다. 연구에 따라 이 과정은 크게 소수를 대상으로 타당성 검증을 수행하는 단계와 다수를 대상으로 타당성을 검증하는 단계로 나뉜다. 소수를 대상으로 타당성을 검증한 경우 일부 역량 및 행동지표에 대해 수정이 필요한지를 CVR 등을 통해 확인하며 이를 연구 결과에서 제시한다. 다수의 참여자들을 대상으로 자료를 수집할 때는 주로 설문이 활용된다. 역량모델링의 대상이 되는 직무수행자들을 대상으로 최종 도출된 역량을 검증할 때 다수의 사람들이 참여한다. 이 단계에서 수집된 자료를 바탕으로 탐색적 요인분석을 통해 역량모델을 구성하는 역량과 행동지표 사이의 관계가 적절한지를 파악하기도 한다. 반드시 요인분석을 실행해야 하는 것은 아니지만, 일부 연구는 양적 분석을 통해서도 도출된 역량모델이 타당한지를 제시하고자 요인분석을 실시한다. 이와 더불어 교육요구도 분석도 이루어진다. 인적자원개발학의 연구에서 가장 많이 사용되는 교육요구도 분석방법에는 Borich 요구도 분석이 있다. 집단별 차이를 확인하는 경우도 있다. 연구목적에 근거하여 직급별 혹은 경력별 교육요구도의 차이를 분석하고 이를 표 등으로 제시한다.

셋째, 최종 역량모델이 제시된다. 대부분의 역량모델링 연구가 역량모델을 개발하는 것을 목적으로 하기 때문에 명확한 역량모델의 제시가 필요하다. 즉, 역량의 이름, 정의, 행동지표를 명확히 보여주어 도출된 역량모델이 무엇인지를 설명한다. 일부 연구는 역량모델의 주요정보인 행동지표를 누락하기도 하지만 역량모델링 연구가 개발연구라는 점과 연구의 목적 등을 감안하면 행동지표의 대한 정보는 제시하는 것이 옳다. 최종 역량모델을 제시할 때 잠정적 역량모델 및 타당성 검증을 통해 수정된 역량모델을 최종모델과 비교하여 제시하기도 한다(이진구, 정홍전, 2020). 즉, 잠정적 모델, 타당성 검토 후 모델, 전체 설문 후 수정된 최종 모델 등 여러 단계의 모델을 보여주는 경우도 있다. 역량모델을 구성하는 역량의 특징을 고려하여 역량군으로 제시하고 이를 그림으로 제시하는 경우도 있다(방재현, 정철영, 2012). 역량모델이 크게 어떠한 구조에 근거하고 있는지를 설명하기 위해 이렇게 제시하기도 한다. 잠정적 역량모델의 제시, 잠정적 역량모델의 타당성 검증, 그리고 최종 모델의 제시는 앞서 설명한 역량모델링의 단계에서는 4단계, 5단계, 6단계에 해당하며 연구결과에서 이들 내용이 제시된다.

역량모델링 연구의 결론은 개발된 역량모델이 지닌 이론적 혹은 실천적 시사점을 중심으로 작성된다. 개발연구라는 점에서 선행연구가 많지 않다는 점이 역량모델링 연구의 특징이다. 따라서 이전 연구와의 비교분석은 쉽지 않다. 오히려 다른 분야의 역량모델과 비교분석하여 역량모델 대상자 집단이 지닌 특징 등을 제시하는 형태로 결론이 기술된다. 또한 양적 분석 결과에 근거하여 실천적 시사점을 도출하고 이를 기술한다. 집단별 비교분석이나 교육요구도 분석을 통해 도출된 결과를 실제 일터 현장에서 어떻게 활용할 것인지를 다루기도 한다. 활용과 관련된 시사점이 상대적으로 풍부하다는 점이 역량모델링 연구의 특징이다.

역량모델링 연구 수행 시 유의점

역량모델링 연구를 수행할 때 다음의 두 가지 사항은 유의할 필요가 있다. 역량의 개념을 고려할 때 특히 유의할 사항이다. 역량이라는 개념을 활발히 사용하는 인적자원개발학 분야에서는 더욱 고려해야 할 것들이다.

첫째, 용어의 사용에 유의해야 한다. 특히 '핵심역량'이라는 용어 사용을 면밀히 검토해야 한다. 영어로 'core competency'인 핵심역량은 조직이 지닌

근본적 강점이자 차별적이며 집합적 능력을 말한다. Prahalad와 Hamel(1990)
이 제시한 이 개념은 조직이 지닌 능력을 설명할 때 사용된다. 역량은 개인
의 능력을 다룬다. 역량과 핵심역량은 명백히 다른 개념이다. 그런데 많은
인적자원개발학 연구에서 역량과 핵심역량을 구분하지 않고 사용한다(박용
호, 2016). 이는 명백한 오류다. 개인에게 요구하는 능력을 다루면서 핵심역
량이라는 용어를 사용하는 것은 적절치 않다. 심지어 하나의 연구 안에서
어떤 때는 핵심역량을, 어떤 때는 역량을 사용하는 경우를 보는데 잘못된
용어의 사용이다. 정부의 교육정책이나 직업능력개발정책에서 고유명사로서
'핵심역량'을 사용하는 경우가 있다. 그러나 학술연구라는 특수성을 고려한
다면 핵심역량은 조직의 차별화된 능력을, 역량은 개인의 능력을 다루는 것
임을 명확히 인식하고 이를 구분해야 한다.

둘째, 역량모델링과 직무분석의 차이를 이해하는 것이 필요하다. 역량모
델링은 특정한 직무를 성공적으로 수행하기 위해 필요한 능력이 무엇인지를
파악하는 과정이다. 이에 비해 직무분석은 해당 직무가 어떤 구체적 과업
등으로 구성되는지를 파악한다. 이 둘은 매우 다른 일분석의 접근을 취한다.
하나는 어떤 능력이 필요한지를 파악하려는 데 목적이 있고, 다른 하나는
해당 직무가 어떤 일로 구성되어 있는지를 파악할 때 사용한다(Sanchez &
Levine, 2009). 목적뿐만 아니라 자료를 수집하고 분석하는 데 있어서도 차
이를 나타낸다. 일부 인적자원개발학 연구는 직무분석을 수행하고 난 후 역
량모델링을 한 것으로 설명한다. 잘못된 설명이다. 개인의 내재된 특성을 도
출할 것인지 아니면 일을 세부적으로 나눌 것인지에 따라 서로 다른 접근이
필요하다(박용호, 2023). 연구의 목적 및 절차를 결정할 때 이 두 접근 방법
의 차이는 반드시 고려되어야 한다.

참고문헌

김진모, 송민철, 오진주, 손규태(2018). 농업연구직 공무원의 역량모델 개발. *농업교육과 인적자원개발, 50*(1), 23-51.

류광모, 김보은(2023). 이러닝 교수설계자 역량모델 개발. *직업교육연구, 42*(1), 149-171.

박용호(2016). 역량에 대한 재탐구: 개념이해 및 활용에서의 혼동 뛰어넘기. *한국인력개발학회 2016 춘계학술대회 발표자료집.*

박용호(2023). *역량, 할 수 있게 하는 힘.* 학이시습.

박용호, 이현우, 유기웅, 이진구(2014). 국내 대기업 사내강사의 역량 및 교육 요구 분석. *기업교육연구, 16*(1), 279-299.

방재현, 정철영(2012). 대학입학사정관의 역량모델 개발. *농업교육과 인적자원개발, 44*(2), 129-147.

유예인, 유기웅(2022). 평생학습동아리 리더의 리더십 역량모델링. *HRD연구, 24*(3), 137-165.

윤항숙, 박용호(2022). 청소년방과후아카데미 실무자 역량모델개발. *휴먼웨어연구, 5*(2), 1-27.

이진구, 정홍전(2020). 중장년 고용지원 컨설턴트의 역량모델 개발 연구. *직업교육연구, 39*(1), 19-42.

이찬, 조해성, 김채인, 한진규(2023). 대학 행정직 역량모델링 연구: 순위합법 및 국립대학을 중심으로. *기업교육과 인재연구, 25*(3), 99-130.

한상국, 박용호(2017). 사내창업가 역량모델링 연구: 기업의 혁신리더를 중심으로. *평생교육·HRD 연구, 13*(1), 1-21.

Bartram, D. (2004). Assessment in organisations. *Applied Psychology: An International Review, 53*(2), 237-259.

Boyatzis, R. E. (1982). *The competent manager: A model for effective performance.* John Wiley & Sons.

Campion, M. A., Fink, A. A., Ruggeberg, B. J., Carr, L., Phillips, G. M., & Odman, R. B. (2011). Doing competencies well: Best practices in competency modeling. *Personnel Psychology, 64*(1), 225-262.

Lucia, A. D., & Lepsinger, R. (1999). *The art and science of competency models:*

Pinpointing critical success factors in organizations. Jossey-Bass.

McClelland, D. C. (1973). Testing for competence rather than for "intelligence." *American Psychologist, 28*(1), 1-14.

Parry, S. B. (1998). Just what is a competency? (And why should you care?). *Training, 35*(6), 58-64.

Prahalad, C. K., & Hamel, G. (1990). The core competence of the corporation. *Harvard Business Review, 68*(3), 79-91.

Sanchez, J. I., & Levine, E. L. (2009). What is (or should be) the difference between competency modeling and traditional job analysis? *Human Resource Management Review, 19*(1), 53-63.

Spencer, L. M., Jr., & Spencer, S. M. (1993). *Competence at work: Models for superior performance.* John Wiley & Sons.

사회연결망 분석

현영섭(yshyun@knu.ac.kr)

현영섭은 고려대학교 교육학과에서 박사학위를 취득하였다. 이후 한국교육개발원 연구위원을 거쳐 현재 경북대학교 교육학과 교수로 재직중이며, 한국인력개발학회장을 역임하고 있다. 평생교육 및 인적자원개발 분야의 강의 및 연구를 하고 있으며, 주요 연구관심 분야는 양적 연구 방법, 사회연결망, 학습전이 등이다.

사회연결망 분석

현영섭

사회연결망의 개념과 분석의 시작

사회연결망분석(Social Network Analysis, SNA)은 사람, 조직, 동물 등의 관계를 네트워크의 관점에서 분석하는 방법이다. 사회연결망분석으로 명명되어 인문사회학 분야의 관계 분석 방법으로 제한되지만, 사실 연결망분석은 자연계열의 학문 분야에서 먼저 시작되었다. 예를 들어 식물의 분포, 화학 요소의 결합, DNA의 결합 등은 네트워크 방법론이 적용된 예이다 (Albert, Jeong, & Barabási, 1999). 최근에는 복잡계 이론과 네트워크 방법론이 결합되어 온라인 연결망 분포, 홈페이지 분포, 지진 분포, 어휘 분포 등에서 나타나는 멱함수(power law) 현상을 분석하고 그 결과를 해석하는 데 네트워크 관점이 적용되고 있다. 예를 들어, <그림 1>에서 보는 바와 같이 가우스학파(Gaussian)의 정규분포를 네트워크에 적용하면 미국의 모든 공항에 취항한 항공기 노선 빈도가 동일해야 한다. 하지만 실제 미국 공항의 노선 빈도는 허브 공항의 경우 높은 빈도의 특성으로 공항 간의 노선 빈도 차이가 큰 멱함수 분포를 보인다.

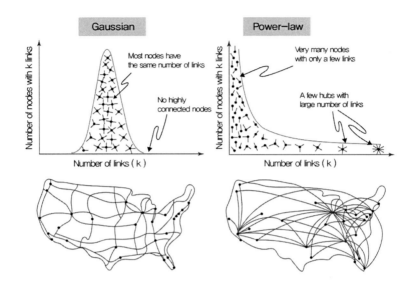

〈그림 1〉 정규분포와 멱함수 분포

출처: 오철우(2010). http://scienceon.hani.co.kr/?document_srl=29601.

　이처럼 네트워크 특성과 분석 방법은 대인 관계에서부터 복잡계 현상에 이르기까지 다양한 범위에서 활용되고 있다. 네트워크 방법론의 적용 범위 확대는 우리가 살아가는 세상이 점차 복잡한 세상, 네트워크화된 세상으로 변화하기 때문이다. 단적인 예로 마케팅·컨설팅 업체 '케피오스(Kepios)'의 2023년 2분기 발표를 보면 전 세계 인구의 60.6%인 48억 8천만 명이 SNS(Social Network Service)를 사용하고 있고, 페이스북의 월 사용자수는 29억 8,900만 명, 유튜브는 25억 2,700만 명, 왓츠앱과 인스타그램은 20억 명이었다(연합뉴스, 2023.7.21.).

　사회연결망분석은 SNS가 확대되기 이전부터 연구가 시작되었다. 사회와 자연에 존재하는 좁은 세상(small world)과 앞서 살펴본 멱함수를 중심으로 하는 불평등의 현상에 대한 연구가 그 출발이었다. 특히 좁은 세상의 개념은 사회연결망 연구의 출발점으로 간주하는데, 좁은 세상의 초기 연구는 수학의 노벨상이라고 불리는 필즈상 수상자 간의 학문 연구 관계를 조사한 결과, 5명 이내로 피즈상 수상자 간의 관계가 매우 밀접한 좁은 세상이라는 점을 밝히는 그로스만(Grossman)의 연구였다(김용학, 2017). 이후 1969년 미국 사회학자인 밀그램(Milgram)의 좁은 세상 실험으로 사회연결망분석에 대한 관심이 증가하였다.

　밀그램은 무작위로 선발한 세 집단(네브래스카 주민 76명, 보스톤 주민 63명, 네브래스카 증권업자 78명)에게 편지를 주고, 그 편지를 보스톤 지역의 A 증권업자에게 전달하도록 하였다. 물론 세 집단은　A 씨를 전혀 모르는 상태였다. 참고로 편지 전달은 보스톤 지역의 A 증권업자를 알만한 친구에게 전달하고, 그 편지를 받은 친구는 또 보스톤 지역의 A 증권업자를 알만한 친구에게 편지를 전달하는 방식으로 진행되었다. 밀그램은 이 실험을 통해 몇 단계의 사람을 거쳐서 편지가 전달되는지를 파악하여 이 세상이 네트워크의 관점에서 얼마나 좁은 세상인지를 확인하고자 하였다. 실험 결과에 따르면, 세 집단(네브래스카 주민 24%, 보스톤 주민 35%, 네브래스카 증권업자 31%)의 편지 도착률은 비슷하였고, 평균 5.2단계의 사람을 거쳐 편지가 전달되었다(김용학, 2017).

　밀그램의 연구는 네트워크 연구자들에게 많은 영감을 주었다. 특히 미국의 서부와 동부 끝에 사는, 즉 아주 먼 곳에 거주하더라도 5명 정도의 친구를 거치면 편지가 전달될 정도로 친구 네트워크를 통해서 보면 이 세상은 좁은 세상이라는 것이었다. <그림 2>에서 볼 수 있듯이, A가 모르는 B에게 연락을 취하기 위해 중간에 모든 사람을 통해야 하는 것이 아니라 B를 알 만한 사람을 찾아 연락을 취하면 4단계 만에 B에게 도달할 수 있다. 이는 우편제도뿐만 아니라 현재의 SNS를 통해 알지 못하는 사람을 검색하거나 찾아낼 수 있는 환경에서는 더욱 좁은 세상을 만드는 힘을 갖고 있다. 더욱이 밀그램의 연구에서 숨겨진 결과 중의 하나는 흑인에서 출발한 편지는 백인의 경우보다 전달되지 않는 경우가 많았다는 점이었다. 이 결과는 좁은 세상 또는 네트워크가 인종, 성별, 지역, 사회경제적 지위 등 다양한 요인에 의해 차이가 나타날 수 있다는 점을 시사하였다.

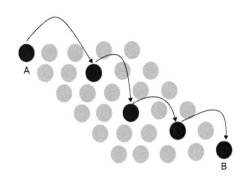

〈그림 2〉 좁은 세상 네트워크

출처: 저자 작성.

밀그램의 연구로 촉발된 사회네트워크에 대한 관심은 지카 바이러스 등의 전파 과정 연구, 신경망 연구, 전력망 연구 등의 자연과학 분야로 역 확장되기도 하였다. 또한 문학 작품의 등장인물 관계망, 조선왕조실록 등장인물의 관계망, 교실에서 동료학습자 네트워크, 학자 간 연결구조 등 다양한 사회과학 분야로 사회연결망 연구가 확대되었다. 최근에는 인적자원개발 및 평생교육 분야에서도 학습자나 상사−부하의 관계망, 질적 면담자료의 의미망 등과 같이 다양한 사회연결망 분석이 적용되고 있다.

사회연결망 분석을 위한 자료 수집과 분석 절차

사회연결망 분석 방법의 기초는 정량적 또는 통계적 분석이다. 따라서 다

양한 방법으로 사회연결망을 측정하고 이를 통계적으로 분석하려는 방법과
절차가 발전해왔다. 1960년대의 밀그램 실험과는 달리 빅데이터를 사회연결
망으로 분석할 정도로 통계처리를 위한 프로그램이나 조사방법론이 발전하
였다. 여기에서는 사회연결망 자료 수집 및 분석을 위해 결정해야 할 사항
과 조사 방법 그리고 분석 프로그램을 소개하고자 한다.

◆ 사회연결망 조사를 위해 결정해야 할 사항

사회연결망 조사를 위해 결정해야 할 사항 중에 첫째는 자료의 단위(Unit
of Data)이다. 자료의 단위는 일반적인 설문조사 연구에서는 연구 대상자,
즉 설문조사 대상자를 정하는 것과 유사하다. 따라서 누구를 대상으로 관계
망을 조사 또는 측정할 것인지 정하는 것이 자료의 단위를 결정하는 일이다.
예를 들어, 과학실험교실의 학습자 간 연결망을 조사할 경우 학습자가 자료
의 단위이다. 따라서 자료의 단위는 궁극적으로 노드와 동일하다. 연구마다
자료의 단위인 노드는 다를 수 있다. 사람이 대상인 경우도 있지만, 학습동
아리, 기업, 기초자치단체같이 조직을 노드로 활용하는 경우, 국가나 인터넷
홈페이지와 같이 다양한 수준의 노드가 연구에 활용되기도 한다. 또한 뒤에
설명할 의미망(semantic network) 분석과 같이 질적 자료의 경우에는 단어
(word)나 연구 주제가 노드가 되기도 한다.

구체적인 연구 사례를 보면, 문정수와 이희수(2010)는 인천광역자치단체
에 소속된 평생교육기관 및 인천평생교육 관련 조직의 공문서 수발 등의 관
계를 분석하여 조직을 노드로 하는 사회연결망을 분석하였다. <그림 3>에
서 원이 분석에 활용된 조직을 표현하는 노드이다. 그리고 노드를 연결하는
화살표는 평생학습축제를 준비하면서 조직 간에 연락을 주고받은 관계를 표
현한 연결선이다(Scott, 2000).

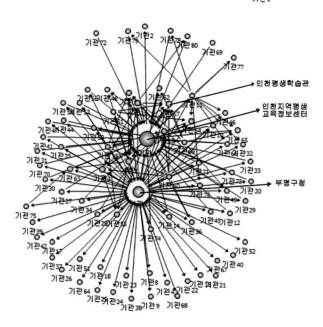

〈그림 3〉 평생학습축제 관련 평생교육기관의 사회연결망

출처: 문정수, 이희수(2010). p.161.

사회연결망 조사를 위해 결정해야 할 사항 중에 둘째는 자료의 범위 (Boundary of Data)이다. 자료의 범위는 사회연결망을 어디까지 조사할 것인지의 경계를 의미한다. 예를 들어, 학습동아리 구성원의 사회연결망을 조사할 경우, 1개의 학습동아리 내에서 발생하는 학습동아리 구성원 간의 사회연결망으로 할지, 또는 다른 학습동아리 구성원과 발생하는 사회연결망까지 포함할지에 대한 결정이다. 전자의 경우 자료의 범위는 1개 학습동아리이고 후자는 복수의 학습동아리가 된다. 자료의 범위는 사회연결망 조사를 위한 설문지 구성에도 영향을 주기 때문에 조사 전에 연구목적 등에 기초하여 결정되어야 한다(곽기영, 2014).

  예를 들어, <그림 4>는 Kalish(2008)가 고든 대학교 역사 강의 수강생
의 종교 집단에 따른 사회연결망을 분석한 결과이다. 32명의 수강생은 3개
의 종교 집단(유대교인(Jewish), 아랍인(Arabs), 드루즈인(Druze))으로 구
분되었다. 전통적으로 유대교인과 아랍인의 관계가 좋지 않은 상황에서 중
간자 역할을 하는 드루즈인의 모습이 나타난다. 이 연구에서 자료의 단위는
역사 강의 수강생이고, 자료의 범위는 역사 강의실 수강생 간 연결망이다.

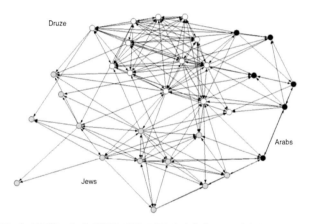

<그림 4> 고든(Gordon) 대학교 역사 강의 수강생의 종교 집단에 따른 사회연결망

출처: Kalish(2008). p.57.

  셋째, 조사 내용을 결정해야 한다. 조사 단위와 조사 범위는 조사 대상의
특성이라면, 조사 내용은 어떤 사회연결망을 조사할 것인지에 대한 것이다.
예를 들어, 친구관계, 자문관계, 투자관계, 공동과제수행 관계, 공문 수발 관
계와 같이 사회연결망이 발생하는 원인이나 과정에 따라 조사할 연결망을
결정하는 것이다. 조사 내용은 사회연결망 조사도구를 결정하는 주요 요소
라는 점에서 충분한 사전 검토 후에 결정해야 한다.
  예를 들어, <표 1> 상단의 연결망 조사지는 B 지역에 거주했던 재개발

지역 이주자에게 함께 살았던 지역주민 명단을 제시하고 만난 횟수를 기재하도록 하였다. 이 경우 조사 내용은 만남을 가진 지역주민 연결망이 된다. 하단의 연결망 조사지는 학습동아리 구성원에게 동아리 구성원 명단을 제시하고 각각의 구성원과 연락한 수준을 5점 척도 형태로 조사한 경우이다. 여기에서 조사 내용은 학습동아리 구성원과 이야기를 나누고 도움을 받는 등의 연락 연결망이다.

〈표 1〉 조사 내용에 따른 사회연결망 조사지

'B 지역에 거주하실 때 자주 만났거나 서로 이야기를 나누었던 사람들의 이름과 만나는 정도를 표시해주세요'		
구분	나눈 이야기	이사하기 1개월 전, 한 달 동안 만난 횟수
김**		
주**		
신**		

'지난 6개월 동안 귀하는 아래에 열거된 사람들과 만나거나, 이야기를 나누거나, 동아리 일과 관련하여 의견을 나누거나, 다른 필요한 도움을 받거나 주기 위하여 연락을 얼마나 하셨습니까?'					
구분	전혀 연락하지 않는다.	거의 연락하지 않는다.	보통이다.	자주 연락한다.	매우 자주 연락한다.
응옥타잉**					
현**					
표**					

넷째, 연결망 발생 기간을 결정해야 한다. <표 1>에서도 볼 수 있듯이, 1개월, 6개월 등 사회연결망이 발생한 기간을 제한하여 조사해야 한다. 그렇지 않으면 조사 응답자마다 제각각의 사회연결망 발생 기간을 설정하여 연결망의 빈도나 정도를 응답하기 때문이다. 따라서 연구자는 연구 주제의 특성 등을 고려하여 연결망 발생 기간을 설정하고 이를 연결망 조사 도구에 반영해야 한다.

연결망 발생 시간을 설정하기 위한 규칙이 명확한 것은 아니다. 다만 객관적 데이터로 형성되는 연결망인지, 응답자의 주관적 인식 데이터로 형성되는 연결망인지에 따라서 연결망 발생 시기가 달라질 수 있다. 객관적 데이터, 예를 들어 기관 간 공문 수발이나 회의 참석과 같이 사실 자료를 근거로 연결망 자료를 형성할 경우에는 연결망 발생 시간을 길게 설정할 수 있다. 반면 <표 1>과 같이 응답자의 기억이나 주관적 판단에 기초하여 연결망 자료를 형성할 경우에는 1개월, 3개월, 6개월 등으로 비교적 제한된 기간을 설정해야 연결망 자료의 신뢰성이 확보될 수 있다.

지금까지 사회연결망 자료 조사를 위해 결정해야 할 주요 사항을 살펴보았다. 정리해보면, 사회연결망을 발생시키거나 확보한 대상자, 즉 자료의 단위 결정이 필요하다. 더불어 사회연결망을 어디까지 확대할 것인지, 또는 경계를 정할 것인지를 의미하는 자료의 범위 결정도 함께 진행되어야 한다. 이와 함께 조사 내용과 연결망 발생 시기도 사회연결망 조사를 위해 필수적으로 결정해야 할 요소이다.

◆ 사회연결망 분석 자료 형성

사회연결망 분석을 위해서는 분석에 필요한 자료를 구하여 분석 가능한 형태로 자료를 형성해야 한다. 설문조사든 면담자료 분석이든 아니면 객관적 데이터든 노드 간의 연결망 형태의 자료가 만들어져야 사회연결망 분석 프로그램에서 분석이 가능하다. 이에 여기에서는 사회연결망 분석을 위해 자료의 종류와, 이를 어떻게 처리해야 하는지에 대하여 살펴본다.

기본적으로 연결망 분석을 위한 자료는 i와 j 사이의 관계인 행렬의 모습을 띤다. 이때 i와 j가 무엇이냐에 따라 연결망 자료의 종류가 구분된다. 우선 i와 j가 동일한 사람이나 조직과 같이 동일한 nod일 경우 완전 연결망(complete network)이라고 부른다. 예를 들어 특정 학습동아리의 10명 구성원 간의 학습조언연결망을 분석하기 위해서 연결망 조사를 하고 이를 연결망 자료로 만들면 <그림 5>와 같다.

<그림 5> 상단의 표는 학습동아리 구성원 10명을 A부터 J라고 하고 조

사를 통해 10명이 서로 학습조언을 구하거나 제공한 여부를 표현한 것이다. 숫자 1은 여, 숫자 0은 부를 의미한다. 예를 들어 A, B, C, D는 모두 E와 학습조언 관계를 맺고 있다. 반면 F는 동아리 구성원 누구와도 학습조언을 위한 만남이나 요청이 없었다. 이처럼 가로 세로가 동일한 nod로 구성되어 정방행렬(가로 세로의 길이가 동일한 행렬)이면서 0과 1로 연결망 유무를 표시하는 경우를 의미한다. 가로 세로의 길이가 같은 것은 nod의 수가 동일한 것을 의미한다. 단지 nod 수가 동일할 뿐만 아니라 가로 세로가 동일한 nod로 채워져야 한다.

	A	B	C	D	E	F	G	H	I	J
A	0	0	0	0	1	0	0	0	0	0
B	0	0	0	0	1	0	0	0	0	0
C	0	0	0	0	1	0	0	0	0	0
D	0	0	0	0	1	0	0	0	0	0
E	0	0	0	0	0	0	1	1	1	1
F	0	0	0	0	0	0	0	0	0	0
G	0	0	0	0	0	0	0	1	0	1
H	0	0	0	0	0	0	1	0	1	1
I	0	0	0	0	0	0	1	0	0	1
J	0	0	0	0	0	0	1	1	1	0

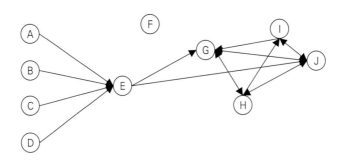

〈그림 5〉 학습조언 연결망 자료와 시각화 결과

　　<그림 5>의 하단에 있는 사회연결망 그래프는 상단의 완전연결망 자료를 시각화 한 것이다. 이 그래프에서도 F nod는 동아리 구성원 누구와도 학습조언 관계를 맺지 않았다. 그리고 A, B, C, D는 E를 통해서만 학습조언을 한다는 것이 바로 보여진다.

　　다음으로 가로와 세로가 동일함에도 불구하고 Nod가 아니라 Nod의 특성인 경우는 자아 중심 연결망(ego-centric network)이라고 한다. 예를 들어, <그림 6>과 같이 배우자 학력 간 결혼 연결망을 분석할 경우, 학력은 사람과 같은 Nod가 아니라 학력이 자료의 가로 세로에 위치하게 된다. 아내의 학력과 남편의 학력인 무학, 초졸 등은 아내나 남편이 아니라 학력이라는 특성이다. 따라서 이 유형의 관계망 자료의 일차적인 분석 결과는 학력 간의 관계망을 제시하게 되는 것이다. 이런 경우는 자아 중심 연결망이라고 한다.

남편의 학력 ＼ 아내의 학력	무학	초졸	중졸	고졸	전문대졸	대졸	대학원 이상	계
무학	20	18	2	0	0	1	0	41
초졸	30	152	41	18	0	1	0	242
중졸	14	97	206	76	3	1	0	397
고졸	1	52	174	889	21	28	1	1,166
전문대졸	1	1	4	83	35	15	0	139
대졸	1	3	7	140	42	237	7	437
대학원 이상	0	0	2	12	5	18	8	45
계	67	323	436	1,218	106	301	16	2,467

〈그림 6〉 한국인 학력 간 결혼 관계망 자료

출처: 김용학(2011). p.18.

　　사회연결망 자료의 셋째 유형은 준연결망(quasi network)이다. 앞에서 살펴본 완전 연결망과 자아 중심 연결망은 행렬의 가로 세로가 모두 동일한 Nod로 되어 있다. 이렇게 연결망 자료의 행과 열이 동일한 자료를 1원 (1-mode) 자료라고 한다. 하지만 연결망 자료에는 행과 열이 서로 다른

Nod로 구성되는 자료도 존재한다. 이런 자료를 2원(2-mode) 자료라고 한다. 예를 들어, 학습동아리 구성원과 학습동아리의 관계망 자료는 행이 학습동아리 구성원이라면 열은 학습동아리가 되어 2원 자료가 된다. 즉, 어떤 사람이 어떤 동아리에 가입했는지 그리고 이를 통해 동아리가 어떻게 연결되는지를 파악할 수 있는 자료가 된다.

준연결망은 사회연결망 분석 프로그램에 투입할 수 있으나 그 자체로 분석에 활용되는 것은 아니다. 즉, 준연결망 자체로는 사회연결망 분석이 이루어지지 않아 1원 자료로 변환하여 분석에 활용된다.

사회연결망의 수치적 특성과 구조적 특성 분석

◆ 수치적 특성

그동안 사회연결망분석은 연결망을 구성하는 주체인 노드(nod)의 특성 또는 연결망의 특성을 통계적 방법을 활용하여 파악하였다. 예를 들어, 연결망에 참여한 노드의 빈도, 노드에 의해서 발생한 연결망의 크기, 연결망에서 주요한 영향력을 가진 노드 등을 파악하기 위해 다양한 통계량을 발전시켰다. 이를 일반적으로 사회연결망의 수치적 특성이라고 한다. 수치적 특성은 연결망의 다양한 측면을 수치로 표현한 것이다. 예를 들어, 연결 결속, 중앙성, 구조적 위치 등이 수치적 특성의 범주이다.

연결 결속

연결 결속은 기술통계처럼 연결망의 기초적인 특성을 보여주는 것으로 연결망의 전반적인 특성을 의미한다. 연결 결속에는 Nod 수, 연결 정도, 밀도, 포괄성, 연결 강도 등이 포함된다.

① 연결 정도(degree): 연결 정도는 특정 Nod가 연결되어 있는 Nod의 수이다. 따라서 연결 정도가 높을수록 많은 Nod와 연결되고 연결선 수도 많다. 연결 정도가 높은 Nod는 해당 연결망에서 다양한 Nod의 자원을 모을 수 있고 Nod와 Nod를 연결할 수 있는 핵심적 위치를 점유할 가능성이 높다.

② 밀도(density): 밀도는 이상적으로 가능한 총연결선 수 중에 실제로 발생한 연결수의 비율이다. 이상적으로 가능한 총연결선 수는 $\frac{1}{n(n-1)/2}$로 산출된다. 여기서 n은 Nod 수이다. 만약 A 사회연결망에서 이론적으로 발생할 수 있는 연결선 수가 100이고 실제로 발생된 연결선 수가 50이라면 밀도는 0.5가 된다.

연결 정도와 비교하여 밀도가 필요한 이유는 사회연결망 간의 연결 결속을 비교하기 위해서이다. 연결 정도의 경우 연결망에 포함된 Nod가 많을수록 증가한다. 따라서 두 연결망에 포함된 Nod가 다를 경우 두 연결망의 연결 정도를 비교할 수 없다. 예를 들어 A 연결망에 100개의 Nod가 포함되어 있고, B 연결망에 50개의 Nod가 포함되었다고 하자. 실제로 발생된 연결선이 A 연결망이 50개, B 연결망이 30개라면 연결 정도만 보면 A 연결망이 B 연결망보다 연결 정도가 더 크다. 하지만 밀도를 계산하면 A 연결망이 0.5, B 연결망이 0.6으로 B 연결망의 밀도가 높다. 따라서 연결 정도는 전체 Nod 수에 영향을 받기 때문에 여러 연결망을 비교하기 어렵지만 상대적 수치인 밀도는 0에서 1의 값을 가지며 여러 연결망의 결속 정도를 비교할 수 있다.

③ 포괄성(inclusiveness): 포괄성은 연결망에 존재하는 Nod의 총수에서 연결되어 있지 않은 Nod의 총수를 뺀 수의 비율이다. 예를 들어, 연결망에 30명의 사람이 있는데 이 중 3명이 누구와도 연결되지 않았다면, 이 연결망의 포괄성은 27/30으로 0.9가 된다.

④ 연결 강도(strength): 연결 강도는 연결망이 얼마나 자주 발생하는가와 관련된다. 1주일 동안 SNS를 주고받은 사람으로 구성된 연결망이 있다고 하자. 이 연결망의 사람 중 A 사람과는 10회, B 사람과는 5회의 SNS를 주고받았다면 이때의 연결 강도는 10, 5 등으로 표현된다. 이렇게 연결망에 포함된 개인 간의 연결 강도를 생각할 수 있지만, 연결망 전체의 연결 강도도 생각할 수 있다. A 연결망에서 발생한 연결망의 누적 발생 빈도가 100회이고 B 연결망의 연결망 누적 발생 빈도가 50회라면 연결 강도는 A 연결망이 더 강한 것이다.

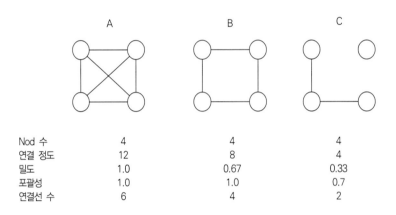

	A	B	C
Nod 수	4	4	4
연결 정도	12	8	4
밀도	1.0	0.67	0.33
포괄성	1.0	1.0	0.7
연결선 수	6	4	2

〈그림 7〉 4개 Nod로 구성된 연결망의 연결 결속 예시

출처: 김용학(2011). p.63.

중앙성

중앙성(centrality)은 특정 Nod가 사회연결망에서 다수의 연결선을 확보하고 있거나 많은 영향력을 발휘할 수 있는 위치에 있는지 수준을 의미한다. 예를 들어, 학교의 반 친구 연결망에서 친구들과 자주 연락하고 사회적 만남을 많이 가지는 학생은 인기도 많고 반에서 영향력이 있는 학생일 가능성

이 높다. 이런 경우 사회연결망에서 중앙성이 높은 것으로 볼 수 있다. 중앙
성은 Nod가 갖고 있는 연결선의 특성 또는 그로 인한 중심성의 특성에 따
라 연결정도 중앙성, 인접 중앙성, 매개 중앙성 등으로 구분된다.

① 연결정도 중앙성: 대표적으로 활용되는 중앙성으로 특정 Nod가 연결
   하고 있는 Nod의 수(또는 연결선 수)로 계산된다. 다만 상대적인 수
   치를 구하기 위해 연결정도 중앙성은 전체 연결 수에서 각 Nod의 연
   결 수의 비율로 측정된다. 아래 공식에서 Nod i의 중앙성 C는 (i,, j)
   간의 가능한 최대 연결수에 대한 현재 존재하는 연결수의 비율이다.

$$\text{연결정도 중앙성의 산출 공식:} \quad C_i = \sum_{j=1}^{n}(Z_{ij} + Z_{ji}) / \sum_{j=1}^{n}\sum_{i=1}^{n}(Z_{ij})$$

따라서 연결정도 중앙성이 높은 Nod는 연결망 내에서 다수의 Nod와
연결된 것으로 해석된다. 그로 인해 연결망에서 중앙성이 높은 Nod는
연결망에 포함된 다수의 Nod에 정보를 제공하거나 정보를 얻는 등에
서 이점을 갖고 있다.
연결망의 연결선에 방향성이 있는 경우 연결정도 중앙성은 내향중앙
성(indegree centrality)과 외향중앙성(outdegree centrality)으로 구분
된다. 내향중앙성은 해당 Nod로 오는 방향의 연결선으로 산출한 연결
정도 중앙성이고, 외향중앙성은 해당 Nod에서 밖으로 나가는 방향의
연결선으로 산출한 연결정도 중앙성이다. 내향중심성이 큰 경우 다른
Nod에서 연락을 많이 받는 유형이고 외향중심성이 큰 경우는 다른
Nod에 연락을 많이 취하는 유형이다. 어느 경우든지 연결정도 중심성
이 높다면 다수의 연결성이 발생하는 Nod로서 연결 관계를 활발하게
발생시키는 Nod라고 할 수 있다.

② 인접 중앙성(distance or closeness centrality): 인접 중앙성은 연결망 내 모든 Nod와의 최단 거리의 합이다. 연결정도 중심성이 직접 연결된 Nod만 계산에 포함한다면, 인접 중앙성은 다른 Nod를 통해서 간접적으로 연결된 경우도 포함한다는 점에서 전체 연결망에 대한 특정 Nod의 중앙성을 보여준다. 즉, 인접 중앙성은 두 Nod 사이의 최단 거리(distance)를 산출한 경로 거리의 합인 것이다.

$$\text{절대적 인접 중앙성 산출 공식: } D_i = \frac{1}{\sum_{j=1}^{n} dij}$$

$$\text{상대적 인접 중앙성 산출 공식: } D_i = \frac{1}{\sum_{j=1}^{n} dij}(n-1)$$

공식에서 보는 바와 같이, 인접 중앙성은 절대적 수치와 상대적 수치로 구분될 수 있다. 절대적 수치는 최단 거리의 합만으로 계산되고, 상대적 수치는 전체 Nod 수에서 해당 Nod인 1을 제외한 (n-1)을 곱한 것이다. 다만 역수로 계산해 경로 거리가 짧을수록 인접 중앙성 수치가 커지게 되는 방식이다. 또한 인접 중앙성은 연결정도 중심성과 같이 방향성을 반영할 수 있다. 이에 내향 인접 중앙성과 외향 인접 중앙성으로 구분된다.

인접 중앙성이 높다는 것은 특정 Nod가 연결망에 속한 모든 Nod에 접근할 수 있는 경로가 짧다는 것을 의미한다. 따라서 특정 Nod가 다른 Nod에 정보를 전달하거나 얻을 수 있는 경로가 짧기 때문에 빠른 정보 유통이 가능하다.

③ 사이 중앙성(between centrality): 사이 중앙성은 특정 Nod가 두 Nod 사이에 위치하는 정도를 측정하는 것이다. 이때 위치하는 정도는 두

Nod를 최단 거리로 연결하는 선, 즉 최단 경로에 위치하는 정도를 의미한다. 즉, 사이 중앙성이 높은 Nod는 연결망의 다른 두 Nod 간의 연결에 필요한 노력을 최소화할 수 있도록 하여 다른 Nod가 이 Nod를 찾도록 한다.

$$\text{사이 중앙성 산출 공식: } C_B(p_m) = \frac{\sum_i^N \sum_j^N \frac{g_{imj}}{g_{ij}}}{(N^2 - 3N + 2)/2}$$

사이 중앙성 산출 공식에서 분자는 i와 j Nod를 연결하는 최단 경로의 합이고, 분모는 지표 표준화를 위해 분자가 가질 수 있는 최대값(최단 거리 합의 최대값)으로 설정한 것이다. 사회연결망 분석 프로그램인 UCINET에서는 산출 공식의 값에 100을 곱하여 퍼센트(%)로 표현하기도 한다(김용학, 2011).

사이 중앙성의 예를 보면, 인적자원개발의 학문 연구자와 기업실천가를 연결하는 연구자 겸 실천가가 있다면 연구자가 기업실천가를 구할 때 반대로 기업실천가가 연구자를 구할 때 중간 위치인 연구자 겸 실천가를 찾게 된다. 따라서 사이 중앙성이 높을수록 Nod를 연결하는 브로커(broker)의 역할을 하게 된다.

<그림 8>은 <그림 5>의 자료를 활용하여 중앙성을 산출한 것이다. 연결정도 중앙성이 가장 큰 Nod는 E로서 직접 연결된 선만 6개였다. 인접 중앙성이 높은 것 역시 E였고, 사이 중앙성에서도 E만 값이 나타나서 E의 독보적인 영향력이 예상되는 연결망이었다.

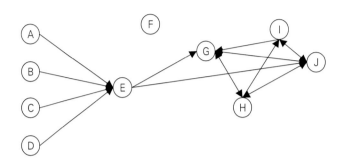

Nod	A	B	C	D	E	F	G	H	I	J
연결정도 중앙성	.111	.111	.111	.111	.889	0	.444	.444	.444	.444
인접 중앙성	.474	.474	.474	.474	.889	0	.593	.593	.593	.593
사이 중앙성	0	0	0	0	.611	0	0	0	0	0

〈그림 8〉 중앙성 사례

등위성

등위성은 연결망 구조에서 Nod의 위치적 특성에 의해서 연결망 내 Nod
의 역할이나 영향력을 살펴보는 수치적 접근이다. 동일한 연결정도 중앙성
수치를 가졌더라도 어떤 구조적 관계에 놓이느냐에 따라 다른 모습을 갖기
때문이다.

등위성 역시 중앙성처럼 하위에 다수의 등위성이 존재한다. 다만 여기에
서는 연구에서 자주 등장하는 구조적 등위성(structural equivalence)을 살
펴보았다. 구조적 등위성은 Nod가 서로 어느 정도 같은 유형의 관계망을
가졌는지를 보여주는 수치이다. Nod가 서로 직접 관련되어 있지 않더라도
같은 Nod들과 연결된다면 구조적으로 같은 위치에 처해 있다고 볼 수 있다.
이런 측면에서 구조적 등위성으로 가장 많이 사용되는 유클리드 거리는
Nod i와 j 사이의 거리는 두 Nod가 관계를 맺고 있는 대상 q에 중첩되는
정도를 계산한다(김용학, 2011). 즉 동일한 Nod를 두 Nod가 많이 공유할수
록 구조적 등위성이 높아지는 것이다. 예를 들어, 서로 직접 알지는 못하는

사람 i와 j의 관계에서 i와 j가 모두 알고 있는 사람이 많을수록 i와 j는 사회 연결망에서 비슷한 위치를 갖게 될 가능성이 높다.

구조적 등위성 산출 공식: $d_{ij} = (\sum (Z_{iq} - Z_{jq})^2 + (\sum (Z_{qi} - Z_{qj})^2)^{1/2}$

위의 공식에서 Nod i와 j가 동일한 강도로 모든 q에 연결되어 있고 q가 (i, j)와 같은 강도로 연결되어 있다면 i와 j의 거리(dij)는 0이 되어 구조적으로 동일한 위치에 있게 된다(김용학, 2011). <그림 9>를 보면, <그림 8>의 연결망에 포함된 Nod에 대한 구조적 등위성을 산출한 결과이다. 구조적 등위성 수치가 0으로 표시된 A, B, C, D는 서로 동일한 구조적 위치나 역할을 수행하는 것으로 해석된다. 또한 E와 F 그리고 G, H, I, J도 구조적으로 동일한 위치를 가진다.

	A	B	C	D	E	F	G	H	I	J
A	0	0	0	0	3.742	1.414	2.449	2.449	2.449	2.449
B	0	0	0	0	3.742	1.414	2.449	2.449	2.449	2.449
C	0	0	0	0	3.742	1.414	2.449	2.449	2.449	2.449
D	0	0	0	0	3.742	1.414	2.449	2.449	2.449	2.449
E	3.742	3.742	3.742	3.742	0	4	2.828	2.828	2.828	2.828
F	1.414	1.414	1.414	1.414	4	0	2.828	2.828	2.828	2.828
G	2.449	2.449	2.449	2.449	2.828	2.828	0	0	0	0
H	2.449	2.449	2.449	2.449	2.828	2.828	0	0	0	0
I	2.449	2.449	2.449	2.449	2.828	2.828	0	0	0	0
J	2.449	2.449	2.449	2.449	2.828	2.828	0	0	0	0

〈그림 9〉 구조적 등위성 사례

다만 i와 j에 동일한 Nod가 없더라도 등위성을 인정하는 경우도 있다. 예를 들어, 병원에서 환자를 간호하는 간호사는 같은 병원의 다른 간호사와 유사한 역할을 수행한다. 비록 간호사는 서로 다른 환자를 간호하지만 병원에서 하는 역할이 동일하여 등위성이 인정된다. 이런 이유로 동형적 등위성, 보편적 등위성, 역할 등위성 등 다양한 등위성이 제안되었다(곽기영, 2014).

◆ 구조적 특성

　구조적 특성은 사회연결망의 수치적 특성과는 달리 Nod 간의 관계 구조를 파악하여 Nod의 역할이나 특성을 알아내는 방법이다. 중심성이나 구조적 등위성과 같은 수치적 특성이 동일하더라도 연결망 구조에서 서로 다른 역할을 할 수 있기 때문이다. 구조적 특성을 파악하기 위해서는 수치적 특성과 함께 연결망 그래프를 산출하여 Nod의 구조적 특성을 파악하는 방법이 종종 사용된다. 여기에서는 1980년대 이후 사회연결망 연구에서 가장 많은 관심을 받은 구조적 공백(structural hole)에 대하여 살펴보고자 한다.

　사회연결망 연구 초기부터 중심성은 연구자들의 핵심적 관심사였다. 중심성이 높지 않거나 사회연결망에서 연결망이 존재하지 않는 비어있는 공간이 아무런 의미가 없는 것인가에 대한 관심이 1980년대부터 증가하였다. 특히 1992년 Burt에 의해 구조적 공백의 특성에 대한 깊이 있는 연구가 진행되었다.

　구조적 공백의 기본 가정은 연결망의 모든 Nod가 연결되어 있으면 의사결정이 빠르고 하나의 가정이나 가치관으로 통일되기 쉬운 반면, 정보의 다양성이나 개방성은 부족해진다는 것이다. <그림 10>에서 모든 Nod가 연결된 경우는 a)이고 구조적 공백이 존재하는 경우는 b)이다.

a)　　　　　　　　　　　　　　b)

〈그림 10〉 구조적 공백의 유무

　<그림 10>의 a)에서 Nod B와 Nod C는 서로 직접 연결되어 있을 뿐만 아니라 Nod A와도 모두 연결되어 있다. 따라서 Nod A는 B와 C에 대하여 영향력이 제한된다. 반면에 b)의 경우 Nod B와 C는 직접 연결되어 있지 않

고 A를 통해서만 정보 유통이 가능하다. 이 경우 Nod A는 B와 C의 관계에 강한 영향력을 발휘하며 정보 흐름을 통제할 수 있다. 이때 B와 C는 서로 연결되어 있지 않은 구조적 공백 위치에 있다고 한다. 구조적 공백 위치에 있는 B와 C는 서로 연결되어 있지 않아서 동일한 구조적 위치에 있음에도 정보의 중복성이 낮아져 다양한 정보를 제공할 가능성이 커진다(곽기영, 2014; 현영섭, 신은경, 이향란, 2011; Burt, 1992). 이때 구조적 공백을 간접적으로 연계하는 Nod A를 브로커라고 한다. 그리고 브로커가 연결하는 Nod B와 C의 소속 관계에 따라 조정자(coordinator), 컨설턴트(consultant), 대표자(representative), 문지기(gatekeeper)로 구분된다(곽기영, 2014).

의미망 분석

최근 사회연결망 분석은 신문 기사, 연구물, 면담자료 등 다양한 텍스트 자료에도 적용되고 있다. 텍스트 자료에 등장하는 단어나 표현을 Nod로 보고 텍스트에서 나타나는 Nod의 관계망을 분석하는 것이다. 이에 텍스트 자료에 대한 사회연결망 분석을 의미망(semantic network) 분석 또는 언어 네트워크(language network)라고 한다. 기존의 사회연결망분석이 사람이나 조직을 Nod로 삼았다면 의미망 분석은 텍스트에 포함된 단어나 구를 Nod로 한다는 점에서 차이가 있다(곽기영, 2014; 이수상, 2014).

구체적으로 텍스트를 분석하는 의미망 분석에서는 한 문장에 함께 등장한 A 개념과 B 개념은 서로 연관성을 갖고 있다고 가정한다. 예를 들어, "한국 노인의 빈곤율이 세계 최고 수준이며 자살률 또한 매우 높다"라는 문장에서 노인, 빈곤율, 자살률이 등장한다. 이 경우 노인, 빈곤율, 자살률은 서로 연관성이 있다고 판단되고 연결망이 존재하는 것으로 가정한다. 물론 한 문장에 함께 있다고 해서 무조건 연관성을 인정하는 것은 아니다. 이에 대하여 이수상(2014)은 연관성을 가정하기 위한 관점을 네 가지로 제시하였다.

의미적 연관관계 관점은 의미망 분석의 기초적 관점으로 텍스트에 존재하는 개념이 갖는 중심성, 연결정도 등의 네트워크 특성을 통해 개념의 새로운 의미를 찾는 것이다. 반면 내용분석 고도화 관점은 수치적 특성 자체보다는 내용의 측면에서 개념의 관계를 파악하고 이를 통해 텍스트의 주요 주제 파악이 강조된다. 한편 네트워크 분석 강조 관점은 텍스트에서 개념 간의 물리적 거리를 분석한다. 여기에서 물리적 거리는 목차상의 거리, 쪽수 등 다양한 조건을 활용한다. 마지막으로 인지적 구조 분석은 인간의 도식(schema)과 의미망 분석을 유사하게 인식하는 것이다. 즉, 의미망 분석은 텍스트를 분석하지만, 이를 텍스트로 한정하지 않고 인간의 생각 구조인 도식을 보여주는 것으로 이해하면 된다.

<표 2> 의미망 분석의 네 가지 관점

관점	의미	특징
의미적 연관관계 관점	주요 개념 사이의 의미적 관계 분석	개념의 네트워크 특성(중심성, 연결정도 등)을 통해 새로운 의미 탐색 강조
내용분석 고도화 관점	개념의 관계가 갖는 주제 분석	네트워크 특성을 넘어 개념 간 연결의 내용적 의미(주제) 파악 강조
네트워크 분석 강조 관점	텍스트 내의 개념 간 물리적 거리 분석	네트워크 분석의 객관성 증가
인지적 구조 분석 관점	인간의 인지적 구조 분석	텍스트 구조가 인지적 구조를 반영하는 것으로 가정

출처: 현영섭(2023). p.5.

이렇듯 연관성을 가정하기 위한 관점이 다양한 것은 의미망 분석에서 개념 간 연결 기준 결정이 어렵다는 것을 의미한다. 한 문장에 함께 등장하는 개념이라고 해서 연결선이 존재하는 것인지, 또는 글의 의미나 맥락상 서로 연결되어 있다면 연결선을 인정해야 하는지 등 아직 그 기준이 명확하지 않다. 따라서 연구자는 이 둘을 종합하여 텍스트의 특정 단위 안에 동시에 등장하며, 또 의미적으로도 서로 연관성이 존재한다고 판단되는 개념 간의 연결선을 인정하는 방식을 취하는 것도 방법이다. 다만 이 경우 보수적 접근을 취한다는 점에서 새로운 변화가 구조를 변화시키기 위한 것이라는 연구 결과 도출이 어려워질 수 있다. 즉, 한 문단에 동시에 등장한 개념이지만 서로 의미적 연관성을 찾지 못해 텍스트의 개념 간 연결선을 인정하지 않는다면, 서로 의미적 연관성이 없는 개념이 함께 텍스트에 등장하는 오류는 찾을 수 없게 된다.

의미망 분석에서의 중요한 지점은 사회연결망의 수치적 특성이나 구조적 특성을 분석하는 것보다는 개념을 어떻게 추출하고, 연관관계를 어떻게 정하는가의 문제이다. 즉, 사회연결망 분석 방법론 적용에는 문제가 없으나, 이를 정하기 위해 텍스트 내의 단어나 구의 관계 설정이 더 중요하다는 것이다. 이런 점에서 의미망 분석의 전반적인 단계와 연결망 분석을 위한 자료 수집과 구성에 대한 이해를 높이는 것이 필요하다.

참고로 성인교육학 분야의 의미망분석 연구의 연구절차에 대한 동향을 분석한 현영섭(2023)의 연구에 따르면, 의미망 분석을 위한 단계는 텍스트 수집, 단어 추출 및 키워드 선정, 키워드 관계 파악, 네트워크 자료 구성, 네트워크 특성 분석의 다섯 단계로 구분된다. 각 단계의 세부 사항을 정리하면 <표 3>과 같다.

〈표 3〉 의미망 분석의 단계

단계	텍스트 수집	단어 추출 및 키워드 선정	키워드 관계 파악	연결망 자료 구성	연결망 특성 분석
분석 요소	텍스트 유형: 문헌텍스트, 사회적 메시지 텍스트, 심리적 특성 텍스트	단어 추출 - 단어 추출 대상: 본문 전체 추출, 특정 위치 추출 - 추출 단어 품사: 명사, 고유명사, 동사, 형용사 등 - 단어 추출 프로그	키워드 관계 파악 - 관계 부여 기준: 동시출현빈도, t-score, 설문조사 - 관계 경계 범위: 문자열, 문장, 문단, 소절, 텍스트 전체, 저자가 제시한 키워드	키워드 목록 개발 - 입력행렬유형: 1모드, 2모드 - 행렬전환방법: 기준값 계수 방법(자카드 계수, 코사인계수, 상관계수 등)	분석 도구 유형: UCINET, 넷마이너, Pajek, NodeXL, Gephi, R SNA 등

	램: KrKwic, 지능형형태소분석기, 글잡이, Cite spacr 등 - 단어 정제: 교정작업, 통제작업, 제거작업	- 관계 강도: 동시출현 빈도 2회 이상 등, 가중관계사용 - 관계 차원: 1모드, 2모드 - 관계 표현: 행렬작성도구	
텍스트 수집 방법 - 검색 사이트 - 검색 프로그램	키워드 선정 - 키워드 자질 기준: 출현빈도, 특정 의미·주제 키워드, 비교대상집단 공통사용단어, 고빈도, 고밀도, 가중치 - 특정 주제 범주 체계: 주제 범주 체계, 디스크립트 체계	네트워크 종류 - 네트워크 집단: 단수네트워크, 복수네트워크 - 네트워크 강도: 가중행렬, 비가중행렬 - 네트워크 노드 크기: 8개~4,521개	분석 지표 유형 - 기본특성: 밀도, 중심화, 지름, 거리 등 - 중심성: 연결정도, 근접, 매개 - 하위네트워크: 클러스터, 파당, 컴포넌트, 커뮤니티, 구조적 등위성, K-core 등 - 시각화 분석: 아이겐벡터그래프, 덴드로그램, MDS 등 - 기타: 토픽분석, 빈도분석 등

출처: 현영섭(2023). p.7.

단계별로 간략하게 살펴보면, 텍스트 수집 단계는 텍스트 유형을 결정하고 텍스트 수집처를 정하는 단계를 포함한다. 여기에서 텍스트 유형은 무제한이다. 신문기사, 소설, SNS 게시글 등 텍스트로 있거나 전환이 가능한 것은 모두 텍스트 유형에 해당한다. 텍스트 수집처는 연구마다 다를 수 있다. 최근에는 사회연결망분석 프로그램 또는 빅데이터 제공 도구 등을 통해 연구자가 원하는 텍스트는 선별하여 제공받을 수 있다.

둘째 단계인 단어 추출과 키워드 선정 단계는 앞 단계에서 수집된 텍스트에서 중요한 단어를 선정하는 단계이다. 이 단어는 의미망 분석에서 Nod로 역할 한다. 단어 추출에서는 텍스트의 전체 또는 일부분에서만 단어를 추출할 것인지, 단어의 품사를 제한할 것인지, 어떤 단어 추출 프로그램을 사용할 것인지, 무의미한 단어 등을 제거하는 단어 정제의 방식은 어떻게 할 것인지 등을 정한다. 특히 단어 정제는 교정작업, 통제작업, 제거작업으로 구분된다. 여기에서 교정작업은 단수와 복수 통일, 약어, 띄어쓰기, 품사 변경 등을 포함하였다. 통제작업은 동의어, 유사어 등을 정리하는 단계이고, 제거 작업은 조사, 통상적 표현, 텍스트 유형이나 형식에 의해 반복적으로 사용되는 단어, 검색어 등을 제거하는 과정이었다. 예를 들어 텍스트 유형이 논문인 경우, 서론, 이론적 배경, 분석결과, 논의 등의 표현은 반복적으로 사용되는 관용적 표현이므로 텍스트에서 출현 빈도가 높더라도 유의미한 의미망을 보여주지는 못하므로 제거된다(현영섭, 2023). 키워드 선정은 앞서 정제된 단어 중 의미망 분석에서 주요하게 사용될 단어를 선정하는 단계이다. 키워드 선정을 위해서는 출현빈도, 주제 반영성 등을 기준으로 사용한다. 특히 출현빈도의 경우 키워드 선정 기준으로 빈번하게 사용되지만, 몇 회 이상의 출현빈도를 보여야 키워드로 선정할 수 있는지의 기준이 모호하여 의미망 분석의 한계점으로 지적되고 있다. 즉, 1회 이상 출현인지, 2회 이상 출현인지, 100회 이상 출현인지에 대한 연구방법적 기준이 명확하지 않다. 최근 일부 연구에서 총 출현빈도의 1%에서 3% 이상으로 제안하는 경우가 있으나 왜 1%에서 3%여야 하는지에 대한 근거는 부족하다(김용학, 2017; 현영섭, 신은경, 2011; Motter, et al., 2002).

셋째 단계는 키워드 관계 파악 단계이다. 키워드 간 연결 값을 부여하기 위해 어떤 기준을 적용할 것인지 등이 중요한 이슈이다. 예를 들어, 한 문장에서 동시에 출현한 키워드 간에 연결을 인정할 것인지 등을 결정하는 것이다. 이때 문장뿐만 아니라 문단, 소절 등 다양한 범위를 적용할 수 있고 동시 출현빈도 역시 기준이 다양할 수 있다. 이런 기준이 결정되어 키워드 간의 연결값이 모두 정해지면 키워드 간 의미망을 분석할 수 있는 행렬자료가 마련된다.

넷째 단계는 연결망 자료 구성이다. 이 단계는 키워드 목록 개발과 연결망 종류를 결정하는 단계이다. 사실 이미 앞 단계에서 행렬을 만드는 등의 작업을 통해 연결망 종류, 행렬의 모드는 정해져 있다. 다만 이 단계에서는 의미망 분석에 적절한 행렬로 전환해야 할지 그대로 사용해야 할지 등에 대한 실질적인 작업과 결정을 한다.

다섯째 단계는 연결망 특성 분석 단계이다. 이는 앞서 살펴본 사회연결망의 수치적 특성, 구조적 특성 등을 파악하는 단계이다. 이때 어떤 연결망 분석 프로그램을 사용할지도 정해야 한다. 프로그램별로 산출되는 수치가 다를 수 있고 유료 서비스로 전환된 경우도 있어서 사전에 파악하여 활용하는 것이 적절하다.

사회연결망 분석의 발전 방향

사회연결망 분석 방법에 대한 관심이 증가하면서 최근에 다양한 연구방법의 발전과 활용이 나타나고 있다. 이중 전통적인 접근 중의 하나는 양적 방법과 질적 방법의 통합적 방법으로 사회연결망 분석을 활용하는 것이다. 전통적으로 혼합연구방법(mixed Methodology)이 양적 방법과 질적 방법의 통합연구방법으로서 제시되었다. 하지만 최근에는 사회연결망 분석을 통해 연결망의 양적 측면과 질적 측면을 함께 분석 또는 이해하려는 추세도 등장하였다. 예를 들어, 학습동아리 적응 과정에 대한 연구일 경우, 학습동아리 구성원은 연결망분석의 Nod로 역할을 하면서 다양한 사회연결망의 수치적 특성을 생산한다. 그런데 이런 수치적 특성을 이해하기 위해 학습동아리 구성원을 면담하여 특정한 사회연결망 특성을 보이는 이유를 찾아볼 수 있다는 점에서 이런 질적 결과는 수치적 결과와 통합한 분석이 가능하다. 예를 들어, 중심성이 낮았던 학습동아리 구성원이 특정 시간이 지난 후 중앙성이 높아졌다면 그 이유를 질적 면담을 통해서 밝힘으로써 양적 분석 결과를 보완하거나 재해석할 수 있도록 한다(현영섭, 신은경, 이향란, 2011).

사회연결망 분석의 발전 방향 중에 또 다른 부분은 가설검증을 실시하는 것이다. 물론 현재도 사회연결망 분석결과를 활용하여 회귀분석이나 구조방정식분석 등을 하고 있다. 이는 중앙성 수치를 산출하고 이를 다시 통계 분석하는 방식이다. 하지만 최근 발전하고 있는 사회연결망의 가설검증은 사회연결망 자체에 대한 가설검증을 실시한다. 이런 방법을 통계적 연결망 분석이라고도 한다(이인원, 2013).

통계적 연결망 분석은 연결망의 성장과 소멸의 과정을 분석하는 통계적 행위자기반모형(Statistical Agent-based Model, SABM)과 연결망 성장의 원인을 파악하는 지수확률그래프모형(Exponential Random Graph Model, ERGM)으로 구분된다. SABM은 연결망의 시계열 발전을 분석하고 특정 단계를 구분하는 등 연결망 자체에 대한 차이 검증과 유사하다. 한편 ERGM은 성장하고 성숙한 연결망을 구성하는 핵심적 연결망 요소를 파악하는 데 집중하여 연결망 요소가 독립변수이고 성장한 연결망 특성을 종속변수로 하는 회귀분석과 유사하다. 여기에서 연결망 요소를 구조변수라고 하는데 <표 4>에서 보는 바와 같이, Nod 간의 기본적 관계를 의미한다. 특정 연결망이 성공적으로 작용하고 있을 때, 이 구조변수 중 어떤 것이 유의미한 영향을 미치는지를 가설검증하는 것이 ERGM이다(현영섭, 2020; Lusher, Koshinen, & Robins, 2013; Robins, et al., 2007).

〈표 4〉 구조변수의 유형

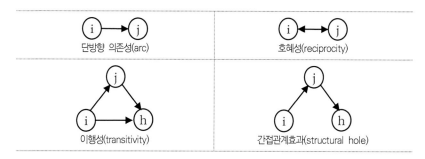

단방향 의존성(arc) 호혜성(reciprocity)

이행성(transitivity) 간접관계효과(structural hole)

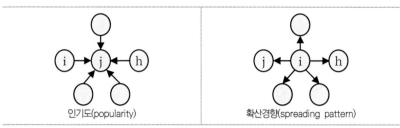

출처: 현영섭(2020), p.133.

이상과 같이 사회연결망 분석은 좁은 세상의 원리를 파악하기 위해서 시작된 이후, 다양한 학문 분야에 적용되면서 크게 성장하였다. 그동안 학문 연구의 경향이 연구 대상자가 보유한 특성에만 초점을 두었다면, 사회연결망 분석은 연구 대상자 간의 관계 자체를 파악한다는 점에서 새로운 연구 지평을 넓히고 있다는 평가이다. 특히 인적자원개발은 조직문화나 시스템의 영향을 많이 받기도 하지만, 결국 사람, 팀, 조직의 관계와 무관할 수 없다. 부하와 상사의 관계, 인적자원개발부서와 타부서의 관계, 해외부서와 국내부서의 관계 등 인적자원개발학에서도 관계의 중요성은 날로 커지고 있다. 이런 상황에서 사회연결망 분석은 인적자원개발의 새로운 연구 영역을 찾아내고 발전시키는 데 공헌할 방법으로 평가된다.

참고문헌

곽기영(2014). 소셜 네트워크분석. 서울: 도서출판 청람.

김용학(2011). 사회연결망분석. 서울: 박영사.

김용학(2017). 사회연결망이론. 서울: 박영사.

문정수, 이희수(2010). 지역평생교육정보센터의 사회 네트워크 분석: 인천지역평생학습축제 사업을 중심으로. *HRD연구*, *12*(4), 137-169.

연합뉴스(2023. 7. 21.). 세계 인구 60% 이상이 SNS 사용…평균 2시간 반 이용. <https://www.yna.co.kr/view/AKR20230721053600009>. 2024년 1월 8일 인출.

오철우(2010). 뜻밖의 '몃함수' '허브' 발견… 네트워크 이론 불지펴. 사이언스온, 2010년 8월 27일. <http://scienceon.hani.co.kr/?document_srl=29601>. 2016년 12월 28일 인출.

이수상(2014). 언어네트워크 분석 방법을 활용한 학술논문의 내용분석. *정보관리학회지*, *31*(4), 49-68.

이인원(2013). 기술적 네트워크 분석에서 통계적 네트워크 분석으로: 정책학 연구에 있어서 네트워크 방법론의 접목 가능성. *한국정책학회보*, *22*(2), 31-61.

현영섭, 신은경(2011). 대학 성인학습자의 학습저해 요소와 학습저해 해소 방법에 대한 개념 연결망 분석. *한국HRD연구*, *6*(3), 23-28.

현영섭, 신은경, 이향란(2011). 다문화 학습동아리의 구조적 공백에서 신뢰와 결혼이주 구성원 브로커의 역할. *평생교육학연구*, *17*(2), 1-31.

현영섭(2018). 성인학습자의 평생교육 참여에 대한 몃함수 분포 검증. *교육문화연구*, *24*(6), 145-167.

현영섭(2020). 평생학습도시 네트워크의 특성과 구조변수의 영향. *안드라고지 투데이*, *23*(1), 125-152.

현영섭(2023). 성인교육학의 언어네트워크분석 적용 동향: 국내 학술지 게재논문을 대상으로. *안드라고지 투데이*, *26*(2), 1-31.

Albert, R., Jeong, H., & Barabási, A. (1999). Diameter of the World-Wide Web. *Nature*, *401*, 130-131.

Burt, R. S. (1992). *Structural holes: The social structure of competition*. Cambridge:

Harvard University Press.

Kalish, Y. (2008). Bridging in social networks: Who are the people in structural holes and why are they there?. *Asian Journal of Social Psychology*, 11(1), 53-66.

Lusher, D., Koshinen, J., & Robins, G. (2013). *Exponential random graph models for social networks*. Cambridge: Cambridge University Press.

Motter, A. E., Moura, A. P. S., Lai, Y. C., & Dasgupta, P. (2002). Typology of conceptual network of language. *Physical Review E*, 65, 065102-1-065102-4.

Robins, G., Pattison, P., Kalish, Y., & Lusher, D. (2007). An introduction to exponential random graph models for social networks. *Social Networks*, 29, 173-191.

Scott, J. (2000). *Social Network Analysis: A Handbook*. 김효동, 김광재 역(2012). *소셜 네트워크 분석*. 서울: 커뮤니케이션스북스(주).

Q방법론

백평구(mongsap@hanmail.net)

백평구는 현재 국민대학교 교양대학 조교수로 재직 중이다. 연세대에서 학사, 중앙대에서 석사와 박사학위를 받았다. 현대오토에버(주), 한국생산성본부에서 근무하였다. 비판적 HRD, Q방법론 등에 관심을 두고 연구하고 있다.

Q방법론

백평구

Q방법인가 Q방법론인가

우리는 연구 논문의 3장 제목이 '연구 방법'인 경우를 자주 경험한다. 독자들 가운데 누군가는 3장 제목을 연구 방법으로 할 것이지, 아니면 연구 방법론으로 할 것인지를 고민해본 적이 없을까? 방법과 방법론의 의미는 구별되며 여기에 더해 지식의 생성을 다루는 인식론부터 펼쳐지는 계층구조에 의해 연구자로서 내가 채택한 연구 방법론과 방법이 구체화된다. 이때의 계층구조를 Crotty(1998)는 인식론 → 이론적 관점 → 방법론 → 방법으로 제시하였다. 계층구조에 자리잡은 각각의 의미는 다음과 같다.

- 인식론(epistemology): 이론적 관점에(따라서 방법론에도) 배태된 지식에 관한 이론
- 이론적 관점(theoretical perspective): 방법론을 제시하여 절차의 맥락을 제공하고 논리와 준거를 형성하는 철학적 입장
- 방법론(methodology): 특정한 방법의 선택과 활용에 위치하며 연구를

통해 기대한 결과와 연결시키는 전략, 실행 계획, 절차 또는 설계
- 방법(methods): 연구 문제나 가설과 관련된 자료의 수집과 분석에 활
  용되는 기법이나 절차

(Crotty, 1998, p. 3).

상기와 같은 방법론의 의미에 비춰보면 Q는 방법론이다. Q연구는 일반적
으로 Q표본 구성－P표본 선정－Q분류－Q요인분석의 순으로 이루어지며
(김흥규, 2008), 과학적 연구의 대상에 인간의 주관성을 포함하고 가설 검증
보다는 가설 생성의 논리이자 연구자의 조작적 정의보다 연구 대상 스스로
의 언어로 정신을 표현하는 일련의 체계적 절차와 실행 방안을 통해 이루어
지는 자결적 '방법론'이다(김흥규, 1996).

비록 지면의 제약 가운데 연구의 추진 일정이나 단계, 연구 참여자에 대
한 정보, 수집된 자료의 특성이나 분석을 위해 취한 방법 등을 효과적으로
전달하는 데에 중점을 두지만, 연구를 실행하고 이에 근거해 논문을 작성하
는 단계에서 우리 모두는 방법론을 정당화하는 입장임은 분명하다. 특별히
이번 장에서는 Q방법론을 소개하는 것은 물론이거니와 Q방법론을 정당화
하고자 하는 필자의 의도가 담겨있음을 미리 밝힌다. 한 우물을 파는 것은
좋지만 고인 물이 썩는 것처럼 하나의 연구 방법이 패권을 차지하는 양상임
에도(김웅진, 2001) 아무런 문제의식을 갖지 못한다면 아쉽다. 패권을 차지
하는 양상이라는 표현이 지독한 오해라면, 최소한 논문을 심사하는 연구자
는 내가 선호하는 연구 방법론과 그 연구 방법론을 지탱해주는 지식을 생성
하는 입장에만 고정되어 다른 연구자의 연구 방법론을 바라보지 않도록 스
스로 경계할 필요가 있다.

또한 통상적인 연구와 그 결과물로서 논문을 생각해보면, Q방법론을 활
용한 연구에는 특별한 묘미가 있다. Q가 아니라면, 특히 수집한 데이터를
통계적으로 분석하는 연구의 실행 방식은 현상을 설명하기 위해 동원되는
개념들을 측정하기 위해 다시 변수로서 개념화한다. 이때 측정은 필연적으

로 MECE를 마치 중요한 원칙처럼 채택한다. 그런데 사물이 아닌 사람이 갖고 있는 생각과 의견들은 완전하고 깔끔하게 퍼즐 조각처럼 구별지을 수 있을까? 이런 전제조건들을 어떻게 처리하느냐에 무관하게 우리가 아무도 크게 의아해하지 않은 채 기존의 연구 실행 방법을 답습하는 양상은 없을까?

근래에 초등학생들까지 한몫 차지하는 유행이자 현상으로서 MBTI에 대해서도 마찬가지이다. I와 E 사이에서 어느 쪽이 조금이나마 우세한지에 따라 유형을 명명하지만 그 누구도 나의 MBTI 유형코드가 I로 시작한다고 해서 나에게 E는 전혀 없다고 생각하지는 않는다. 다만 문제는 그럼에도 애써 둘 중에 하나로 '나'를 드러내야만 한다는 점에 있다. 55 대 45 정도의 판세라면 MBTI를 IeNTJ와 같이 표현하는 것은 어떠한가?

만약 교과서적인 Q방법론의 연구 절차와는 다소 차이가 있지만, 해당 분야에서 널리 알려진 측정항목을 활용해 Q연구를 실행했다고 가정해보자. 그러면 우리는 기존에 해당 개념에 대한 세 가지 구성개념으로서 A−B−C가 아니라 A 모두와 B 중에서 일부 측정 항목이 섞이고(관점1), 나머지 B 항목의 내용과 C라는 구성개념이 섞이고(관점2), 그리고 남은 C는 홀로 남아있는(관점3) 새로운 방식으로 해당 개념을 바라보는 사람들의 관점을 발견해 낼 수도 있다. 측정과 일반화가 다수의 연구가 지향하는 바일 수 있음은 인정하지만 그래서 모름지기 연구 실행의 정통이라고 주장한다면 오만이다. 아침과 저녁이 다르고 어제와 오늘이 다르고 A라는 조직의 맥락과 B라는 조직의 맥락도 다르다. 고유한 관점들을 발견해내기 위한 Q의 시도도 충분히 현상의 본질과 현상으로부터 도출된 문제들을 해결해 나가기 위한 출발점으로서 의의를 가진다. 이점을 인정하는 것, 이를 전제로서 받아들일 수 있는 것이 Q방법론 자체는 물론이고 연구자들 전반에 걸쳐 인정받았으면 한다.

Q방법론의 위치

양적, 질적, 혼합이라는 또 다른 분류 기준을 따를 경우 Q방법론은 혼합이다(Reio, 2010). 양적이지 않다는 점에서 질적인 접근을 포함한 자료의 수집에 비해 수집된 자료의 분석에서는 양적 접근에 의한 Q요인분석을 통해 사람들이 공유하는 관점을 포착해 내려고 한다. 양적, 질적, 혼합이라는 분류 방식이 연구 데이터를 직접적으로 다루는 방식에 해당한다는 점을 고려하면 이는 자연스럽게 방법론보다는 방법이라는 용어의 수준에서 생각할 수 있는 옵션에 가까우며, 우리가 A를 이해하기 위해 B와 대비시키는 것처럼 Q와 다른 접근을 취하는 R을 대비시킴으로써 Q방법론의 의미와 Q에서 강조하는 사유 방식으로서 가추(abduction)의 의미를 살펴보고자 한다. 이를 통해 일련의 실행 절차와 계획을 아우르면서 특정한 방법들의 선택과 활용의 근거가 되는 방법론으로서 Q의 의미를 구체적으로 이해하는 데 도움이 될 것이다.

Q와 R을 비교하는 데 있어서 주목할 지점은 선후관계로 기술할 수 있다. Q는 R에 선행한다(알파벳 문자 순서도 Q 다음이 R이다). 가설의 검증보다 가설의 발견이 앞선다는 것도 마찬가지이다.

이러한 발견을 뒷받침하는 사유 방식으로서 Q와 밀접하게 관련되어 있는 가추법(abduction)을 살펴본다. Q방법론에서 강조하는 가설 생성의 논리 혹은 가설 추론의 논리가 바로 가추법[1]이다. 가추를 연역 그리고 귀납과 함께 비교하자면 가추는 경험의 대상이 되는 결과에서 그 결과를 발생시킨 원인을 찾아 나가는 추론 방식이다. 연역이나 귀납과 비교할 때 가장 큰 차이가 바로 결과에 해당하는 우리에게 드러난 현상 그 자체의 원인으로 향한다는 점에 있음을 강조하고 싶다. 이기홍(2008)은 가추를 경험적으로 판별된

---

1) 이하 가추법의 의미를 다룬 내용은 백평구(2017). 비판적 인적자원개발의 이해. 학이시습. p. 172 내용을 제시한 것임을 밝힌다.

현상에서 그 현상을 발생시킨 일련의 인과적 힘이나 기제들을 가설적으로 상정하는 사유 양식으로 설명하였다. 더욱 중요한 것은 가추가 비상하거나 불가사의한 사유 양식이 아니라 대부분의 사람들이 새로운 현상을 관찰할 때 일상적으로 사용하는 사유 양식임을 밝힌 것에 있다. 예를 들어 수사관이 단서로 범인을 추리할 때, 의사가 환자를 문진하면서 질병을 진단할 때, 자동차 정비사가 엔진에서 들리는 잡음으로 차의 고장 부위를 짐작할 때, 낚시꾼이 찌의 움직임을 보고 물고기의 움직임을 추정할 때, 고고학자가 출토된 유물로 옛날의 생활상을 재구성할 때 사용하는 사유의 방식이 모두 가추에 해당된다.

연역과 귀납, 그리고 가추를 예를 들어 비교해보면 다음과 같다.

〈표 1〉 연역, 귀납, 가추의 비교

연역	귀납	가추
가정이 가지고 올 필연적이고 가능한 결과를 축적하는 것, 따라서 일반적 사실에서 구체적 사실로 향함	관찰되는 여러 경우나 사례들의 일반화이며 따라서 구체적 사실에서 일반적 사실로 향함	현상에서 단서를 수집, 관찰, 분석하여 그 현상을 가장 잘 설명할 수 있는 가설 발견
예: 모든 인간은 죽는다 소크라테스는 인간이다 그러므로 소크라테스는 죽는다	기린 1은 키가 크다 기린 2는 키가 크다 기린 3은 키가 크다 그러므로 모든 기린은 키가 크다	멘델이 콩을 심어 둥근 콩과 주름진 콩이 3:1로 나옴을 발견(귀납법) →멘델의 유전법칙 개발(가추법)
우리에게 새로운 그 무엇도 말해주지 않고 사실 알고 있는 지식에 확인을 더해줄 뿐이다	전제들의 수가 무수히 많이 증가해도 결론의 주장이 완전한 타당성을 이룰 수 없음	귀납을 통해 형성된 규칙이나 법칙이 왜 그렇게 되는지를 설명하기 위한 이론 정립

Q연구의 절차

완결성을 가진 하나의 방법론으로서 Q연구의 절차를 구성하는 단계는 다음과 같으며 각각의 용어에 대한 정의와 함께 절차별 주요 사항을 제시하면 다음과 같다.

- Q모집단: Q연구를 위해 수집된 항목의 집합체를 의미하며 공유되는 의견의 총체인 통합체와 동일한 개념
- Q항목: 응답자인 P표본에 의해 분류되는 대상으로 진술문을 가장 많이 활용
- Q표본: Q모집단으로부터 추출된 항목을 의미하며 수십 개로 구성된 카드 위에 쓰인 진술문일 수도 있으며 사진, 그림, 영화 타이틀, 신문기사의 제목 등 다양한 자극물로 구성이 가능
- Q분류(sorting): 한 응답자가 Q표본을 분류하면서 각 항목에 점수를 부여하는 과정
- Q소트(sort): Q분류의 결과를 의미
- P표본: 실제로 Q분류에 참여하는 응답자 혹은 피험자를 가리키며 Q소터라고도 함

(김홍규, 2008, p. 89, 일부 수정).

〈표 2〉 Q방법론 연구 절차 예시

구분	절차	내용
1단계	Q모집단 구성 (278개)	1. 문헌 분석 　1-1-1. 인적자원개발에서의 정의 인식에 대한 분석의 틀(이론적 배경) ☞ 17개 　1-1-2. 사회복지사의 분배 정의 인식(오윤수, 2010)에서의 Q 모집단(222개 진술문)으로부터의 추출 ☞ 45개 　1-2. 인적자원개발 담당자의 전문직 신념의 범주(Ruona, 2000) ☞ 24개 　1-3. 1년간 '정의'(제목) 종합일간지 기사를 통한 진술문 수집(106건 기사) ☞ 41개 2. 예비 인터뷰 및 심층 인터뷰 　2-1. 예비 인터뷰: 2회에 걸쳐 4명 ☞ 37개 　2-2. 심층 인터뷰: 10회에 걸쳐 10명 ☞ 82개 3. 진술문 확보를 위한 의견 조사 　3-1. 71명 대상으로 이메일 발송하여 18명 회신 ☞ 32개
2단계	Q표본 확정 (40개)	1. Q표본 도출 　1-1. 범주의 도출과 구조화(개념-개념화-범주) 　1-2. 비구조된 표본의 주제별 체계적 표집 방법 적용 　　- 구조화된 범주에 해당하는 진술문 비율 　　- 연구자의 자아 지시성, 의미 중복, 이해도, 가독성 등 고려 　1-3. 1차 Q표본 진술문들의 균형 점검 　　- 긍정-중립-부정 등의 진술문 의미에 있어 동의(찬성, 긍정)와 거부(비동의, 반대, 부정)의 균형

단계		내용
		2. 예비조사 　2-1. 1차 예비조사: 사전 검사 및 신뢰도 검사 　　- 가독성과 이해도 확인 후 이를 반영한 수정 　　- 수정에 따른 2차 Q표본 선정 완료 　　- Sort/Re-Sort 상관계수 　2-2. 2차 예비조사: 2차 사전 검사 및 신뢰도 검사 　　- 분석의 틀과 범주, Q표본의 연계 　　- 가독성과 이해도 확인 　　- P 표본 일부를 대상으로 한 Sort/Re-Sort 상관계수 　　- 최종 Q표본의 진술문 확정
3단계	P표본 선정	1. 비교-대조 분석을 고려한 인적자원개발 담당자 구성의 다각화 　1-1. 인적자원개발 실무자-관리자 　1-2. 인적자원개발 전담조직-비전담조직 　1-3. 인적자원 관련 경력 초점의 개발-관리
4단계	Q분류	1. 9점 척도(-4점 ~ +4점까지) 가정규분포 진술문 카드 강제 배치 2. 후속 면담(follow-up interview)에 해당하는 자료 수집
5단계	프로그램 활용분석	1. PQ Method 활용 2. 요인분석 기준 설정: 주성분분석-Varimax 회전

출처: 백평구, 2011.

　상기와 같은 절차의 기본 사항들에 더하여 첫째 Q방법론 연구에서의 연구 문제 설정을 살펴본다. 연구문제를 어떻게 범주화할 수 있는지에 대해 Watts & Stenner(2012)는 유용한 접근 방법을 제공해준다. 먼저는 표상, 이해, 실행을 기준으로 Q연구에 적합한 연구문제를 범주화할 수 있다.

● 표상

특정한 주제가 집단, 제도 또는 문화적 배경 내에서 어떻게 전형적으로 구성되거나 이해되는지에 관심

예: 사랑이 어떻게 전형적으로 우리의 문화 속에서 제시되는지 또는 사랑이 이상적으로는 어떤 모습에 가까울지에 대해 연구할 수 있음

● 이해

보다 개인적인, 개인 고유의 의미 포착에 초점, 연구 문제는 연구 참여자의 상황에서 주제가 무엇을 의미하는지를 다루어야 함

예: 자신이 경험한 사랑에 대해 기술하고, 사랑이 자신의 현재 관계 속에

서 어떻게 나타나는지를 물을 수 있음

● 실행
주제에 대해 무엇이 이루어졌는가?, 무엇을 적절한 행위로 볼 수 있는가?,
정책이나 법규의 잠정적 변화도 고려 가능(한마디로 정책 지향의 Q연구)
예: 지구 온난화에 대한 몇 가지 가능한 해결 방안을 제시, 연구 참여자에
의해 정의된 성희롱의 의미 포착, 청소년 범죄자를 어떻게 처벌할 지 등
에 대해 고려

다음으로 원인-정의-반응이라는 흐름 속에서 연구 문제를 구체화할 수
있다. 이는 전-중-후의 구조를 갖추고 있으며 예를 들어 각각 별개의 Q
연구를 통해 청소년 범죄의 원인을 찾고, 청소년 범죄가 어떻게 이해되고
정의되며, 청소년 범죄자를 어떻게 다루고 처벌해야만 하는지에 초점을 두
고 Q연구를 연속하여 진행할 수 있다.

어떤 식으로 범주화할 수 있든지 하나의 Q연구는 통상적으로 이러한 범
주 영역을 넘나드는 것을 피하는 것이 바람직하다고 권고된다. 다시 말해
표상, 이해, 실행의 의미통합체(concourse)인 Q모집단이 각각 별도로 취급
되고 결국 Q표본이 되어야 한다는 것이다.

이제 Q표본 구성을 위한 논리와 절차를 안내한다. Q표본은 구조화 표본
과 비구조화 표본으로 구별하고, 비구조화 표본은 다시 단순 무작위 표집과
주제별 체계적 표집에 의한 구성으로 구별할 수 있다. 국내에서 Q방법론 연
구 논문만을 다루는 학술지 <주관성 연구>의 게재 논문을 검토한 결과 이
러한 Q표본 구성 방식을 세부적으로 분류하는 데 있어서 연구 주제와 관련
된 이론의 개입 정도와 연구자 주도 Q표본 구성 정도를 기준으로 삼을 수
있었다. 비구조화 Q표본을 활용한 경우가 구조화 Q표본에 비해 Q표본 도
출 과정에서 더 많은 것으로 나타났으며, 대체로 Q표본 도출 과정에서 선행
연구나 이론에 근거하기보다는 순수한 연구자 주도 방식으로 해당 분야의

전문가나 연구 참여자의 관점을 수용해서 타당성을 확인하는 방식을 활용하는 경향이 있었다(백평구, 2015).

　마지막으로 Q요인분석이다. Q연구에서의 요인 추출 방식은 크게 주성분 분석(Principal Component Analysis)과 센트로이드(Centroid) 방식으로 구분되는데, 많은 Q연구자들에 의해 높이 평가받고 추천되는 방식은 센트로이드 방식으로 소개된다(Watts & Stenner, 2012). 센트로이드 방식은 가장 오래된 요인 추출 방법으로 컴퓨터 활용 이전에 개발되었으며, 계산의 용이함과 단순성으로 지금까지도 많이 활용되는 방식이다(김흥규, 2008). 특히 센트로이드 요인 추출 방법은 이론을 바탕으로 연구자가 여러 번의 회전을 시도하며 가장 적합한 결과를 찾는 비결정성(indeterminacy)의 특징 때문에 여전히 많은 Q연구자들에 의해 선호되고 있다(Akhtar‒Danesh, 2017). 추출된 요인을 회전하는 방식에 있어서도 가설을 추론하고 발견하는 것이 목적인 Q연구에서는 연구자가 이론적인 맥락에 따라 회전의 방향이나 크기를 정하여 설득력 있는 결과가 나올 때까지 요인들을 회전하는 판단적 회전(manual or judgmental rotation) 방식을 권장하는 의견이 있다(Brown, 1980). Q요인분석 프로그램에서 사용 가능한 회전 방식은 양적 자료 분석에서 널리 활용되는 직각(orthogonal) 회전 방식인 배리맥스(varimax) 회전 방식과 사각(nonorthogonal) 회전 방식인 판단적 회전 방식이다.

　그러나 Q는 물론이고 다른 연구 방법론에서도 마찬가지겠지만 'one fits all'은 없다. 저자의 개인 의견에 불과하더라도 비교적 명확하게 전달하고자 한다. 주성분 분석과 배리맥스 회전 방식을 결합한 Q요인분석을 실시한 후에 가장 적합한 요인구조(예: 3요인, 4요인, 5요인 등)를 판단하는 과정에서 필요시 센트로이드 방식에 의해 연구자가 직접 요인을 회전시키는 판단적 회전을 시행할 수 있다는 것이다. 연구자가 선택할 수 있다. Q방법론 연구에서도 연구자와 독자, 그리고 논문을 심사하는 동료 연구자들이 참고할 수치들은 등장한다. 그러나 그 수치들이 전부는 아니다. 보다 흥미진진하게 우리의 관심과 연구의 대상이 되는 어떤 현상과 개념에 대한 사람들의 관점이 어떤 면에서 공통적이고 어떤 면에서는 서로 다른지를 비교적 선명하게 보일 수 있는 그 지점에 도달하도록 하는 것이 최선의 경로이다. 그것만을 고려해 요인 구조를 결정하는 것을 최우선의 원칙으로 삼으라고 권고하고 싶다. 주성분 분석과 배리맥스 회전 방식으로는 3개, 4개, 5개 등 어떤 요인 구조를 선택하더라도 충실한 유형의 분류와 해석에 아쉬움이 있을 때 센트로이드 방식을 가미하도록 시도할 수 있다는 입장이다. 당연히 그 반대도 가능하다고 하겠다.

마지막으로 Q연구에서 활용 가능한 기술 자원에 대해 소개한다. 통상 Q 방법론에 의한 연구 절차 가운데 Q분류, 그리고 Q요인분석에서 이들을 활용할 수 있다. 먼저 Q분류는 연구 참여자를 대면하여 연구 취지와 배경 등을 공유하고, 카드 형태로 출력된 진술문을 분류하도록 안내한다. 진술문을 분류할 때는 분류 결과를 연구 참여자인 P표본 스스로도 계속해서 검토하며 수정하고, 무엇보다 전체적인 분류 결과의 모습이나 그 형태를 연구 참여자가 계속해서 바라볼 수 있도록 비교적 넓은 테이블 위에서 분류하는 것이 권장된다(김흥규, 2008). 진술문 카드를 모두 분류한 결과와 분류 사유를 사진으로 촬영하고 그 결과를 다시 엑셀 등에서 입력해야만 하는 번거로움은 있다. 그러나 대면 상황은 분명한 매력을 가진다. 연구 참여자와 마주보고 수집한 Q분류 결과와 양극단의 진술문 분류 사유의 파악은 관련된 자연스러운 인터뷰로 이어지고, 결과적으로 인식 유형에 대한 두터운 해석에 도움을 줄 수 있기 때문이다.

대면이 아닌 비대면 방식에 의한 Q분류는 코로나-19 이전에도 이미 웹에서 drag & drop 방식으로 진술문을 분류하는 방식이 도입된 상황이었다. 유료로 이용할 수 있는 경우를 제외하고는 Q-sortware(https://qsortware.net/)를 활용할 수 있다. 회원가입 후 누구나 자유롭게 이용할 수 있으며 사용자를 위한 매뉴얼 성격의 자료나 동영상 등도 함께 게시되어 있는 장점이 있다. 다만 단점은 양극단의 분류 점수(+3점 또는 -3점)를 부여한 진술문의 분류 사유를 시스템 내에서 연구 참여자인 P표본이 작성할 수 없다는 점이

다. 따라서 연구자는 Q−sortware에서 연구 참여자 응답 내역을 확인해 가
장 높은 점수와 가장 낮은 점수를 받은 진술문을 정리해 연구 참여자에게
별도로 이메일 등을 보내 진술문 분류 사유를 작성해달라고 요청하는 등 추
가 작업이 필요하다. 이렇게 회신받은 내용과 함께 필요시 추가로 전화 등
으로 후속 면담을 실시하여 인식 유형별 해석 과정에서 활용할 수 있다. 추
가 작업에도 불구하고 비대면 방식의 Q분류를 통해 진술문 분류 사유까지
웹을 통해 실시하는 경우에 비해, Q−sortware를 이용한 방식은 연구 참여
자와의 소통이 더 강화되어 Q연구에 있어 도움이 된다고 생각한다.

  Q요인분석에서는 Ken−Q Analysis(https://shawnbanasick.github.io/ke
n−q−analysis/)를 활용할 수 있다. Ken−Q Analysis에서 제시한 두 개
유형 중 어느 하나로 분석할 Q분류 결과 데이터 파일을 만들고 웹사이트에
업로드를 한 후에, 주성분 분석 또는 센트로이드 분석 등 요인 추출 방법을
선택하고 회전할 요인의 수를 지정하는 등 일련의 순서에 따라 분석 결과를
엑셀 파일 등의 형태로 다운로드 받고 연구에 활용할 수 있다. Ken−Q에서
는 데스크톱 버전으로 연구자가 자신의 컴퓨터에 프로그램을 설치하는 방식
으로 Q요인분석을 진행하는 KADE(KenQ Analysis Desktop Edition)라는
이름의 프로그램 또한 제공하고 있다. 참고로 최근에 인적자원개발 분야에
서 Q방법론을 활용한 박사학위논문으로 장은하(2021)의 연구에서는 KADE
프로그램을 활용해 분석을 실시했으며, 센트로이드 요인추출법과 판단적 회
전 방식을 사용한 점은 주목할 만하다. Q연구 논문을 전문적으로 심사하고
게재하는 한국주관성연구학회의 학술지 <주관성 연구>를 비롯해 대부분
의 연구에서 주성분 분석과 배리맥스 회전에 의해 요인을 형성하고 해석하
였기 때문이다.

Q연구에 의한 HRD 논문 작성

Q연구에 의한 연구 절차를 3절에서 다루었기에 4절에서는 Q방법론을 활용한 연구에 더하여 추가로 고려할 수 있는 연구 실행을 위한 아이디어들을 다루고자 한다. 먼저 상호지향성 모델의 활용이다. 저자가 상호지향성 모델을 적용한 Q방법론을 활용한 연구 경험(백평구, 2012)을 통해 이를 제시하면 다음과 같다.

McLeod & Chaffe(1973)는 커뮤니케이션의 효과를 '설득'과 관련된 태도 변화에 국한하여 이해하는 경향을 탈피하여 상호 '이해'의 효과 측면을 부각하기 위한 의도로 상호지향성 모형을 제안하였다. 이때 상호지향이라는 용어는 Newcomb(1953)에 의해 도입되었으며 그는 어떤 대상(X)에 대한 한 사람(A)의 지향(orientation)은 단지 대상과 그 사람 사이의 관계에서만 이루어지는 것이 아니라 이 문제에 대해 공통으로 지향하고 있는 또 다른 사람(B)과의 관계라는 상호 종속적(interdependent) 맥락 속에서 이루어진다고 보는 A-B-X모델을 제안하였다. 이 모형은 특정 대상에 대한 사람들의 태도가 그들 자신의 개인적 인식이나 가치뿐 아니라, 다른 사람들의 인식 또는 지향에 대한 그들의 인식이나 평가에 의해서도 영향을 받는다고 전제한다(김인숙, 2001). 상호지향성 모형을 구성하는 세 가지 핵심 개념은 객관적 일치도(agreement), 주관적 일치도(congruency), 그리고 정확도(accuracy)로 정리된다.

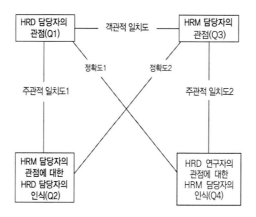

〈그림 1〉 상호지향성 모델을 적용한 연구 모형

출처: 백평구, 2012.

• 객관적 일치도(agreement)

객관적 일치도란 어떤 대상 X에 대한 사람 A의 또 다른 사람 B의 인식에 대한 A의 지각이 일치하는 정도를 의미한다. 예시한 연구(백평구, 2012)에서는 인적자원개발의 가치 우선순위(Bates & Chen, 2005)에 대한 HRD 담당자의 관점(Q1)과 HRM 담당자의 관점(Q3)이 일치하는 정도를 의미한다.

• 주관적 일치도(congruency)

주관적 일치도란 연구 모형에서 Q1의 인식과 Q2의 인식이 일치하는 정도를 의미한다. 즉 인적자원개발 가치 우선순위에 대한 평가에 있어서 HRD 담당자 자신의 관점(Q1)과 HRM 담당자의 인식에 대한 HRD 담당자의 인식(Q2)이 일치하는 정도(주관적 일치도 1), 또한 이에 대해 HRM 담당자 자신의 관점(Q3)과 HRD 담당자의 관점에 대한 HRM 담당자의 인식(Q4)이 일치하는 정도(주관적 일치도 2)를 말한다.

• 정확도(accuracy)

정확도란 상대방의 인식에 대한 평가가 상대방이 실제로 생각한 바와 일치하는 정도를 의미한다. 인적자원개발 가치 우선순위에 대해 HRD 담당자의 관점에 대한 HRM 담당자의 인식(Q4)과 HRD 담당자 자신의 관점(Q1)이 일치하는 정도(정확도 1), HRM 담당자의 관점에 대한 HRD 담당자의 인식(Q2)과 HRM 담당자 자신의 관점(Q3)이 일치하는 정도(정확도 2)를 의미한다. 주어진 상호작용, 특히 커뮤니케이션의 측면에서 정확도가 클수록 커뮤니케이션은 효과적이다. McLeod & Chaffe(1973)는 정확도를 커뮤니케이션 효과를 나타내는 가장 이상적인 기준으로 설명하였다.

연구 모형에 의한 연구 절차와 연구 문제는 Q1부터 Q4까지 각각의 인식 유형을 분석(연구문제 (1)부터 (4)까지)하고, 이어서 상호지향성 모형에 따라 객관적 일치도, 주관적 일치도 1과 2, 정확도 1과 2를 분석하는 것으로 (연구 문제 (5)) 연결하였다. Q방법론에 따라 Q1부터 Q4까지의 인식 유형을 발견하고 상관 분석을 기본으로 인식 유형 간 상호지향성을 분석하였다. Q방법론과 연계해 상호지향성을 분석하는 경우 진술문의 동의와 비동의 수준 또는 이와 함께 상관 분석을 실시할 수 있다(양재찬, 2009; 허유정, 2008). Q방법론에 의한 분석을 네 차례 실시해야 하는 것은 연구자에게 부담으로 작용할 수 있으나 연구 주제에 관해 서로 다른 조건에 처해있거나 서로 다른 이해관계를 가질 수 있는 집단 간 상호작용까지 고려한 보다 역동적인 연구를 실행할 수 있다는 의의가 있다.

HRD분야에서도 리더와 팔로워, 면접위원과 입사 지원자, 일터에서의 남성과 여성 등의 집단 사이에서 소통의 관점으로 연구 주제를 탐구하고자 할 때, Q방법론과 상호지향성 모델을 함께 적용할 수 있을 것이다.

다음으로 정책 대안 모색을 위한 Q방법론 연구의 활용이다. 소개할 사례로서 곽명순, 김웅락, 박인숙(2003)의 연구에서는 두 차례의 Q방법론 적용이 있었다. 정신장애인 복지행정을 담당하는 지자체, 의료기관 등의 종사자 대상으로 정신장애인 복지 정책의 문제점 인식 유형에 관한 Q연구, 그리고 정책의 문제점들을 해결하기 위한 정책 대안 인식 유형을 다루는 Q연구를 각각 실행하고 그 결과를 연결지어 바라보았다. 빈도나 비율, 유의확률 등 구체적인 수치에 의해서 뒷받침될 수 없더라도 연구 참여자인 P표본의 관점들이 문제점 인식과 정책 대안 측면에서 이렇게 연관성을 갖고 있음을 연구자가 도출할 수 있다면, Q연구로서 큰 의의가 있다고 하겠다. 보다 홀리스틱하게 관련 현상을 바라보는 전형이 될 수 있다.

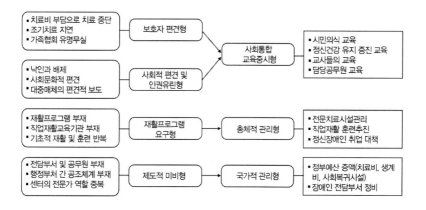

〈그림 2〉 정신장애인 복지 정책의 문제점 인식과 정책대안 인식 유형

출처: 곽명순 외, 2003.

결어

Q의 매우 특별한 방법론적 강점의 하나는 전체론에 의한(holistic) 자료를 만들고 해석할 수 있는 가능성이다. 우리가 연구자로서 훈련받고 실행하는 대부분의 연구 방법은 관점이나 연구 주제를 관련된 하위 주제나 쟁점으로 구별하고 더 작은 단위로 쪼개는 것에 집중한다. 반면, Q방법론은 전체의 윤곽을 그려볼 수 있는 기회를 제공하고 연구 주제에 대한 다양한 관점 간

의 관계를 제시할 수도 있다(Watts & Stenner, 2012).

사회과학 연구의 영향력에 대한 우려가 있다면 인적자원개발만 예외가 되기는 어려울 것이다. 성과만을 강조하는 연구 풍토는 물론이고 이와 최적의 합을 보이는 것으로 보이는 전반적인 연구의 경향은 더욱 세밀하게 쪼개고 나누는 방식이다. 세포의 분열과도 같다. 유영만(2013)의 비유처럼 '파리 뒷다리만 연구하는 전문가'보다는 현상의 여러 얼굴들을 그려낼 수 있고 더러 빈틈이 있더라도 그런 현상을 바라보는 다양한 관점들을 발견하는 것의 가치가 연구자들에게 두루 인정받기를 기대한다.

이점에서 Q연구를 하는 연구자에게 유형별 동의, 공감, 중요도 수준이 높음과 낮음을 단순히 제시하는 것만으로 연구 결과의 보고를 마무리하는 것이 아니라 공통성과 차별성에 대한 연구자의 적극적인 해석을 권면한다. 여기서 '적극적'인 해석은 해당 연구의 데이터로부터 직접적인 근거가 없는 경우라도 연구 참여자인 P표본의 분류 사유 진술, 사후 면담 등의 조치를 통해 조각조각 흩어진 사유들을 모아 연구자의 아이디어로 연결하는 일에 보다 적극적이기를 바란다는 의미이다. 물론 논문을 심사하는 연구자들과 긴장 상태를 경험하는 위험을 감수해야만 한다. 그래도 이렇게라도 Q연구를 통해 '적극적'으로 해석하지 않으면, 도대체 HRD 연구자들은 언제 솔직하게 연구자로서 자신의 생각을 표현할 수 있을까?

참고문헌

곽명순, 김웅락, 박인숙(2003). 정신장애인 복지정책의 문제점 인식과 정책대안 유형에 관한 연구. *주관성 연구*, 8, 177-201.

김웅진(2001). 신화와 성화: 과학방법론의 패권정치. 전예원.

김인숙(2001). 온라인 미디어에 대한 정보제공자와 정보이용자의 상호지향성에 관한 연구. 중앙대학교 대학원 박사학위논문.

김흥규(1996). Q 방법론의 유용성 연구. *주관성 연구*, 1, 15-33.

김흥규(2008). Q 방법론: 과학철학, 이론, 분석 그리고 적용. 커뮤니케이션북스.

백평구(2011). 인적자원개발에서의 정의(justice)에 대한 담당자의 인식 분석. 중앙대학교 대학원. 박사학위논문.

백평구(2012). 인적자원개발 가치 우선순위에 대한 인적자원개발 및 관리 담당자의 인식 유형과 상호지향성 분석. *농업교육과 인적자원개발*, 44(4), 69-95.

백평구(2015). Q 모집단으로부터 Q 표본 구성 과정에 대한 분석: 학술지 주관성 연구 게재 논문을 중심으로 (1996~2014). *주관성 연구*, 30, 109-130.

백평구(2017). 비판적 인적자원개발의 이해. 학이시습.

양재찬(2009). 경제기사의 뉴스가치에 대한 기자와 수용자의 인식 유형과 상호지향성 연구. *주관성 연구*, 19, 61-85.

오윤수(2010). 분배정의에 대한 사회복지사의 인식유형. 대구가톨릭대학교 대학원. 박사학위논문.

유영만(2013). 브리꼴레르: 세상을 지배할 '지식인'의 새 이름. 쌤앤파커스.

이기홍(2008). 사회연구에서 가추와 역행추론의 방법. *사회와 역사*, 80, 287-322.

장은하(2021). 국내 기업 근로자가 인식하는 밀레니얼 리더십과 밀레니얼 팔로워십 유형 분석 및 유형 간 주관적 경력성공 인식 차이 분석. 고려대학교 대학원. 박사학위논문.

허유정(2008). 한류현상에 대한 비교문화적 연구. *주관성 연구*, 16, 161-183.

Akhtar-Danesh, N. (2017). An overview of the statistical techniques in Q methodology: Is there a better way of doing Q analysis?. *Operant Subjectivity, 38*(3/4). Retrieved from https://ojs.library.okstate.edu/osu/index.php/osub/article/view/8733

Bates, R., & Chen, H-C. (2005). Value priorities of human resource development professionals. *Human Resource Development Quarterly, 16*(3), 345-368.

Brown, S. R. (1980). Political subjectivity: Applications of Q methodology in political science. Yale University Press.

Crotty, M. (1998). The foundations of social research: Meaning and perspective in the research process. Sage.

McLeod, J. M., & Chaffee, S. H. (1973). Interpersonal approaches to communication research. *American Behavioral Scientist, 16*(4), 469-499.

Newcomb, T. M. (1953). An approach to the study of communicative arts. *Psychological Review, 60*, 393-404.

Reio, Jr., T. G. (2010). The ongoing quest for theory-building research methods articles. *Human Resource Development Review, 9*(3), 223-225.

Ruona, W. E. (2000). Core beliefs in human resource development: A journey for the profession and its professionals. *Advances in Developing Human Resources, 2*(3), 1-27.

Watts, S., & Stenner, P. (2012). Doing Q methodological research: Theory, method and interpretation. Sage. 백평구 역(2014). Q방법론의 실행, 이론·방법·해석. 커뮤니케이션북스.

피플 애널리틱스

정보영(viautumn@gmail.com)

정보영은 현대자동차그룹 경영연구원 인재개발원 책임매니저로 근무하고 있다. 현업에서 기업의 리더십 다면평가, 팀진단 등을 주무로 하며, 데이터 기반 인재개발(data-driven HRD)에 관심이 많다. HRD에 관련된 인사조직, 심리측정, 학습과 평가, 진로발달 및 경력개발, 조직개발 등을 주제로 연구하는 독립연구자이다. 서울대학교 산업인력개발학과에서 학사, 석사, 박사학위를 취득하였다.

피플 애널리틱스

정보영

들어가며

◆ 애널리틱스란? 그리고 피플 애널리틱스

애널리틱스라고 지칭하고 있는 실무 중심의 분석학은 여러 내용 지식과 결합되어 각자의 분야로 발전되고 있다. 재무 분야의 재무 애널리틱스(finance analytics), 마케팅 애널리틱스(marketing analytics), 인사조직 분야의 피플 애널리틱스(또는 HR 애널리틱스), 교육 분야의 학습분석학(learning ana－lytics) 등이 대표적이다. 피플 애널리틱스에 비해 상대적으로 일찍 시장에 등장한 용어가 비즈니스 애널리틱스이다. 비즈니스 애널리틱스라는 용어는 비즈니스 인텔리전스(business intelligence)가 연구되기 시작한 1950년대 이후에 컴퓨터 전산 기술 및 빅데이터의 등장으로 인해 수면 위로 올라온 것으로 보인다(Chen et al., 2012). 비즈니스 인텔리전스 및 분석(BI&A)은 현대 비즈니스 조직에서 해결해야 할 데이터 관련 문제의 규모와 영향력을 반영하여 실무자와 연구자 모두에게 중요한 연구 분야로 부상해 왔다. 비즈니스 애널리틱스는 드러난 현상에 대해 '왜 이런 일이 발생하는가', '이러한 추세가 계속되면 어떻게 되는가', '다음에 어떤 일이 일어날 것인가(예측)', '일어날 수 있는 최선의 결과는 무엇인가(최적화)' 등을 주로 다룬다.

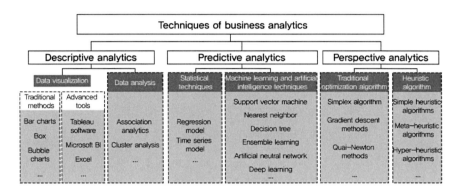

〈그림 1〉 비즈니스 애널리틱스

출처: Liu, S., Liu, O., & Chen, J. (2023). A Review on Business Analytics: Definitions, Techniques, Applications and Challenges. Mathematics, 11(4), 899.

애널리틱스[1]는 기업이 통계 및 수학적 모델(statistical−, mathmatical model), 인공지능 알고리즘(AI algorithm)과 같이 과거보다 발전된 기술을 활용하여 데이터의 가치를 격상시키는 데 도움을 줄 수 있다는 점에서 주목받는 개념이다(Liu et al., 2023). 협의의 피플 애널리틱스는 위의 애널리틱스 개념에 따라 '과거보다 발전된 기술'에 방점을 두고 인공지능의 대표격인 머신러닝, 딥러닝을 활용하는 일련의 인사 분석 행위들을 한정하여 지칭하기도 한다. 그러나 피플 애널리틱스라는 명칭이 등장하기 훨씬 전부터 인사·교육 분야는 각종 통계분석에 터해 실천적인 결과물을 만들어 왔던 것이 사실이다. 특히, HR metric 등의 인사 데이터, 각종 교육훈련 장면에서 파생

---

1) 아직까지 '분석학'이라는 한글표기보다는 '애널리틱스' 라는 외래어 표기를 더 많이 쓰고 있다. 이는 학계, 산업계에서 공히 나타나는 현상으로 독자의 이해를 돕기 위해 '애널리틱스'로 통일하였다.

되어 만들어지는 교육 데이터는 현장 전문가들 사이에서 유효한 데이터분석의 재료로 빈번히 쓰여왔다.

광의의 피플 애널리틱스는 인사·교육 현장에서 조직 효과성, 효율성을 높일 요량으로 인사이트를 도출함에 있어 정보 기술, 설명적 분석 및 예측적 분석, 시각화, 연구 행위를 적절히 동원하는 총체적인 것이라는 견해가 지배적이다(Lee & Lee, 2024; McCartney & Fu, 2022; Tursunbayeva et al., 2018). 데이터 과학의 관점에서는 수학(통계), 계산, 특정 영역(domain)이라는 세 가지 영역의 교차점으로 세부적인 데이터 과학 분야를 나누고 있다(Conway, 2010; Oliver, & McNeil, 2021). 피플 애널리틱스가 언질되는 특정 영역이란 인사·교육, 인사조직, 전략적 인사관리, 산업조직심리, 사회과학 및 행동과학 등 조직과 사람(조직구성원)에 관련된 분과 학문들이라 할 수 있다.

머신러닝과 같은 인공지능을 사회과학 도구로 쓰는 것은 타당한가?

인공지능의 활용은 사회과학에서 다양성−타당성 딜레마(diversity−validity dilemma)를 불러일으킨다(Charlwood & Guenole, 2022). 피플 애널리틱스를 수행함에 있어 채용, 승진, 해고 등 고용 관련 기회에서 다수 집단과 소수 집단에 나타날 수 있는 차이를 역효과(adverse impact)라 부르는데, 모든 집단에 대해 동일한 방식으로 작동하도록 인공지능 모델을 개선한다고 하더라도 역효과를 우려하지 않을 정도까지 줄이지 못한다. 인공지능 시스템에서 실제 차이로 인한 역효과를 제거하면 일반적으로 미래 업무 수행에 대한 예측 정확도가 낮아진다(Pyburn et al., 2008). 즉, 다양성과 타당성을 동시에 만족시킬 수 있는 인공지능 활용은 아직까지 요원하다고 보아야 할 것이다. 반면, 추론통계를 주축으로 한 기존의 통계분석 방법론은 편향과 역효과를 다루는 데 있어 강건한 분석도구를 보유하고 있다는 점에서 보다 안정적이고 활용 가치가 있다(Ployhart & Holtz, 2008).

한편, HRD 인접 분야인 산업조직심리학(Industrial－Organizational psy－chology; I－O psychology)에서도 인공지능 기술의 도입에 관하여 논의가 활발히 이루어지고 있는데, 이 논의가 이 장에서 다루고자 하는 피플 애널리틱스가 HRD 연구계 내에서 처한 상황과 상당히 닮아있다. Yankov(2023)는 AI 기술을 산업조직심리학에 급진적으로 도입하지 못하는 이유에 대해 비통한 마음으로 성명한다며 학계에 목소리를 냈다. 그에 따르면 컴퓨터과학(computer science) 분야는 일찌감치 자신들의 주무기인 AI를 활용하여 arXiv에 연구물을 쏟아내고, 그 연구물들이 초거대 테크 기업들에 직접적인 영향력을 발휘하고 있다. 반면, 산업조직심리학을 비롯한 사회과학 연구들은 지나치게 복잡한 수학적 근거를 갖는 고루한 모델을 양적연구의 방법론 모델로 고수하며 인간행동 이론 개발의 혁신을 방해하고 있다는 것이다.

빅데이터와 인공지능, 머신러닝은 자칫 사회과학 연구의 양적연구에 비견되는 (초월하는) 수준에서만 이해될 수도 있지만, 실제로는 그렇지 않다. 연구 행위의 매우 중요한 목적 중 하나가 발견[2]인데, 주로 질적 연구의 목적으로 지목되는 발견에 있어 머신러닝, 딥러닝은 탁월한 성능을 보여주고 있다. 머신러닝은 데이터에서 출발하여 새로운 개념에 이르는 발견에 일조한다. 최근 사회과학 분야의 많은 학자들은 질적 방법론 추진 시 전통적으로 질적 작업 일색이었던 연구절차 내에서 머신러닝을 활용한 정량적 방법으로 효율성을 보완하는 대안을 찾아내고 있다(Baumer et al. 2017).

Leist 등(2022)은 사회과학 등 연구분야에서 활용 가능한 머신러닝 방법론을 복잡성(complexity)과 설명가능성(explainability)을 축으로 분류하였으며, 다섯 개의 군집을 표기하였다. 이들에 따르면, 인공신경망(artificial neural network) 방법론의 경우 설명가능성이 낮고 복잡성은 높은 방식으로, 여러 은닉층(hidden layers)을 통해 데이터의 복잡한 패턴을 학습할 수

---

2) Grimmer et al.(2021)은 사회과학 연구 행위의 목적으로 발견, 측정, 추론(예측, 인과추론)을 지목하였다.

있지만, 그 내부 작동 메커니즘이 추상적이고 직관적으로 이해하기 어렵다는 특징을 갖고 있다고 하였다. 반면, 의사결정나무(decision tree) 방법론은 복잡성이 낮고 설명가능성이 높은 방식으로, 각 결정 노드가 실제 의사결정 과정에서의 질문과 답변을 모사하여, 어떻게 최종 결정에 이르게 되었는지를 쉽게 추적하고 이해할 수 있게 한다는 특징이 있다고 하였다. 추론통계의 대표적인 방법론으로 알려진 회귀분석은 머신러닝 방법론의 일종으로 볼 수 있으며, 공변량(covariates)과 결과변수(outcome variables)의 관계성에 대한 모형을 세우는 방정식 기반 접근(formula-based approach)으로, 데이터 내 변수들 간의 관계를 수학적 모델을 통해 설명하고 예측하는 데 유용하다고 설명하고 있다.

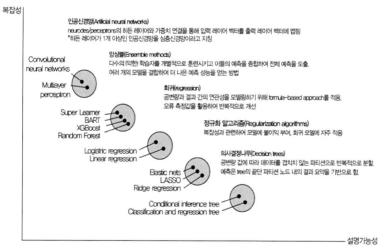

〈그림 2〉 복잡성과 설명가능성을 축으로 한 머신러닝의 위상

출처: Leist, A. K., Klee, M., Kim, J. H., Rehkopf, D. H., Bordas, S. P., Muniz-Terrera, G., & Wade, S. (2022). Mapping of machine learning approaches for description, prediction, and causal inference in the social and health sciences. Science Advances, 8(42), eabk1942.

데이터 분석 모델의 종류를 나누는 관점은 다양하나 크게 네 가지 유형으로 분류하는 견해가 실무적으로 받아들여지고 있다. 이러한 견해에 따르면 애널리틱스 전 영역은 통계분석 모델, 정형 데이터 마이닝 모델, 비정형 데이터(텍스트) 마이닝 모델, 소셜 네트워크 분석 모델 등으로 나뉜다. 통계분석 모델은 전통적인 기법으로 주로 수치형 데이터에 사용하며 확률을 기반으로 현상을 추정 및 예측한다. 정형 데이터 마이닝 모델은 패턴 인식, 머신러닝, 딥러닝 등을 이용하여 대용량 데이터에 숨겨진 데이터 간 상호 관련성 및 유용한 정보를 추출하는 기법이다. 이와 더불어 비정형데이터 텍스트마이닝 모델이 각광 받고 있으며, 관계분석학(relational analytics) 또는 그래프 애널리틱스(graph analytics)로 대변되는 소셜네트워크 분석 모델도 많이 쓰인다.

〈표 1〉 데이터 분석 모델 분류 예시

유형	분석 모델(예)	설명
통계분석 모델	기술 통계	대표적인 것으로 평균(산술평균, 중앙값, 최빈값), 분산, 표준편차 등이 있다.
	상관 분석	두 변수가 어떤 선형적 관계를 가지는지 분석하는 기법으로 두 변수는 서로 독립적인 관계일 수도 있고 연관된 관계일 수 있는데, 이러한 관계의 강도를 상관관계라 한다.
	회귀 분석	연속형 변수에 대해 독립변수와 종속변수 사이의 상관관계에 따른 수학적 모델인 선형적 관계식을 구하여 어떤 독립변수가 주어졌을 때 이에 따른 종속변수를 예측하거나 수학적모델이 얼마나 잘 설명하고 있는지 판별하기 위한 적합도를 측정하는 분석 기법이다.
	분산 분석	두 개 이상 다수의 집단을 비교할 때 집단 내의 분산, 총평균과 각 집단의 평균 차이로 생긴 집단 간 분산의 비교를 통해 만들어진 F분포로 가설을 검증하는 기법이다.
	주성분 분석	다양한 변수를 분석하는 다변량 분석으로 많은 변수로부터 몇 개의 주성분을 추출하는 기법이다. 이때 주성분 분석은 차원 축소를 위한 것이다.
정형 데이터마이닝 모델	예측	대용량 데이터 집합 내의 패턴을 기반으로 미래를 예측한다.
	분류	일정한 집단에 대해 특정한 정의로 분류 및 구분을 추론한다.
	군집화	구체적인 특성을 공유하는 자료를 분류한다. 미리 정의된 특성에 대한 정보를 가지지 않는다는 점에서 분류와 다르다.
	패턴 분석	동시에 발생한 사건 간의 상호연관성을 탐색한다(예: 장바구니 분석).

비정형데이터 텍스트마이닝 모델	텍스트마이닝 모델은 비정형 데이터인 텍스트로부터 유의미한 패턴을 발견하고, 숨겨진 정보를 추출하는 데이터 분석 방법이다. 이 과정은 자연어 처리(Natural Language Processing, NLP) 기술을 활용하여 대량의 텍스트 데이터에서 키워드, 주제, 감정, 패턴 등을 자동으로 식별하고 분류하는 것을 포함한다.
소셜네트워크 분석 모델	소셜네트워크 분석(Social Network Analysis, SNA)은 개인이나 그룹 간의 관계망을 수학적으로 표현하고 분석하는 기법이다. 이 모델은 연결의 패턴, 네트워크 내에서의 중요한 역할을 하는 개체들, 그리고 정보나 영향력의 흐름을 이해하는 데 사용된다. 소셜네트워크 분석은 사회적 상호작용의 복잡성을 정량화하고 시각화하여, 조직 내외의 커뮤니케이션 구조, 협력 네트워크, 그리고 사회적 영향력의 분포 등을 파악하는 데 유용하다.

주) 이지영(2020) 단행본의 내용을 저자가 일부 재구성.

데이터를 마이닝(발굴 또는 추출) 관점에서 보고 있는 일부 데이터과학 분야는 데이터마이닝의 방법론 분류를 별개로 갖추기도 한다. Abd Alazeez 와 Thaher(2021)은 데이터 분석 활용을 전통적인 틀과 현대적 툴로 구분하고자 하였다. 그는 데이터마이닝 기술을 기술적(descriptive) 기술과 예측적(predictive) 기술로 나누었고, 기술적 기술에는 군집화(clustering), 요약(summarization), 연관규칙(association rule), 시퀀스 탐색(sequence dis-covery) 등을 꼽았다. 예측적 기술에는 프랙탈 코딩(fractal coding), 분류(classification), 회귀(regression), 시계열 분석(time series), 예측(prediction) 등을 꼽았다.

Raghupathi과 Raghupathi(2021)은 보다 실용적인 관점에서 애널리틱스를 구분한다. 기본적으로는 Gartner(2021) 그룹이 제시하고 있는 기술적(descriptive -), 예측적(predictive -), 처방적(prescriptive -) 분석의 틀을 따르며, 한 단계 높은 수준으로 발견(지혜)적(discovery(wisdom) -) 분석을 추가하였다. 특히 그들은 시각화, 통계적 모델링, 머신러닝 등의 세 가지 분석 실무(analytic task)를 또 하나의 축으로 분리하여 관련 용어를 정리하였다.

〈표 2〉 애널리틱스 축과 분석 실무 관련 용어

축/분석 실무	시각화 (visualization)	통계적 모델링 (statistical modeling)	머신러닝 (machine learning)
기술적 분석	차트화 도표화 시각적 스토리텔링 과학적/인지적 BI툴 (Tableau, Qliksense 등) 배경 데이터(변수, 차원, 측정치)를 현시하는 모든 차트	모델링을 위한 엄격한 규칙 각종 가정 만족 클린 데이터 구조적, 양적 데이터 공식적이고 과학적인 방 법론 R, SAS, SPSS 등 도구 기술통계량(평균, 중앙값, 최빈값, 표준편차, 상관 행렬 등)	데이터 기반(data-driven) 노이즈 혹은 결측 데이터 비구조적 데이터(text, au dio, video) 블랙박스 수학적 모델링/수리적 기초 Python, 머신러닝 툴, 라 이브러리 AI, 딥러닝 word count, association 공출현 row similarity TF-IDF, LDA 등
예측적 분석	산점도/추세선 공식/산식 외삽(extrapolation)	ANOVA/회귀/카이제곱 등 군집을 예측하는 것들, 종속변수, 비모수 통계 등	클러스터링 분류 딥러닝 신경망 모델 훈련/테스트
처방적 분석	What-if 분석 차트 영향력 분석 차트 신규 변수 통찰력(insight)	인과 연구 기울기 및 절편 영향 영구	인공지능/딥러닝 모델 study consequences 산출/라벨의 영향력
발견(지혜)적 분석	신규 변수, 신규 차원, 신 규 측정치 차트	perceptual mapping, 컨조인트 분석 신규 생산물 및 서비스 발견 신규 지표, 변수, compo sites, 비율 인과 분석	신규 모델, 문제해결, 신 규 학습 알고리즘을 만들 기 위한 인공지능 및 딥러 닝 모델 활용 인과 분석

주) Raghupathi, W., & Raghupathi, V. (2021). Contemporary business analytics: An overvie
w. Data, 6(8), 86. 의 표 1 참조.

살펴본 분류들은 모두 각 연구물이 취하는 관점, 그리고 학문 분과 분야
에서의 정당성이 확보되어 있기 때문에 분류상의 심대한 오류가 있다고 할
수 없는 유효한 모델이다. 다만, 피플 애널리틱스라는 복잡다단한 현상을 보
다 잘 설명할 수 있는 분류 틀을 찾아 적용할 때 연구계와 실무계의 보다
명료한 소통이 가능할 것이기에 모델 선정은 매우 중요하다.

연구방법론이 되고 싶은 피플 애널리틱스

추론통계로 대표할 수 있는 전통적인 통계분석 관점의 HRD 양적연구와 머신러닝을 활용한 연구를 구분하고자 한다.

이러한 구분을 위해서는 귀추(歸推)적 및 귀납(歸納)적(탐색적) 접근법 대 연역(演繹)적(가설적) 접근법에 대한 이해가 선결되어야 한다. Field et al.(2012)은 연구방법론을 논하기 위해서는 연구(research)의 의미에 대해 먼저 살펴봐야 한다고 주장하였다. 특히 양적연구는 모집단(real world)에 대해 어떠한 궁금증이 생겨나고 그것을 데이터 분석을 통해 옳은지 확인하기 위해 모집단을 대표하는 표본에 확인하고 그것을 모집단에 일반화(generalization)한다. 일반화에 이르는 과학적 방법론은 두 가지로 나뉘는데 귀납법과 연역법이 바로 그것이다. 귀납법(inductive reasoning)은 구체적 사실을 관찰하여 일반적인 결론에 이르는 방법이다. 연구에서 귀납법은 가설을 생성(hypothesis generating)하는 방향으로 전개되며, 관찰/데이터(실사례)→양상 분석→가설→이론(논리)에 도달한다. 반면 연역법(deductive reasoning)은 삼단논법과 같이 일반적인 사실을 전제로 새로운 판단을 유도하는 방법이다. 연구에서 연역법은 가설을 검증(hypothesis testing)하는 방향으로 전개되며, 이론(논리)→가설→실증적 데이터→확증에 도달한다. 연역법이 귀납법에 비해 다른 점은 관찰로 결론에 다다르는 것이 아니라 이론 및 가설로 시작하여 '반증'[3]이라는 장치를 통해 결론에 도달한다는 점이다. 즉, 반증을 통해 가설을 입증하는 효과(반증가능성; falsifiability)를 볼 수 있으며, 이것이 과학적인 연구의 핵심요소가 된다(Field et al., 2012). 한편, 최근 산업조직심리학과 조직행동 연구에서 반증가능성에 입각한 연역법 연구 기조는 여전히 유지되는 가운데 빅데이터를 자료로 활용한 귀납법에 대

---

[3] Karl Popper의 비판적 합리주의 및 반증주의(反證主義)에 관한 견해를 참고할 필요가 있다. Popper는 과학은 실패할 확률이 높은 엄격한 실험을 통해 이론을 반박하는 방식을 취함으로써 과학이라 말할 수 있다고 주장한다.

한 관심은 다시 높아지고 있는 추세이다(Hassad, 2020; Woo,2019; Woo, O'Boyle & Spector, 2017).

추론이 추동되려면 귀추, 연역, 귀납이 적재적소에서 작용하여야 한다. 사회과학 연구에서 좋은 이론은 귀추적 발견(abductive discovery)을 수반하며, 추론의 방법론으로 복수의 경험적 관찰과 논리적 난제를 설명하는 이론 및 가설을 만들어 낸다. 또한, 이러한 이론 및 가설을 지지하는 논거를 귀납적 확인(inductive confirmation)을 통해 수집해야 한다. 마지막으로, 이론 및 가설에 대한 반증이 잘못되었음을 증명하는 방식으로 연역적 검정 (deductive testing)을 할 수 있어야 한다(Moeller, & Schmidt, 2023). 즉, 좋은 이론은 귀추, 귀납, 연역 추론이 종합적으로 발휘되었을 때 형성된다.

♦ 먼저, 일반적인 수행 절차의 비교가 반드시 필요하다

사회과학/행동과학4)은 매우 넓은 스펙트럼을 갖고 있는 연구분야이다. 사회과학 내에서의 양적연구를 총망라하는 것은 불가능하며, 양적연구와 질적 연구의 구획도 명확히 나누기 어려운 것이 사실이다. Singh(2007)은 저서를 통해 사회과학의 양적연구 설계가 탐색적 설계와 결정론적 설계로 나뉘며, 결정론적 설계 아래 기술적 설계에 해당하는 사례연구, 횡단분석, 종단 또는 코호트 분석, 회고적 연구가 있으며, 인과 설계에 해당하는 실험설계, 준실험설계 등이 있음을 구분하였다.

---

4) 사회과학은 개인과 집단 간의 상호작용, 사회문화적 측면에 초점을 두고 사회학, 정치학, 경제학, 인류학 등의 학제를 말한다. 행동과학은 개인 및 집단의 심리, 행동, 인지적 과정 등에 초점을 두고 있는 분야로 심리학, 행동경제학 등의 학제를 말한다. 사회과학과 행동과학은 서로 상호작용하며 중첩되는 부분도 많아 혼용되기도 한다. HRD(인적자원개발)를 어느 범주에 두는지에 대한 논의는 본 장에서는 논외로 한다.

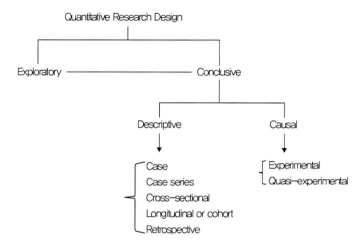

〈그림 3〉 양적연구 설계 분류
출처: Singh, K. (2007). Quantitative social research methods. Sage.

  Singh(2007)에 따르면 사회과학 양적연구는 일반적으로 1) 연구 설계, 2) 문헌 검토, 3) 표본 추출 및 데이터 수집, 4) 데이터 분석, 5) 결론 및 보고 등의 절차를 갖는다. 첫째, 연구 설계 단계에서 연구자는 연구 문제를 정의하고, 연구 목적을 명확히 한다. 연구 문제는 구체적이고 측정 가능해야 하며, 연구 목적은 이론적 및 실제적 중요성을 갖추어야 한다. 연구 가설은 연구 문제에 대한 예측된 답변으로, 이후 연구 과정에서 검증되어야 한다. 둘째, 문헌 검토는 기존 연구와 이론을 조사하여 연구 문제의 배경을 이해하고, 연구 설계에 필요한 이론적 토대를 마련하는 과정이다. 이 단계는 연구 문제에 대한 이해를 깊게 하고, 연구 설계에 영향을 줄 수 있는 기존 연구의 발견 및 기존 연구에서 간과된 점은 없는지 파악하는 데 중요한 역할을 한다. 셋째, 표본 추출 및 데이터 수집 단계이다. 연구 설계가 완료되면, 적절한 표본을 추출하고 데이터를 수집한다. 표본 추출 방법은 연구 목적과 연구 문제에 따라 달라질 수 있으며, 대표성 있는 표본을 확보하는 것이 중요하다. 데이터 수집 방법에는 설문 조사, 인터뷰, 관찰 등이 있으며, 연구 목적에 맞는 방법을 선택할 수 있다. 넷째, 데이터 분석 단계이다. 데이터 수집을 마친 후에는 해당 데이터를 분석하여 연구 가설을 검증한다. 양적 데이터 분석에는 일반적으로 통계적 방법이 사용되는데, 기술통계, 추론통계 등 다양한 기법을 통해 데이터를 분석하고, 연구 가설의 타당성을 평가해야 한다. 마지막으로 다섯째, 결론 및 보고 단계는 연구 결과를 해석하고 결론을 도출하는 단계이다. 연구 결과는 연구 가설과 연구 문제에 대한 답변을 제공해야 하며, 연구 결과를 바탕으로 실제적 또는 이론적 시사점을 제시할 수 있어야 한다. 연구 보고서는 연구 과정, 결과, 결론을 체계적으로 기술하여 연구의 투명성과 신뢰성을 높여야 한다. 이러한 절차를 통해 사회과학 분야에서 양적 연구는 체계적이고 객관적인 방법으로 연구 문제를 탐구하고, 신뢰할 수 있는 결론을 도출할 수 있다. 이러한 과정은 연구의 품질을 보장하고, 학문적 발전에 기여하는 중요한 역할을 하게 된다.

한편, 의사결정을 조력하기 위한 애널리틱스 과제를 수행하는 경우 일반적으로 6단계 절차[5]를 거친다(Ustundag et al., 2022). 첫째, 비즈니스 분석 단계로, 비즈니스 문제를 정의하고 기본 또는 대체 모델에 필요한 필수 변수를 식별한다. 또한 기본 변수의 빈도에 대한 예상 범위를 결정하는 것도 포함한다. 둘째, 데이터 통합 및 추출 단계이다. 이 단계에서는 다양한 소스의 데이터를 통합하는데, 부정확하고 일관성이 없는 데이터를 추출하는 작업도 병행한다. 또한 불완전한 정보 및 관련 방법을 식별하고 이상값 데이터를 처리하고 처리하는 방법을 결정하고 적용하는 것도 포함한다. 셋째, 변수 분석 단계로, 이 단계에서는 각 변수의 중요도를 계산한다. 여기에는 주성분 분석(PCA), 요인 분석, 클러스터링과 같은 방법을 통해 데이터 크기와 변수 수를 줄이는 작업이 포함된다. 또한 데이터를 더 잘 이해하기 위해 데

---

5) PA를 절차적 관점에서 살펴본 연구들을 매우 다양하며, 대표적으로 Boudreau & Ramstad(2007)의 LAMP model, Davenport(2018)의 DELTA plus model 등이 있다.
　　출처: García-Izquierdo, A. L., Aguado, D., Belizón, M. J., Castaño, A. M., & Zuazua, M. Human Resources Analytics in Theory and Practice.

이터 시각화를 수행한다. 넷째, 모델링 단계에서는 예측 알고리즘과 방법론
이 결정된다. 여기에는 예측과 추정의 성능을 측정 및 비교하고, 적합성을
감지하며, 예측 성능에 대한 변수의 기여도를 결정하는 작업이 포함된다. 최
종 모델 구축도 이 단계의 일부이다. 다섯째, 결과 분석 단계에서는 성능을
개선하기 위해 하이퍼파라미터를 미세 조정하고, 모델이 암시하는 동작을
이해하고, 이러한 동작의 중요성을 결정하는 작업이 포함된다. 여섯째, 단계
는 결과 구현이다. 결과를 회사의 시스템 또는 솔루션에 통합하는 것이다.
이 때에 결과를 모니터링하고 주요 이해관계자(의사 결정자)의 요구사항에
따라 조정하는 작업이 필요하다.

〈표 3〉 절차 관점의 애널리틱스 단계 및 활동

단계	활동
비즈니스 분석 (business analysis)	비즈니스 문제 정의
	기초 또는 대안적 모델을 위한 필수 변수를 확인
	기본 변수 빈도에 대한 추정 범위를 결정
데이터 통합 및 추출 (data integration and extraction)	다양한 원천의 데이터 통합
	부정확하고 일관성 없는 데이터 추출
	불완전한 정보 및 관련 방법 식별
	이상치 데이터에 대한 처리 방법 결정 및 적용
변수 분석 (variable analysis)	변수의 중요도 계산
	데이터 크기 및 변수 축소(PCA, 요인분석, 군집화 등)
	데이터 시각화
모델링 (modeling)	예측 알고리즘 및 방법론 결정
	예측과 추정 성능의 측정/비교
	규정 준수 여부 감지
	예측 성능에 대한 변수의 기여도 결정
	최종 모델 구축
결과 분석 (result analysis)	성능 개선을 위한 하이퍼파라미터 조정(fine-tuning)
	모델에 내포된 조치(action) 이해
	조치(action)의 의미 결정
결과 구현 (implementation of the results)	사내 시스템/솔루션에 통합
	결과 모니터링
	주요 이해관계자(의사결정자) 요구사항에 의거 보정

◆ 대표선수를 내세워 연구자적 관점의 피플 애널리틱스를 파악하고자
  한다. 머신러닝과 추론통계

머신러닝과 추론통계의 차이점은 철학적 기반과 응용 분야로 확장했을 때
보다 명확한 이해가 가능하다. 컴퓨터 과학에 뿌리를 둔 머신러닝은 데이터
를 학습하고 예측하는 알고리즘의 능력을 강조하며, 대부분의 장면에서 해
석가능성(interpretability)보다 성능을 우선시한다. 수학과 확률 이론에 기반
을 둔 추론통계는 사회 현상 간의 관계를 변수로 정량화하고 이론을 테스트
하는 모델을 통해 데이터의 양상을 설명하고자 하며, 방법론 이면에 숨어 있
는 여러 가정들(assumptions), 해석가능성, 그리고 이론적 근거(theoretical
rationale)의 중요성을 강조한다. 이러한 차이는 예측과 설명(prediction vs.
explanation), 데이터 기반 의사결정과 이론 기반 인사이트(data-driven
decisions vs. theory-driven insights), 계산효율성과 현상 이해
(computational efficiency vs. understanding of phenomena) 사이의 균형
을 둘러싼 광범위한 논쟁에 관련이 있으나, 단순화시켜서 서술하면 머신러
닝과 추론통계 사이의 기본적인 차이는 접근 방식과 최종 목표에 근거한다.
머신러닝은 주로 예측 정확도와 모델의 성능 최적화에 초점을 맞춘 반면,
추론통계는 관측된 데이터가 표상하는 원인과 결과의 관계를 이해하고자 하
는 데 중점을 둔다. 이러한 차이는 두 분야가 서로 유사하면서도 다른 질문
에 답하려고 시도한다는 것을 의미한다. 즉, 머신러닝은 주로 "무엇이 일어
날 것인가?"에 대한 답을 찾으려고 하며, 추론통계는 주로 "왜 일어나는가?"
에 대한 이해를 깊게 하려고 한다는 것이다.

머신러닝의 핵심은 대규모 데이터에서 복잡한 패턴을 학습하여 미래의 사
건이나 결과를 예측하는 것이다. 이러한 접근 방식은 특히 자연어처리, 이미
지 인식, 의료 진단 등의 분야에서 혁신적인 발전을 이끌어냈다. 머신러닝
모델, 특히 딥러닝 알고리즘은 인간의 개입 없이도 데이터로부터 학습할 수
있는 능력이 뛰어나지만, 이러한 모델들은 잘 알려진 바와 같이 블랙박스
(black box model)로 간주되어 왜 특정한 예측이나 결정이 내려졌는지를

설명하기에는 아직까지 부족함이 있다. 반면, 추론통계는 데이터에 내재된 패턴을 이해하고, 변수 간의 관계를 규명하며, 이를 통해 가설을 검증하거나 이론을 구축하는 데 초점을 맞춘다. 따라서 추론통계를 깊게 활용하는 학문 분야들은 연구자가 데이터를 통해 현상을 설명하고 예측하는 데 필요한 이론적 근거와 가정을 충실히 명시하도록 안내하고 있다. 이 과정에서 변수 간의 관계를 정량화하고, 모델을 통해 이러한 관계를 테스트하며, 데이터가 수집되는 방식에 영향을 미치는 다양한 요소를 고려해야만 한다.

　머신러닝과 추론통계 사이의 이러한 차이는 연구방법론을 선택할 때 중요한 고려사항이 된다. 예를 들어, 변수가 많고 복잡다단한 데이터셋에서 빠르고 정확한 예측을 생성하는 것이 주요 목표라면 머신러닝이 적합할 수 있다. 반면, 연구문제가 특정 변수 간의 관계를 이해하거나 설명하는 것에 더 초점을 맞추고 있다면 추론통계가 적합할 수 있다. 두 접근 방식은 서로 보완적이며, 연구자들은 복잡한 연구 질문에 답하기 위해 두 방법론을 결합하는 방식으로 혼합적인 연구방법을 도입하기도 한다(Kuorikoski & Marchionni, 2023). 이러한 관점에서, 머신러닝과 추론통계 사이의 구분은 단순한 기술적 차이를 넘어서 연구의 철학적 기반과 목표에 깊이 뿌리를 두고 있다고 할 수 있을 것이다. 예측 모델이 아무리 높은 정확도를 보여주더라도, 모델이 생성한 예측 뒤에 있는 원리를 이해하지 못한다면, 그 예측의 가치는 제한적일 수 있다. 반대로, 모든 변수 간의 관계를 완전히 이해하고 모든 가정을 검증할 수 있다 하더라도, 실세계의 복잡성을 완벽히 모델링하는 것은 불가능하다. 따라서, 머신러닝과 추론통계의 통합적인 접근 방식은 연구자들에게 균형잡힌 시각을 제공하며, 복잡한 현실 세계의 문제, 인적자원관리 및 HRD를 둘러싼 복잡한 문제를 해결하는 데 있어 더 효과적인 도구가 될 수 있을 것이다.

◆ 연구를 철학의 관점으로 보며

　Saunders et al.(2023)은 연구방법론을 효과적으로 수립하기 위해 수행해야 할 주요 계층을 여섯 가지로 분류하고 Research Onion 모형으로 도식화하여 제시한 바 있다. HRD 연구에서 머신러닝을 하나의 방법론으로 활용하고자 할 경우, 각 계층에 대별되는 관념은 다음과 같다. 첫째, 연구철학(Research Philosophy) 측면에서 머신러닝 기법 사용은 철학에 직접적으로 영향을 미치지는 않지만, 연구의 목적과 성격은 반영될 수 있다. 예를 들어, 경험주의(positivism) 철학하에서는 머신러닝을 통해 수집된 데이터를 사용하여 인과관계를 규명하거나 예측 모델을 개발하는 연구가 진행될 수 있다. 구성주의(constructivism) 철학하에서는 머신러닝을 통해 자료에 대한 다양한 해석을 분석하고 이해하는 연구가 진행될 수 있다. 둘째, 이론 개발 접근(Approach to Theory Development) 측면에서 머신러닝은 주로 귀납적(inductive) 접근과 관련이 있다. 대량의 데이터를 분석하여 새로운 패턴이나 관계를 발견하고, 이를 바탕으로 이론을 형성하거나 예측 모델을 개발하는 데 활용될 수 있기 때문이다. 특히, 머신러닝은 과거 데이터나 경험에 의존하는 연역적(deductive) 접근과는 차별화된다. 귀추적(abduction) 접근의 경우도 일부 상황에서 발현될 수 있다. 예를 들어, 뜻밖의 결과를 나타내는 데이터 분석을 통해 새로운 가설을 형성하고, 다시 데이터를 분석하여 가설을 검증하는 과정에 머신러닝을 활용할 수 있다. 셋째, 방법론적 선택(Methodological Choice) 측면에서 머신러닝은 통계적 실증 연구(quantitative empirical research)에 해당하기 때문에 주로 양적 방법론에 해당한다. 수치 데이터를 수집, 분석하고, 통계적 검증을 통해 연구 결과를 도출하는 것이다. 특정한 상황에서는 머신러닝 모델 자체에 대한 설명이나 해석을 위해 질적 방법론(qualitative methods)을 혼합하여 활용할 수 있다. 넷째, 연구전략(Strategy) 측면에서 머신러닝 기법을 사용하는 경우, 데이터 수집 방법으로 실험(experiment), 설문조사(survey), 아카이브자료 분석(archival research) 등 다양한 전략이 사용될 수 있다. 또한, 데이터 분석 전에 데이터 전처리(data preprocessing)와 특징 추출(feature engineering) 등 필수적인 과정을 거치게 된다. 다섯째, 시간 범위(Time Horizon) 측면에서 머신러닝 기법은 횡단(cross-sectional) 설계 연구, 반복측정(repeated meas-ures) 및 시계열(time-series) 데이터 분석 모두 적용이 가능하다. 데이터 가용성에 따라 단기적인 횡단 연구나 장기적인 시계열 연구 등 유연하게 선택할 수 있다. 여섯째, 세부기법 및 절차(Techniques and Procedures) 측면에서 머신러닝 양적연구는 다양한 기술과 절차를 사용한다. 데이터 수집 방법으로는 센서 데이터 수집, API, 웹 스크래핑 등 기법을 활용할 수 있다. 데이터 분석 과정에서는 특정한 머신러닝 알고리즘(예: 회귀, 분류, 클러스터링 등)을 선택하고, 모델 학습 및 평가, 결과 해석 등 다양한 단계를 거치게 된다.

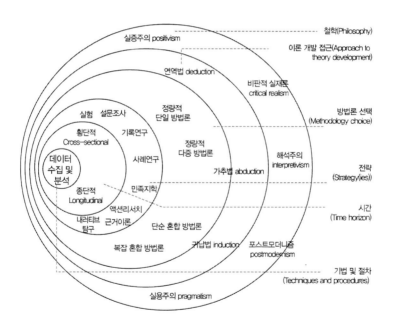

〈그림 4〉 Research Onion

출처: Saunders, M., Lewis, P., & Thornhill, A. (2023). Research Methods for Business Students. (9th ed.) Pearson. https://www.pearson.com/en-gb/subject-catalog/p/research-methods-for-business-students/P200000010080/9781292402727

◆ OLS추정을 둘러싼 통계적 추론과 머신러닝 관점 비교

그렇다면 피플 애널리틱스는 어떤 관점을 지지하는가? 여기에 정답은 없다. 피플 애널리틱스는 목적 중심적인 행위이기 때문에, 보고 목적에 따라 통계적 추론 관점을 유지해야할 수도, 머신러닝 관점을 적용해야 할 수도 있는 것이다. 통계적 추론은 이론적인 가정과 조건을 만족시킨 후 데이터로부터 추론을 수행한다. 머신러닝은 데이터를 기반으로 모델을 학습시키는 방식(여기에는 지도학습, 비지도학습, 강화학습 등이 있다)을 활용한다(홍아름, 김하나, 2024).

OLS회귀분석은 통계적 추론의 구체적 방법론으로도, 머신러닝 알고리즘의 하나로도 쓰인다. OLS회귀분석을 추진하는 관점을 통해 차이점을 살펴보면 다음과 같다.

〈표 4〉 OLS회귀분석을 추진하는 관점

절차	통계적 추론	머신러닝	비고
데이터 준비	관측값을 수집하고 정규성, 독립성, 등분산성 등을 검정	관측값을 수집하고, 변수의 특성을 파악 ※ 정규화 및 정규분포에 가깝게 변환하는 과정 생략	
모형 설정	모형의 형태를 결정하고 모수의 수식 수립	모형의 형태를 결정하고 하이퍼파라미터의 범위를 설정(학습의 반복) ※ 모형의 구조는 학습 과정에서 자동으로 결정	
모형 추정	최소제곱법을 사용하여 모수 추정값을 구함	최소제곱법을 사용하여 모수 추정값을 구함	최소제곱법으로 동일하다고 가정
모형 평가	회귀계수의 통계적 유의성을 검정하고, 모형의 적합도를 평가	모형의 성능을 평가	
제약 조건		리짓, 라쏘, 엘라스틱넷 등 다양한 제약조건 적용	

OLS추정을 쓴다는 점에서 공통점이 있는 두 분석은 오차를 줄이는 방향으로 진행된다는 점에서는 같다. 그러나 머신러닝에서는 통계적 추론이 강조하는 정규성, 독립성, 등분산성 등을 검정하는 절차가 없는 대신 과적합을

막기 위해 모형을 제약하는 과정이 추가된다는 점에서 다르다(조일현, 2023). 추론통계 관점에서의 OLS 추정은 모집단에서 표본을 추출하여 모수를 추정하는 절차를 따르고, 모수 추정의 타당성을 검증하는 데 중점을 둔다. 반면, 머신러닝 관점에서의 OLS 추정은 모집단에 대한 정보 없이 표본 데이터만으로 모수를 추정하고, 모수 추정의 타당성보다는 모형의 예측 성능을 평가하는 데 중점을 둔다.

구체적으로, 추론통계 관점에서의 OLS 추정은 다음과 같은 차이점이 있다.

- 데이터 준비: 표본 추출을 통해 데이터를 수집하고, 표본 데이터를 정규화 및 정규분포에 가깝게 변환한다. 이는 모수 추정의 타당성을 검증하기 위해 필요한 전제 조건을 충족시키기 위한 것이다. 반면, 머신러닝 관점에서의 OLS 추정은 데이터를 수집하는 단계에서 표본 추출을 생략하고, 정규화 및 정규분포에 가깝게 변환하는 과정도 생략한다. 이는 모수 추정의 타당성보다는 모형의 예측 성능을 평가하는 데 중점을 두기 때문이다.
- 모형 설계: 모형의 구조를 결정하고, 모수의 개수를 정한다. 이는 모수 추정의 타당성을 검증하기 위해 필요한 전제 조건을 충족시키기 위한 것이다. 반면, 머신러닝 관점에서의 OLS 추정은 모형의 구조는 학습 과정에서 자동으로 결정된다. 이는 모수 추정의 타당성보다는 모형의 예측 성능을 평가하는 데 중점을 두기 때문이다.
- 모수 추정: 최소제곱법을 사용하여 모수 β를 추정한다. 이는 모수 추정의 타당성을 검증하기 위한 기본적인 방법이다. 반면, 머신러닝 관점에서의 OLS 추정은 다양한 최적화 알고리즘을 사용하여 모수 β를 추정한다. 이는 모수 추정의 타당성보다는 모형의 예측 성능을 평가하는 데 중점을 두기 때문이다.
- 모수 추정 평가: 표본 잔차 분석, 잔차 분포 분석, F 통계량, t 통계량 등을 사용하여 모수 추정의 타당성을 평가한다. 이는 모수 추정의 타당

성을 검증하기 위한 기본적인 방법이다. 반면, 머신러닝 관점에서의 OLS 추정은 모수 추정의 타당성은 학습 과정에서 자동으로 평가된다. 이는 모수 추정의 타당성보다는 모형의 예측 성능을 평가하는 데 중점을 두기 때문이다.

• 모형 평가: 예측 오차를 사용하여 모형의 예측 성능을 평가한다. 이는 모형의 예측 성능을 평가하기 위한 기본적인 방법이다. 추론통계 관점에서의 OLS 추정과 머신러닝 관점에서의 OLS 추정 모두 예측 오차를 사용하여 모형의 예측 성능을 평가한다.

◆ 통계적 추론과 머신러닝은 PCA를 각각 어떻게 활용하는가?

데이터를 줄여나감에 있어, 추론통계는 주로 관측치를 정제한다. 간혹 잠재변수에서 하위요소를 지우는 경우도 있지만, 그것보다는 이상치 제거 등 관측치를 정제하는 행위를 더 선호한다.

반면, 컴퓨터 과학의 머신러닝은 특성공학(feature engineering) 과정에서 데이터의 차원을 줄이거나, 모델의 성능을 향상시키기 위해 특성(feature) 선택 및 변환 작업을 중요하게 여긴다. 이 과정에서는 단순히 이상치를 제거하는 것을 넘어서, 변수 간의 상관관계를 분석하여 정보의 중복을 줄이거나, 중요한 특성을 추출하는 차원 축소 기법을 활용한다. 예를 들어, 주성분분석(PCA)이나 자동 인코더와 같은 방법은 고차원 데이터에서 중요한 정보를 유지하면서 차원의 수를 줄이는 데 유용하다. 이러한 접근법은 모델의 복잡성을 감소시키고, 계산 효율성을 높이며, 과적합의 위험을 줄일 수 있도록 돕는다.

또한, 머신러닝에서는 특성 생성을 통해 새로운 변수를 만들어 내는 과정도 포함된다. 이는 기존 데이터에서 숨겨진 패턴이나 관계를 모델이 더 잘 이해할 수 있도록 만들어 주며, 예측 성능의 향상에 기여할 수 있다. 예를 들어, 날짜 데이터에서 요일, 주, 월 등을 파생 변수로 생성하거나, 텍스트 데이터에서는 특정 키워드의 빈도수를 새로운 특성으로 추가하는 것이다.

이러한 차이점은 각 접근법의 기본 목표와 관련이 있다. 추론통계는 주로 모집단에서 샘플 데이터를 통해 일반적인 결론을 도출하는 것에 초점을 맞추며, 이상치나 노이즈가 추론 과정에 영향을 줄 수 있기 때문에 데이터 정제를 중요시한다. 반면, 머신러닝은 주어진 데이터로부터 최대한 많은 정보를 추출하여 예측이나 분류의 정확도를 높이는 것을 목표로 하며, 이를 위해 데이터의 차원 조정, 새로운 특성의 생성 및 선택 등보다 다양한 데이터 전처리 기법을 활용한다. 따라서 데이터 분석이나 모델링을 수행할 때, 주어진 문제의 성격과 목표에 따라 적절한 접근법을 선택해야 한다. 데이터의 특성과 분석 목적을 정확히 이해하고, 그에 맞는 최적의 전처리 및 모델링 전략을 적용하는 것이 중요하다.

주성분 분석(PCA)을 예시로 살펴보자. 주성분 분석(PCA)과 같은 차원 축소 기법은 데이터의 특성과 목적에 따라 실제로 각 분야에서 다르게 활용되고 있다. 머신러닝에서 PCA를 포함한 차원 축소는 재구성 오류를 최소화하는 데 중점을 두며, 영향력 있는 관측값과 이상값의 영향을 받을 수 있다. 이러한 접근 방식은 정보 손실 없이 특성(feature)의 수를 줄여 모델을 단순화하여 모델 추정 및 예측 정확도를 향상시키는 것을 목표로 한다. PCA와 같은 기술은 데이터의 패턴을 식별하고 데이터 집합 내에서 가장 많은 분산을 포착하는 더 적은 수의 차원으로 데이터를 표현하는 데 사용된다(McWilliams, 2011). 반면에 추론통계는 설문조사나 실험을 통해 인간의 행동이나 인식과 같이 간접적으로 측정된 결과를 다루는 경우가 많다. 이러한 맥락에서 데이터는 이미 이론적 구성이나 잠재변수를 반영하는 형태로 존재할 수 있다. 따라서 차원 축소보다는 관찰된 데이터를 사용해 이론적 모델과 가설을 검증하는 데 더 중점을 둔다. 머신러닝을 적용할 때에는 성능과 예측에 우선순위를 두고 차원 축소를 활용하여 모델 학습과 해석을 향상시키나, 이와 대조적으로 추론통계는 데이터 내의 관계와 인과관계를 이해하는 데 중점을 두며, 특성 공간의 단순화보다 이론적 토대와 측정의 무결성을 우선시하는 것이다.

나가며

　일부 학자들에 따르면 인공지능 기술은 인간의 일자리에 자동화(Automation) 와 증강(augmentation)을 동시에 가져다 줄 것이라고 한다. 자동화란 인간 이 해왔던 일을 인공지능을 탑재한 컴퓨터, 기계, 로봇 등이 대체하는 것이 고, 증강은 인간의 능력 자체를 강화시켜주는 것이다(Rai & Singh, 2023; Raisch & Krakowski, 2021). 최근 폭발적으로 증가한 생성형AI 모델과 그 서비스들은 자동화와 증강이 보편적인 대중에게 문턱 없이 다가온 첫 사례 가 되고 있다. 피플 애널리틱스를 실무 분야, 또는 연구 분야에 활용하는 학 자, 실무자들에게도 생성형AI 확산으로 인한 자동화 및 증강의 기회는 똑같 이 적용될 수밖에 없다. HRD실무자는 생성형AI의 제한없는 정보제공을 비 계로 삼아 데이터 문해력을 기르고, 가설설정부터 데이터 기반 보고에 이르 는 피플 애널리틱스 전 과정을 경험해 볼 필요가 있다. 이 과정에서 자동화 는 분석 업무의 효율성을 높여줄 것이며, 증강은 문제해결력 신장 등 역량 강화의 단초를 제공할 것이다. HRD연구자라면 피플 애널리틱스 기반 기술 의 적용을 통해 종전과는 다른 관점의 HRD 연구를 기획하고 실현해야 할 것이다. 앞서 소개한 피플 애널리틱스의 분류 중에는 통계분석 모델, 정형 데이터 마이닝 모델, 비정형 데이터(텍스트) 마이닝 모델, 소셜 네트워크 분 석 모델 등의 4분류가 HRD연구자에게 추천할 만한 분류이다. 통계분석 모 델에서 집단 간 차이분석을 비롯, 회귀분석, 구조방정식 모형 등을 변인 간 관계연구의 주된 방법론으로 활용할 수 있다. 정형 데이터 마이닝 모델 중 에는 의사결정나무(decision tree), 랜덤 포레스트(random forest), 서포트 벡터 머신(support vector machine, SVM) 등을 활용하여 데이터 내 패턴을 식별하고 예측한 결과(HRD 실무에서 핵심인재 선발, 교육효과성 분석, 학습 이탈률 예측 등)를 연구물화 할 수 있다. 비정형 데이터 마이닝은 자연어처 리(Natural Language Processing, NLP) 기술을 활용하여 텍스트 데이터에서 유의미한 정보를 추출하고 분석하는 기술이므로 교육만족도 분석, 감정 분석, 조직 내 커뮤니케이션 패턴 분석 등에 적합하고, 이러한 결과를 연구 물화 할 수 있다. 마지막으로, 소셜 네트워크 분석은 조직 내외의 관계망 구조를 분석하여 핵심 인물 탐색, 지식 공유 네트워크, 협업 패턴 등을 파악하는 데 사용되며, 이러한 결과를 연구물화 할 수 있다.

전술한 바와 같이 좋은 이론은 귀추, 귀납, 연역 추론이 종합적으로 발휘되었을 때 형성된다. 피플 애널리틱스를 HRD연구의 방법론으로 도입하고자하는 경우 데이터 기반의 귀납추론(data−driven induction)과 증강 연역추론(augmented deduction)을 염두에 두고 블랙박스 모델에 대한 학계의 우려를 불식시키려는 노력을 경주해야 할 것이다. Belle과 Papantonis(2021)는 AI와 머신러닝이 어떻게 대규모 데이터에서 패턴을 발견하고 다양한 도메인의 활용성을 향상시키는지 논의하며, AI 기술에 기반한 의사결정에 대한 신뢰와 이해를 위해 설명가능한 머신러닝(XAI: explainable machine learning)의 중요성을 데이터 기반의 귀납추론으로 소개하였다. 그들은 연구에서 설명가능한 접근방식 지도를 제시하였는데, 예를 들어, 특정 분류모델을 실행한 뒤 사후적으로(Post−Hoc) 설명가능성을 높이기 위해 불가지론적 모형(model−agnostic)을 가정하고 SHAP(SHapley Additive ex−Planations)[6] 기법으로 특성 참조 설명(feature reference explanation)을 추가할 수 있다. 예를 들어, 인공지능이 피플 애널리틱스(사람에 관한 데이터 분석)에서 사람들의 인구통계학적 데이터(나이, 성별, 직업 등)를 사용하여 분류 모델을 만들고 있다고 가정해 보자. SHAP 기법을 활용하면 어떤 사람을 특정 직업군에 속한다고 판단할 때, 각각의 데이터(나이, 성별, 경험 등)가 의사결정에 얼마나 중요한 역할을 했는지를 알 수 있다. SHAP 기법

---

6) 일반적으로 XAI에서 가장 많이 사용되는 기여도 중 하나가 SHAP이다(Lundberg & Lee, 2017). 이 경우의 목표는 설명하고자 하는 인스턴스를 중심으로 선형 모델을 구축한 다음, 계수를 특성의 중요도로 해석하는 것으로 수학적 기반이 되는 것은 연합 게임 이론, 특히 샤플리 값(Shapley, 1953)에 기반을 두고 있다.

은 모든 가능한 데이터 조합이 최종 결정에 미치는 평균적인 영향을 계산해 냄으로써 모델의 '블랙박스' 문제를 해결하는 데 도움을 줄 수 있을 것이다. 이 과정에서 중요한 것은, AI 모델이 내린 결정에 대한 깊은 이해와 신뢰를 구축하는 것이다. 설명 가능한 AI(XAI)는 모델이 어떻게 작동하는지, 어떤 데이터 포인트가 결정에 가장 큰 영향을 미치는지에 대한 이해를 도와 종국적으로 신뢰를 구축하는 데 핵심적인 역할을 할 수 있을 것이다.

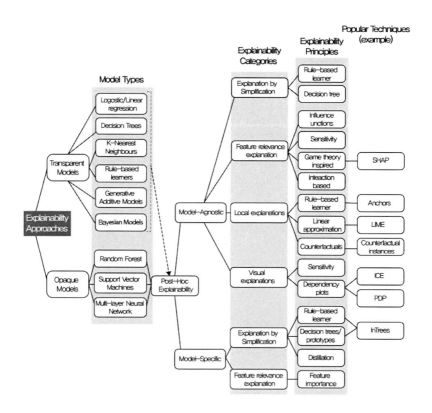

[그림 5] 설명가능한 접근방식 지도

출처: Belle, V., & Papantonis, I. (2021). Principles and practice of explainable machine learning. Frontiers in big Data, 39.

　추론통계, 그리고 머신러닝 등 수학과 통계적 방법의 적용을 통해 피플 애널리틱스로 HRD연구를 고도화시키려고 한다면 기억해야 할 속담이 있다. '가진 게 망치뿐이면 모든 것이 못으로 보인다(A hammer looking for a nail)'. 일부 양적연구자는 본인의 연구에서 통계적 절차를 구안한 후 적용 가능한 연구문제를 찾는다. HR 현장에서는 '피플 애널리틱스 기술을 배우는 것은 문제가 아니다. 심지어, 배워서 할 게 아니라면 고용해서 쓰면 된다. 문제는 매력적인 가설 설정이 부족하다는 것이다. 실무 현장에서는 제대로 된 가설이 없으니 상부에 보고할 때 힘이 실리지 않는다.'라는 볼멘소리가 터져 나오고 있다. 산학의 구분을 두지 않는 관점에서 보면, 피플 애널리틱 스라는 현상을 둘러싸고 HRD 연구자와 HRD 실무자의 관계는 수요와 공급 일 수 있다. HRD 연구자 집단은 그간 쌓아온 분석 전문성을 토대로 망치라 는 도구를 제공하고, HRD 실무자는 효과가 극대화 될 것으로 보이는 지점 에 못을 댈 수 있어야 한다.

참고문헌

이지영(2020). 데이터 과학 기반의 파이썬 빅데이터 분석. 한빛아카데미.

조일현(2023). HRD와 학습분석학. 박영story.

홍아름, 김하나(2024). AI통계. 한빛아카데미.

Abd Alazeez, Y., & Thaher, A. (2021). Data Mining Between Classical and Modern Applications: A Review. *AL-Rafidain Journal of Computer Sciences and Mathematics, 15*(2), 171-191.

Baumer, E. P., Mimno, D., Guha, S., Quan, E., & Gay, G. K. (2017). Comparing grounded theory and topic modeling: Extreme divergence or unlikely convergence?. *Journal of the Association for Information Science and Technology, 68*(6), 1397-1410.

Belle, V., & Papantonis, I. (2021). Principles and practice of explainable machine learning. *Frontiers in big Data, 39*.

Boudreau, J. W., & Ramstad, P. M. (2007). *Beyond HR: The new science of human capital*. Harvard Business Press.

Charlwood, A., & Guenole, N. (2022). Can HR adapt to the paradoxes of artificial intelligence?. *Human Resource Management Journal, 32*(4), 729-742.

Chen, H., Chiang, R. H., & Storey, V. C. (2012). Business intelligence and analytics: From big data to big impact. *MIS quarterly, 36*(4), 1165-1188. doi:10.2307/41703503

Conway, D. (2010). *The data science venn diagram*. Recuperado de http://www. dataists. com/2010/09/the-data-science-venn-diagram.

Davenport, T. (2018). DELTA Plus Model & five stages of analytics maturity: A primer. *International Institute for Analytics*, 1-12.

Field, A., Miles, J., & Field, Z. (2012). *Discovering statistics using R*. Sage publications.

García-Izquierdo, A. L., Aguado, D., Belizón, M. J., Castaño, A. M., & Zuazua, M. (2023). Human Resources Analytics in Theory and Practice.

Gartner. (2021, April 15). *Create a Partnership Between People Managers and HR Technology.* Gartner Research. https://www.gartner.com/en/documents/39993 61/create-a-partnership-between-people-managers-and-hr-tech

Hassad, R. A. (2020). A foundation for inductive reasoning in harnessing the potential of Big Data. *Statistics Education Research Journal, 19*(1), 238-258.

Kuorikoski, J., & Marchionni, C. (2023). Evidential Variety and Mixed-Methods Research in Social Science. *Philosophy of Science, 90*(5), 1449-1458.

Lee, J. Y., & Lee, Y. (2024). Integrative Literature Review on People Analytics and Implications From the Perspective of Human Resource Development. *Human Resource Development Review, 23*(1), 58-87.

Leist, A. K., Klee, M., Kim, J. H., Rehkopf, D. H., Bordas, S. P., Muniz-Terrera, G., & Wade, S. (2022). Mapping of machine learning approaches for description, prediction, and causal inference in the social and health sciences. *Science Advances, 8*(42), eabk1942.

Liu, S., Liu, O., & Chen, J. (2023). A Review on Business Analytics: Definitions, Techniques, Applications and Challenges. *Mathematics, 11*(4), 899.

Lundberg, S. M., & Lee, S. I. (2017). A unified approach to interpreting model predictions. *Advances in neural information processing systems, 30.*

McCartney, S., & Fu, N. (2022). Bridging the gap: why, how and when HR analytics can impact organizational performance. *Management Decision, 60*(13), 25-47.

McWilliams, B. V. P. (2011). *Projection Based Models for High Dimensional Data.*

Moeller, J., & Schmidt, D. (2023). *Inference in the Data Science Era-Do we Need a New Epistemological Debate in the Social Sciences?.* 1-49.

Oliver, J. C., & McNeil, T. (2021). Undergraduate data science degrees emphasize computer science and statistics but fall short in ethics training and domain-specific context. *PeerJ Computer Science, 7,* e441.

Ployhart, R. E., & Holtz, B. C. (2008). The diversity-validity dilemma: Strategies for reducing racioethnic and sex subgroup differences and adverse impact in selection. *Personnel Psychology, 61*(1), 153-172.

Pyburn Jr, K. M., Ployhart, R. E., & Kravitz, D. A. (2008). The diversity-validity dilemma: Overview and legal context. *Personnel Psychology, 61*(1), 143-151.

Raghupathi, W., & Raghupathi, V. (2021). Contemporary business analytics: An overview. *Data, 6*(8), 86.

Rai, A., & Singh, L. B. (2023). Artificial Intelligence-based People Analytics Transforming Human Resource Management Practices. *In The Adoption and Effect of Artificial Intelligence on Human Resources Management, Part A* (pp. 229-244). Emerald Publishing Limited.

Raisch, S., & Krakowski, S. (2021). Artificial intelligence and management: The automation-augmentation paradox. *Academy of management review, 46*(1), 192-210.

Saunders, M., Lewis, P., & Thornhill, A. (2023). *Research Methods for Business Students.* (9th ed.) Pearson. https://www.pearson.com/en-gb/subject-catalog/p/research-methods-for-business-students/P200000010080/9781292402727

Shapley, L. S. (1953). Stochastic games. *Proceedings of the national academy of sciences, 39*(10), 1095-1100.

Singh, K. (2007). *Quantitative social research methods.* Sage.

Tursunbayeva, A., Di Lauro, S., & Pagliari, C. (2018). People analytics—A scoping review of conceptual boundaries and value propositions. *International journal of information management, 43*, 224-247.

Ustundag, A. (2022). *Business Analytics for Professionals.* E. Cevikcan, & O. F. Beyca (Eds.). Springer.

Woo, S. E. (2019). Big data opportunities for advancing turnover theory: A case for inductive and abductive research. *Industrial and Organizational Psychology, 12*(3), 330-333.

Woo, S. E., O'Boyle, E. H., & Spector, P. E. (2017). Best practices in developing, conducting, and evaluating inductive research. *Human Resource Management Review, 27*(2), 255-264.

Yankov, G. (2023, December 22). *I/O psychology in the age of AI.* LinkedIn. Retrieved from https://www.linkedin.com/pulse/i-o-psychology-age-ai-georgi-yankov-phd—d4p0e/

한국인력개발학회 HRD 총서 6

HRD 연구방법론

초판발행	2024년 7월 31일
엮은이	김태성, 강현주, 박지원
지은이	김태성 외 11인
펴낸이	노 현
편 집	배근하
표지디자인	이영경
제 작	고철민·김원표
펴낸곳	㈜ 피와이메이트
	서울특별시 금천구 가산디지털2로 53 한라시그마밸리 210호(가산동)
	등록 2014. 2. 12. 제2018-000080호
전 화	02)733-6771
f a x	02)736-4818
e-mail	pys@pybook.co.kr
homepage	www.pybook.co.kr
ISBN	979-11-6519-948-7 93370

정 가   19,000원

박영스토리는 박영사와 함께하는 브랜드입니다.